어린이 인문 교양을 위한

박진환 지음

어린이 인문교양을 위한 글짓기 대백과

초판 1쇄 인쇄 | 2016년 8월 23일
초판 1쇄 발행 | 2016년 8월 26일

지은이 | 박진환
펴낸이 | 안옥순
펴낸곳 | 도서출판 비채의서재
출판등록번호 | 제 2016-000110호
등록일자 | 2016년 4월 14일

서울시 강남구 테헤란로78길 12 MSA빌딩 14층 (우 06194)
전화 | 070-7726-6241   FAX | 02-2292-0599
이메일 | bichaestudy@naver.com

ISBN 9791195850310

*잘못된 책은 구입하신 서점에서 교환해 드립니다.
*저자와의 협의에 의해 인지는 생략합니다.

책머리에

　어린이 글짓기에 대한 관심이 어린이는 물론 학부모님들에게까지 널리 확대돼 글짓기 붐이 일고 있다고 한다. 이는 이 시대의 요청에 대한 부응이라는 점에서 매우 바람직한 현상이라고 여겨진다.
　그 동안 어린이 글짓기 안내서는 여러 경로로 발간되었고, 그 때문에 다양한 방법들이 제시되기도 했다. 그런데도 이 책을 내놓게 된 데는 그럴 만한 배경이 있다.
　어린이들이 자연스럽게 글쓰는 일에 익숙해지고 더 잘 쓸 수 있게 하는 필자만의 독특한 지도 방식이 있다고 생각했기 때문이다. 이 책에서 제시한 방식대로 이론과 실제를 병행하여 글쓰기 연습을 하다 보면 자기가 표현하고 싶은 대로 어려움 없이 글을 쓸 수 있을 것으로 확신한다.
　글을 쓴다는 두려움, 그 두려움 때문에 경험해야 했던 공포와 긴장과 초조를 떨쳐버리고 보다 즐거운 마음으로 글을 쓸 수 있는 비법이 이 책 속에 들어 있다. 곧 글을 쓰는 법과, 생각을 키워주는 지혜와, 글을 잘 쓸 수 있는 비결이 들어 있다는 뜻이다.
　이 책이 글을 잘 쓰고 싶은 어린이, 그리고 어린이 글짓기를 지도하시고자 하는 학부모님과 선생님들의 필독서라고 믿기에 일독을 권하는 바이다.

박진환 씀

차 례

일기
1. 일기(日記)란 어떤 글인가 9
2. 일기를 쓰는 요령과 주의할 점 12
3. 일기를 쓰면 어떤 점이 좋은가 30
4. 일기를 쓸 때 주의할 점 34
5. 일기의 종류에는 어떤 것들이 있는가 36

생활문
1. 주제와 소재 74
2. 완성된 생활문 108
3. 생활문의 본보기 114

동시
1. 동시를 쓰기 위한 마음가짐과 자세 129
2. 동시의 글감 찾기 132
3. 동시의 형식 갖추기 146

독서 감상문
1. 독서 감상문이란 어떤 글인가 183
2. 왜 독서 감상문을 쓰는가 185
3. 독서 감상문을 쓸 때 지켜야 할 순서 188
4. 독서 감상문의 또 다른 형식 208
5. 독서 감상문의 본보기 213

동화
    1. 동화는 어떤 것인가요? 241
    2. 동화의 문학적 가치 244
    3. 동화를 쓸 때 새겨두어야 할 점 247
    4. 동화의 짜임새 또는 꾸밈 순서 249
    5. 동화의 세 요소 258
    6. 동화의 본보기 261

설명문
    1. 설명문의 특징 267
    2. 설명문은 어떻게 써야 할까 278
    3. 설명문의 종류 286

논설문
    1. 논설문의 특징 295
    2. 논설문 쓸 때의 요령 297
    3. 논설문의 짜임새 300
    4. 논설문과 논문, 그리고 설명문의 차이점 312

편지
    1. 편지 쓸 때 유의할 점 320
    2. 편지글의 짜임새 332
    3. 편지의 종류 348

기록문
    1. 기록문의 특징 358
    2. 기록문의 종류 359
    3. 기록문의 본보기 372

기행문
    1. 기행문을 쓸 때의 요령 379
    2. 기행문의 내용으로 담겨야 할 것들 389
    3. 기행문의 종류 397

희곡
    1. 희곡의 특징 410
    2. 희곡의 여러 가지 제약 412
    3. 희곡의 세 요소 414
    4. 희곡의 짜임새 416
    5. 희곡의 종류 423
    6. 희곡의 본보기 427

일 기

일기는 삶의 한 부분이라 할 수 있는
하루하루를 기록한, 개인의 역사 기록입니다.

1. 일기(日記)란 어떤 글인가

　옛 어른들 말씀에 일일삼성(一日三省)이란 말이 있습니다. 쉽게 말하자면 하루에 세 번 반성한다는 뜻입니다. 다시 말해 후회 없이 살기 위해서는 매일 스스로를 반성하고 되돌아 봐야 한다는 것입니다.
　예부터 사람들은 하루를 한 조각과 같이 여겼습니다. 그리고 이런 조각들이 모여 삶을 완성해 낸다고 생각했구요. 그렇기 때문에 사람들은 주어진 하루를 헛되이 보낸다거나, 부끄럽게 보내게 되면 그만큼 삶을 낭비하는 것이라 생각했습니다. 때때로 이 때문에 후회를 하기도 했구요.
　일일삼성이란 이와 같이 하루하루 헛되지 않는 삶, 부끄러움이 없는 삶, 후회하지 않는 삶을 위해 하루에 세 번 반성하는 옛 분들의 삶의 태도를 보여주는 것입니다. 그리고 이를 통해 삶을 소중히 여기고 가치 있게 만들려 하는 태도를 보여줌으로써 오늘날 우리에게 많은 반성을 하게 하는 명구입니다. 한 마디로 현재의 우리의 잘못된 모습을 보여주는 반성의 거울인 셈이죠.
　여러분은 어떠세요? 하루하루가 보람되고 알차며, 부끄러움 없이 자랑스럽게 보내고 있나요? 후회 없는 하루하루를 보내고 있나요? 여러분 모두는 "예"라고 대답하실 것으로 믿습니다. 여러분의 마음은 하얀 도화지처럼 아무런 색깔도 칠해지지 않은 채 깨끗하리라 생각합니다.
　그러나 하루하루 살다 보면 여러분을 후회하게 만드는 유혹들이 때때로 여러분에게 손을 내밀기도 합니다. 그 유혹은 여러분에게 부모님의 말씀을 어기게 만들 수도 있고, 친구와 싸우도록 만들 수도 있으며 해서는 안 될 일을 저지르도록 할 수도 있습니다. 그러나 여러분은 언제나 이 유혹의 손을 냉정하게 뿌리칠 줄 알아야 합니다. 그래야만 헛되지 않고, 부끄러움이 없으며, 후회가 없는 삶을 살 수 있게 될 것입니다.

  우리의 삶은 주어진 하루하루가 뭉쳐 하나의 삶이 됩니다. 그리고 그 하루하루 동안에 우리는 여러 가지 일들을 보게 되고, 듣게 됩니다. 또한 여러 일들과 직접 부딪치면서 일을 처리해야 하는 과정을 겪기도 합니다. 그런가 하면 무엇인가를 가슴으로 느끼게 되고, 이 느낌을 통해 슬픔이나 기쁨, 즐거움이나 미움 따위의 정서를 경험하기도 합니다. 어디 그뿐인가요. 살아가면서 '왜 저래야 할까?', '저 사람은 과연 왜 저럴까?' 등의 수없이 많은 의문을 갖기도 합니다.

  이러한 삶의 한 부분이라 할 수 있는 하루하루를 그날그날 글로 써 놓은 것이 일기입니다. 그래서 일기를 개인의 역사를 기록한 글이라고도 합니다. 하루하루가 모여 개인의 삶을 이루듯, 하루하루의 일기가 모이면 한 개인의 삶의 기록이 될 테니까요. 또한 일기는 한 개인의 생활을 기록한 글이라는 뜻에서 사생활기(私生活記)라고 하기도 합니다. 한마디로 일기장은 한 개인의 작은 역사책이라고 할 수 있습니다.

  이상에서 볼 수 있듯이 일기는 주어진 하루하루를 정리하며 가장 머릿속에 기억해 두어야 할 일을 기록하는 글입니다. 직접 겪었던 일도 좋고, 보고 들었던 것, 느끼고 생각한 것, 오래오래 잊지 않고 가슴에 담아두고 싶은 것, 다시는 되풀이해서는 안 되겠다고 다짐한 일 등 그 어떤 것도 좋습니다. 일기는 그 누구의 글도 아닌 오직 자신만을 위한 글이니까요. 그저 본 그대로, 들은 그대로, 행동한 그대로,

느끼고 생각한 그대로 머릿속에 있는 기억들을 기록하면 되는 것입니다.

여러분은 지금쯤 '아, 일기는 그날그날의 일들을 기록해 놓는 글이구나' 하고 생각할 것입니다. 그러면서 '별로 어려울 것도 없네. 그날그날 있었던 일을 그냥 쓰면 되는 거 아냐' 하고 쉽게 생각할 수도 있을 것입니다. 그러나 그렇게 함부로 써서는 좋은 일기가 될 수 없습니다.

그날그날의 기록이 의미 있고 가치 있는 일기가 되기 위해서는 다음 몇 가지를 염두에 두고 써야 합니다.

2. 일기를 쓰는 요령과 주의할 점

　일기가 그날그날의 기록이라고 해서 하루에 일어났던 모든 일을 그대로 기록하는 것은 아닙니다. 그러다가는 하루 동안의 일기를 쓰기 위해 꼬박 밤을 새우거나 다 쓰지 못해 다음 날까지 써야 하는 경우가 생길 것입니다. 일기는 그날그날 하루를 정리하며 쓰는 글인데 그 다음 날까지 전날의 일기를 쓴다면 그것은 일기가 될 수 없습니다.
　그러나 다음 사항들을 염두에 두고 쓴다면 좋은 일기가 될 것입니다.

　첫째, 맨 먼저 날짜와 날씨를 꼭 밝혀야 합니다. 왜냐하면 앞에서 강조했듯이 일기는 그날그날의 기록이기 때문입니다. 만약 날짜가 빠져 있다면 어느 날의 기록인지 정확하지 않아 그저 어느 한 날의 기록에 불과하게 됩니다. 이 때문에 날짜를 기록하는 것은 일기의 생명과 같고, 거꾸로 날짜가 빠진 일기는 생명이 없는 글과 같습니다.
　날짜를 밝혔다면 그날이 어떤 날이었는가를 밝혀둘 필요가 있습니다. 다행히 3·1절이나 설날 같은 기념일이나 명절이었다면 쉽게 기억해 낼 수 있겠지요. 그러나 평일에는 그날이 어떤 날이었는지 기억해 내기 위해서는 날씨가 중요한 역할을 하게 됩니다. 말하자면 날짜가 일기에 생명을 불어넣어 주는 것이라면, 날씨는 그 생명에 어울리는 나름의 표정을 나타내 주는 것이라 할 수 있습니다.
　이때 날씨는 우리가 흔히 사용하는 것처럼 '맑음', '흐림', '해', '바람', '구름', '눈' 등으로 기록해도 괜찮습니다. 그러나 다음과 같이 조금 다르게 멋을 부려보는 것은 어떨까요? 그렇게 되면 다른 사람과는 다른 여러분만의 개성을 나타낼 수 있겠지요?

'○월 ○일 맑음' 하는 식으로 날씨를 밝혀두는 것은 좋은 습관입니다. 그러나 모든 사람들이 사용하는 이런 표현보다는 이를 좀더 구체적으로 표현해 보면 더욱 좋습니다. 다른 사람이 읽더라도 이날의 날씨를 짐작할 수 있도록 구체적으로 표현한다면 일기의 표정이 더욱 밝아지겠죠? 다음의 예를 잘 읽어보세요.

  ○월 ○일
  날씨가 풀리면서 움츠렸던 몸도 따라 풀리는 것 같다. 어디선가, 보이지도 않고 들리지도 않는 곳에서 꽃들이 활짝 몸을 펴는 소리가 들렸다. 겨울잠에서 깨어난 개구리가 기지개를 펴는 소리도 들렸다.

어때요? 일기의 표정이 더욱 밝아지는 것 같지요? 여러분은 종종 친구들이 밀린 일기를 쓸 때 신문에 나온 일기예보를 보고 쓰는 것을 보았을 것입니다. 그렇게 쓴 일기의 날씨는 항상 간단 명료합니다. 하지만 앞의 예문처럼 썼다면 하루의 날씨는 물론 계절의 변화까지 느낄 수 있어 누구나 쓸 수 있는 날씨 기록이 아니라, 여러분만의 날씨 기록이 될 것입니다.

둘째, 그날 자신에게 일어났던 일이어도 좋고, 주변에서 본 사건이어도 좋습니다. 어쨌든 일기는 그날 일어난 일 중에서 가장 인상에 남는 것을 써야 합니다. 그날 일어난 일들을 이것저것 모두 다 쓰다가는 지쳐 일기장을 팽개쳐 버리고 싶을 것입니다. 또 중요하지도 않은 일들을 일일이 기록하지 않아도 됩니다. 마치 낚시를 하듯 자신이 생각하기에 의미 있다고 여겨지는 사건만 끌어올려 글로 표현하면 됩니다.

　　○월 ○일 비
　　나는 아침 6시에 일어나 이를 닦고, 7시에 세수하고 8시에 학교에 갔다. 학교에서 5시간의 수업을 끝마치고 6시경에 집에 돌아왔다.

이렇게 썼다면 이 일기는 굳이 기록해 둘 만한 가치도 없는, 반복되는 일들의 열거에 불과합니다. 한 마디로 먹을 수 없는 고기를 끌어당긴 셈이죠.
　다음과 같은 예는 어떨까요?

　　어젯밤부터 목이 붓고 열이 오르는 등 감기 기운이 있었다. 눈은 떴지만, 이불 속에서 나올 수 없었다.
　　'내일 모레면 시험인데. 오늘 결석하면 큰일일 텐데.'
　　이런 생각이 머리를 스치고 지나가자 번쩍 정신이 들었다. 기침이 나고 머리가 지끈지끈 아팠다. 그때마다 이마를 짚으며 아픔을 참아야 했다.
　　그렇게 6시간의 수업을 무사히 마치고 집으로 돌아오니 그 어느 때보다 기분이 좋았다. 기침은 계속 되었지만, 기분으로는 감기가 다 나은 것 같았다.

이렇게 썼다면 퍽 낚시를 잘 한 셈이죠? 그날 일어났던 일 중에서 가장 기억해 두면 좋을 사건을 일기로 썼으니까요. 만일 이 일기를 쓴 친구가 다음 번에 또 몸이 아프게 됐을 때 이 일기를 읽었다고 해 보세요. 그럼 이 친구는 그날처럼 또 힘을 내지 않겠어요?

　이와 같이 일기는 그날 있었던 일, 일어났던 일 중에서도 꼭 기록해 둘 만한 일을 써야 합니다. 즉 일기는 의미를 부여할 만한 일이나, 가치 있다고 믿어지는 일을 기록했을 경우에만 좋은 일기문이 될 수 있습니다.

　셋째, 그날 느꼈던 것 또는 감동적인 경험을 적어야 합니다. 우리는 살아가면서 그날그날 새로운 감동을 경험합니다. 그래서 인간을 가리켜 '감정의 동물'이라고 하는 것입니다. 감동은 어른들만의 것이 아닙니다. 오히려 어린이의 정서가 더 깨끗하고 아름답습니다. 어른들은 오랜 세월 살아오면서 이미 너무 많은 것을 보고 배워 순수한 마음을 지니고 있지 않습니다. 그래서 어른들은 어린이를 눈처럼 하얀 천사에 비유하기도 합니다.

　일기는 그날그날 살아가면서 경험하는 느낌을 기록하는 글입니다. 여러분은 그 누구보다 깨끗하고 아름다운 정서를 지니고 있습니다. 그렇기 때문에 그날그날 살아가면서 느꼈던, 잊지 못할 감동들을 여과 없이 있는 그대로 써 내려가면 되는 것입니다.

　예를 들어볼까요?

　　○월 ○일 맑음
　　봄이 되자 우리 집 뜰에도 목련이 피었다. 하얀 꽃 이파리가 깨끗하다. 목련을 보아서인지 아침부터 기분이 상쾌했다.

　물론 이렇게 써도 느낀 대로 진솔하게 쓴 기록임에 틀림없습니다.

목련이 피어 있는 것을 보고 기분이 상쾌했다는 것을 느낄 수 있으니까요. 그러나 이러한 느낌은 누구나 가질 수 있는 것이어서 특별하지는 않습니다.

　이 때문에 읽는 사람은 감동을 느끼지 못합니다. 물론 일기는 읽기 위해, 읽히기 위해 쓰는 글은 아닙니다. 그렇지만 누구나 느낄 수 있는 일반적 정서의 나열은 감동을 주는 글이 되지 못합니다. 일기도 얼마든지 감동을 주는 글이 될 수 있습니다. 그러기 위해서는 일반적이고 평범한 정서를 좀더 높이, 좀더 특별하게 만들어 주어야 합니다.

　위의 예의 다른 표현을 볼까요?

　　○월 ○일 가끔 구름
　　아침 일찍 일어나 창문을 열었다. 겨울에는 상상도 할 수 없는 일이었다. 창 밖으로 보이는 뜰에는 꽃들로 가득했다.
　　봄이 되자 우리 집 뜰에는 예쁜 꽃들이 많이 찾아 왔다. 제일 먼저 우리 집 뜰을 찾은 꽃은 백목련이었다.
　　희다 못해 투명하기까지 한 꽃잎은 너무도 가벼워 이내 떨어질 것 같아 보였다. 그러나 백목련은 초봄에 불어오는 쌀쌀한 바람에도 흔들림이 없었다. 어디서 그런 힘이 나오는 것일까?
　　백목련을 보면서 나도 힘을 내기로 했다. 어떠한 유혹에도 흔들리지 않고 열심히 공부를 하기로 했다.

　이렇게 썼다면 그냥 흰 목련꽃이 상쾌한 기분을 들게 했다는, 누구나 보고 느낄 수 있는 일반적 정서의 표현이 아니라 할 수 있겠죠. 여기저기 피어난 꽃들은 글쓴이를 즐겁게 했습니다. 그러나 백목련의 투명해 보일 정도로 하얀 색은 글쓴이에게 조바심을 안겨주었습니다. 이는 백목련의 그 색 하나만 가지고 자신만의 특별하고 새로운 정서를 창조한 것이라 할 수 있겠죠. 일기는 사실의 기록이긴 합니다. 하지만 사실을 기록하는 과정에서도 충분히 아름다운 정서를 맛볼 수 있습니다. 물론 그러기 위해서는 글쓴이가 풍부하고 다양한 정서를 가지고 써야 할 것입니다.

넷째, 어떻게 보면 일기는 생활 주변의 관찰 기록과도 같습니다. 즉 생활 주변을 둘러보고 그 안에서 새로이 발견된 것, 새로운 의미로 다가온 것, 새로운 모습으로 태어나는 것들을 발견해 내어 기록하는 것이지요. 그래서 일기를 다른 말로 신변잡기(身邊雜記)라고도 합니다. 쉽게 풀면 자신의 주변에서 일어나는 여러 가지 일들을 기록한다는 뜻쯤 됩니다. 즉, 앞에서도 지적했듯이 사생활기(私生活記)이자 자신만의 작은 역사책인 셈입니다.

여러분도 여러분의 생활이 있고, 여러분만이 만들어 가는 삶이 있습니다. 이 과정에서 삶의 주변이나 생활의 주변이 있게 마련입니다. 주변이 있기 때문에 주변에서 일어나는 일, 사건 등도 많이 있을 것입니다. 이렇게 주변에서 일어나는 여러 가지 일, 사건들을 세밀히 들여다보고 기록한 글을 관찰기(觀察記)라고 합니다. 어쩌면 일기는 하루 동안에 일어난 일을 관찰하는 짧은 관찰기가 될 수 있겠네요.

여러분이 여러분의 아파트 화단에 꽃씨를 뿌려놓았습니다. 그럼 여러분은 언제쯤 꽃이 필지 호기심 어린 눈으로 매일매일 관찰하게 될 것입니다. 싹은 언제 어떻게 트고, 싹튼 지 며칠 만에 꽃망울이 맺히며, 꽃망울이 맺힌 지 얼마 만에 꽃이 피는지 관찰하게 될 것입니다.

관찰기는 이처럼 매일매일 어떤 것에 대해 주의 깊게, 그리고 세심히 관찰해서 기록하는 글입니다. 꽃씨를 들여다보는 것만이 관찰은 아닙니다. 여러분이 살아가는 주변을 둘러보는 것도 관찰이 될 수 있습니다. 우리 동네 슈퍼 아줌마도 관찰할 수 있고, 영희와 철수가 싸우는 것도 관찰할 수 있습니다. 그리고 이를 기록하면 곧 일기가 됩니다.

우리 학교는 아파트 가운데 자리잡고 있다. 그래서 우리 아파트에는 우리 학교에 다니는 아이들이 많다. 우리 옆 동에는 같은 반 미애가 살고, 위층에는 5학년 지연이 언니가, 아래층에는 2학년 철민이가 산다. 그리고 건너편 5층에는 우리 담임 선생님이 살고 계신다.

이렇게 썼다면 이것 또한 관찰의 기록임에는 틀림없습니다. 그러나 인간은 무엇을 보았을 때 그 느낌이나 생각이 시간이나 장소에 따라 각기 다릅니다. 곧 무엇을 보면 생각이 따라오게 되고, 그 생각에 따라 느낌도 달라지는 것입니다. 바로 이 다른 점을 곁들인다면 더 좋은 글이 될 수 있습니다.
앞의 글을 다음처럼 바꾸어 보면 어떨까요?

우리 학교는 아파트 한가운데 있어서 그런지, 꼭 아파트로 울타리를 치고 있는 것같이 보인다. 아파트는 키가 큰 울타리로 난쟁이 같은 우리 학교를 감싸고 있다.
아파트 여기저기에는 우리 학교에 다니는 아이들이 많이 살고 있다. 옆 동에는 같은 반 미애가, 위층에는 5학년 지연이 언니가, 아래층에는 2학년 철민이가 살고 있다. 그리고 건너편 5층에는 우리 담임 선생님이 살고 계신다.

아침이 되면 선생님도 아이들도 다 아파트를 빠져나가 학교로 간다. 그러면 아파트는 텅텅 비게 된다. 빈집을 지키시는 어머니만이 집에 남아 하루 종일 나를 기다리신다. 학교가 끝나고 집에 돌아오면 엄마는 하루 내내 혼자 너무도 심심했는지 반갑게 나를 맞아 주신다.

어때요? 이렇게 쓰니 단순한 관찰만을 기록한 것이 아닌 것 같지요? 이 글은 관찰에 따른 사실을 적으면서도 사실에서 일어나는 느낌과 생각을 함께 곁들여 삶의 주변을 보다 살찌게 하는 일기가 되었습니다. 이렇게 다른 사람이 느낄 수 없는 느낌이나 생각이 더해졌을 때 비로소 주변의 이야기는 다시 살아나게 되는 것입니다.

다섯째, 그날그날 만났던 사람들에 대해 기록해 두는 것도 중요합니다. 우리는 살면서 무수히 많은 사람을 만납니다. 그리고 많은 사람들, 또 그 사람들과의 일을 기억해 내야 할 일이 언제, 어디서 생길지 모릅니다.

그러므로 그날그날 사귀었던 사람과의 일을 비롯해 누군가가 찾아온 일을 기록해 두는 것은 중요한 일입니다. 뿐만 아니라 그들이 찾아와서 부탁을 했다든지, 무엇을 사 왔다든지 하는 것도 기록해 둘 필요가 있습니다.

반대로 여러분이 부탁할 일이 있거나 의논할 일이 있어서 누군가를 찾아간 일도 기록해 두어야 합니다. 지금 당장은 그냥 잊어버리면 그만이라고 생각할지 몰라도, 그것이 훗날 참고가 될 수도 있습니다. 그리고 훗날 다시 꺼내어 읽어보았을 때 그때를 회상하며 추억에 잠기기도 할 것입니다.

여러분도 새로운 친구를 사귀었거나, 헤어졌던 친구를 만났거나, 웃어른을 찾아가는 등 그날그날 만남을 가질 것입니다. 이러한 만남에서 경험한 간략한 내용과 인상 등을 기록해 두는 것은 좋은 일기를 쓰기 위한 조건이 됩니다. 그 자체가 일기가 되기도 하구요.

그럼 예를 한번 들어보겠습니다.

  ○월 ○일
  며칠 전에 우리 반으로 전학 온 아이가 있었다. 이름은 김지혜. 까만 피부색이 그 아이의 얼굴을 촌스럽게 보이게 만들었지만, 가까이에서 보면 얼굴이 퍽 예뻤다.
  그 아이가 전학 온 지 며칠 되었지만, 오늘에서야 친구의 말을 통해 그 아이가 우리 아파트에 살고 있다는 것을 알았다. 무척 기뻤지만, 친구 앞에서는 기쁜 척하지 않았다.

이렇게 썼다면 만남 이전의 마음가짐에 불과합니다. 그것은 단순히 호감이 가는 감정에 그쳐 서로 사귀는 데까지는 이르지 못했기 때문이죠. 그래서 단순한 감정 상태의 기록에 불과하기 때문에 심심한 이야기로 그치고 말았습니다. 좀더 흥미를 유발할 수 있는, 사귀어 봤더니 어떻더라는 구체적 인상이 있었더라면 하는 아쉬움이 남습니다.

그러나 다음과 같이 쓰게 되면 만남의 구체성이 나타나 퍽 인상적인 글이 됩니다. 또한 설득력을 지니게 됩니다. 아마 여러분도 이런 경험들이 종종 있었기 때문에 그때를 회상하게 될 것입니다.

  ○월 ○일
  며칠 전에 한 여자아이가 우리 반으로 전학을 왔다. 까만 피부색이 그 아이의 얼굴을 촌스럽게 보이게 만들었다.

그 다음 날, 쉬는 시간에 화장실에 갔다오다가 그 아이와 나란히 교실 문을 들어가게 되었다. 가까운 거리에서 본 그 아이의 얼굴은 무척이나 예뻤다. 그 순간 내 가슴이 마구 뛰었다.

얼마 전, 우연히 그 애가 내가 사는 아파트에 살고 있다는 걸 알았다. 그 아이가 우리 아파트로 들어가는 것을 보았던 것이다.

학교가 끝나고 집으로 가고 있는데 그 아이가 내 앞에 가고 있는 것을 보았다. 얼른 뛰어가 그 아이에게로 다가갔다.

"야, 너 이 아파트에 살아?"

지금 생각해 보면 무척 쌀쌀맞은 질문이었다. 그 아이가 그렇게 멍하니 나를 쳐다볼 만했다.

"이 아파트에 사냐고!"

다시 한 번 그 아이에게 물어보았다.

"너도?"

아이가 그제야 대답을 했다. 다음에 무슨 말을 해야 할지 몰라 잠시 그대로 서 있다가 용기를 내어 그 아이에게 전화번호를 물어보았다.

"왜?"

"응, 그냥."

"2277-5376."

아이는 잠시 망설이다 대답을 했다.

"나중에 전화할게."

그렇게 말해 놓고 나는 몹시 쑥스러운 마음이 들어 도망치듯 뛰어 집으로 왔다.

이렇게 썼다면 막연한 생각에서 벗어나 좀더 구체적인 내용이 되었지요?

이 일기는 언제 처음 그 아이에게 호감을 갖게 되었는지, 어떻게 해서 친해졌는지 구체적으로 씌어져 있습니다. 이처럼 글쓴이가 자신의 경험을 구체적으로 표현함으로써 훨씬 친밀감을 갖게 하고, 설득력을 갖게 합니다.

여섯째, 일기는 그날 일어난 일을 일어난 순서대로 다 쓰는 것이 아니라 가장 기억에 남는 일을 쓰는 것입니다. 일어난 일을 순서대로 쓴다면 너무 장황한 일기가 될 것입니다. 그렇기 때문에 그 중에서 가장 보람있었던 일, 특별히 간직하고자 하는 일, 또는 자랑할 만한 일, 부끄러운 일, 반성해야 할 일들 중 대표적인 것을 선택해 자세하게 써야 합니다.

가끔 여러분 또래의 방학 일기 숙제를 보면 아침에 일어나서 몇 시에 무엇을 하고, 어디에 놀러갔다는 등 하루에 일어난 일을 시간의 순서에 따라 모두 다 집어넣으려고 하는 경우를 종종 봅니다. 그것도 일기라면 일기이겠지만 좋은 일기는 될 수 없습니다. 일기란 일상의 기록보다는 기억할 만한 한 가지 일을 솔직하면서도 사실적으로, 느끼고 생각한 대로 기록하는 글이란 것을 잊지 말아야 합니다.

○월 ○일
오랜만에 반 친구 몇 명과 산에 가기로 약속하고 북한산으로 향했다. 불광동에서 버스를 타고 효자원 앞에서 내려 산에 오르는 아저씨 아줌마들 틈에 끼어 아빠 엄마를 따라가듯 산으로 올라갔다.
한참 따라가다 보니 길은 두 갈래로 갈라졌다. 창식이가 "야, 어느 쪽으로 갈까?" 하고 물었다. 우리는 우선 다른 사람에게 물어보고 결정을 하기로 하고, 지나가던 한 아저씨께 여쭈어 보았다.

아저씨께서는 "글쎄, 어디로 가고 싶니? 오른쪽으로 가면 비석거리가 나오고, 왼쪽으로 가면 원효봉인데, 너희가 선택하렴. 그리고 높이 올라갈수록 산이 험하니까 조심하고."라고 말씀하시고는 지나가셨다.

우리는 비석거리, 즉 오른쪽 방향으로 올라가기로 하고 걸음을 빨리 했다. 길 옆으로는 개천이 거울을 깔아놓은 듯 맑았다. 우리는 개울가로 가서 얼굴을 닦고 다시 길을 걸었다.

드디어 비석거리에 도착했다. 정말이지 많은 돌비석들이 서 있었다. 비석에는 한자로 된 글씨들이 새겨져 있었는데, 무슨 내용인지는 알 수 없었다.

마침 그곳을 지나는 스님에게 여쭈어 보았다. 스님께서는 훌륭한 업적을 남긴 분들의 덕을 기리는 송덕비라고 했다. 어떤 훌륭한 업적을 남겼는지는 알 수 없지만, 우리 나라에는 훌륭한 사람들이 많았구나 하고 생각했다.

너무 많은 것을 보고 들어서 그런지 갑자기 배가 고파왔다. 친구들도 배가 고팠는지 아무도 움직일 생각을 하지 않았다. 우리는 개울가로 가서 준비해 온 점심을 나누어 먹었다. 밥을 먹고 좀 쉬다 보니 더 이상 올라가기가 싫어졌다. 우리는 그냥 내려가기로 했다.

산 여기저기의 홍보판에는 다람쥐, 너구리, 토끼 등 북한산에 사는 산짐승들이 사진으로 소개되고 있었다. 그때 아기 다람쥐가 소나무를 기어오르는 모습이 보였다. 즐거운 하루였다.

위의 글은 북한산 등산에 대해 일의 진행 순서에 따라 상세히 기록되어 있습니다. 이 때문에 이것저것이 뒤섞여 하나의 글을 이루고 있습니다. 그러나 효과적인 일기문이 되기 위해서는 이 중에서 그날의 등산을 대표할 수 있는 한 가지만을 골라 구체적으로 기록해야 합니다. 즉, 산에서 본 것, 들은 것, 만난 사람들 중에서 가장 인상에 남은 하나만을 글감으로 삼으면 되는 것입니다. 이 점에서 보면 위의 일기는 여러 가지를 쓰고도 하나만을 골라 쓴 것만 못하게 되는, 손해를 본 글이 되고 만 셈입니다. 다음의 예문을 살펴보면 무슨 말인지 이해할 수 있을 것입니다.

　○월 ○일
　반 친구 몇 명과 북한산으로 등산을 갔다. 어른들의 뒤를 따라가다 보니 많은 비석들이 즐비하게 서 있었다. 어른들께 여쭤 보았더니 그곳이 비석거리라고 했다. 비석에 새겨진 글은 모두 한자로 되어 있어서 그 내용을 전혀 알 수 없었다.
　우리는 절로 올라가 스님 한 분께 저 비석들이 무슨 비석들인지 여쭈어 보았다. 스님의 설명에 의하면 옛날부터 북한산은 전쟁 때 군사 요지로 사용되었다고 했다.
　멀리 삼국 시대에는 고구려·백제·신라가 서로 차지하기 위해 싸웠던 싸움터였고, 고려 때는 몽고족의 침입을, 조선 시대에는 왜군의 침략을 피해 왕이 이곳으로 피난을 왔었다고 했다. 그 때문에 많은 군사들이 이곳을 지켰는데 그 군사들 중에는 훌륭한 업적을 남긴 분들이 많다고 했다. 그러한 분들의 덕을 기리기 위해 비석을 세우고 글씨를 새겨놓은 것이라고 했다.
　스님의 이야기를 듣고서 우리는 이곳이 많은 군사들이 전쟁을 치렀던 역사의 현장이란 것을 알았다. 여기저기 아무렇게나 흩어져 있는 돌멩이 하나 하나에도 옛 사람들의 흔적이 배어 있는 것 같았다.

이 일기는 다소 장황하기는 하나 등산하면서 보았던 비석거리의 비석들에 대한 느낌이나 생각들을 기록하고 있습니다. 또한 역사적 현장과의 만남을 통해 새로이 알게 된 것들도 기록되어 있습니다. 곧 산이 어떻고, 다람쥐가 어떻고 하는 불필요한 설명들은 다 지워버린 것입니다. 그리고 비석거리에 중심을 두고 등산의 체험과 새롭게 알게 된 사실, 그리고 그 느낌과 생각을 기록함으로써 일기쓰기의 요령을 잘 활용한 일기가 된 것입니다.

　여러분도 종종 산에 가본 경험이 있을 것입니다. 산에 갔다 온 일을 있었던 일 그대로 쓴다면 그것은 등산 보고서밖에 되지 못합니다. 그것이 일기가 되려면 최소한 산에서 본 것, 들은 것, 느낀 것, 생각한 것 중 가장 대표적인 것 하나만을 골라 써야 합니다. 그것은 지금까지 몇 번에 걸쳐 설명한 것처럼 일기가 하루 동안에 일어난 모든 일을 다 기록하는 것이 아니라, 일어난 일 중에서 대표적인 것 하나만을 골라 쓰는 것이기 때문입니다.

　일곱째, 일기는 자기가 한 일만 쓰는 것이 아닙니다. 일기는 하고 싶은 것, 생각한 것을 쓰는 것도 중요합니다. 곧 한 일에 대한 기록에 멈추지 말고 하고 싶은 일, 생각한 것까지도 써야 한다는 뜻입니다. 왜냐하면 어떤 일이건 그 일에 대한 평가가 뒤따르기 때문입니다. 어떤 일은 칭찬받을 만한 일일 수도 있고, 어떤 일은 하지 않았어야 할 일이기도 하며, 또 어떤 일은 깊이 반성하고 앞으로는 절대로 되풀이해서는 안 된다는 다짐을 필요로 하는 일이기도 합니다.

　이러한 이유로 일기는 한 일의 기록보다 한 일에 따르는 의미나 반성, 나아가 그 일을 중심으로 떠오르는 생각들까지를 기록하는 것이 더 중요하다고 할 수 있습니다. 그래야 훗날 되돌아보며 자신을 반성하는 기회로 삼을 수 있을 테니까요. 아마도 이러한 부분들이 일기가 우리 생활에 미치는 몫이 아닐까 합니다.

다음에 같은 상황에서 서로 다르게 쓴 두 개의 일기를 예를 들어보겠습니다.

○월 ○일 맑음
"우리 집 2층에 새로 오락실이 생겼는데 나랑 같이 가볼래?"
학교가 끝나고 집에 가는 길에 경진이가 말했다.
"그래, 그거 좋지."
오랜만에 마음이 맞은 경진이와 나는 나란히 어깨동무를 한 채 오락실 문을 열었다.
"오늘 이렇게 될지 모르고 돈을 안 갖고 왔어. 내일 줄 테니까 천 원만 빌려주라. 내일 줄게."
오락실이라는 말에 너무 좋았던 나머지 나는 돈이 하나도 없다는 것을 생각하지 못했었다. 어떡해야 하나 하고 망설이다가 경진이에게 말했다. 그러자 경진이는 얼른 주머니를 뒤져 구겨진 지폐를 한 장 내밀었다.
경진이와 나는 서로 다른 오락기에 앉아 오락을 하기 시작했다. 그런데 문제가 발생하고 말았다. 오랜만에 하는 게임이라 너무 집중을 했던지, 그만 깜박 학원에 갈 시간을 놓쳐버린 것이다.
"어쩌지? 학원 갈 시간이 지났어. 이제 엄마한테 죽었다."
"괜찮아. 한 번쯤 빠졌다고 학원 선생님이 집에 전화하시겠냐. 그냥 집에 들어가서 바로 학원에 갔다 왔다고 하면 되잖아. 빨리 앉아서 오락이나 해."
속으로 '그래, 나도 모르겠다. 설마 선생님이 전화하시지는 않겠지.' 생각하며 스스로를 위로했다. 그러자 아까부터 자꾸 떠오르던 화난 엄마의 얼굴도 서서히 사라졌다. 오랜만에 해 본 게임은 정말 신나고 시간 가는 줄 모르게 했다. 참 재미있었다.

　위의 일기는 같은 반 친구 경진이와 즐겁게 게임을 했다는 행동의 기록만 있을 뿐 그에 따르는 생각이 담겨 있지 않습니다. 곧 사고나 정서가 없는 그저 신나는 사실의 기록일 뿐이라는 거죠. 글이란 사실 자체보다는 새로운 사실을 일깨워 주거나, 새로운 감동을 경험하게 했을 때 보다 돋보이게 됩니다.
　우리는 수필을 붓 가는 대로 쓴 글이라고 합니다. 그러나 아무렇게나 글자만 나열해 놓았다고 모두 다 수필이 되는 것은 아닙니다. 비록 형식에 얽매이지는 않았지만, 그 속에 새로운 것의 발견이나 창조가 있어야 합니다. 그리고 그것들이 아름다움으로 와 닿을 때 비로소 좋은 수필이라 말할 수 있는 것입니다.
　일기도 예외는 아닙니다. 했던 일, 있었던 일만을 고스란히 기록한다고 해서 일기가 아닙니다. 일기를 쓸 때는 행했던 일에 대한 나름대로의 가치 판단이나 평가가 따라야 한다는 것입니다. 의미와 보람, 잘잘못의 여부를 밝히고, 그에 따른 생각이나 느낌을 드러냈을 때 좋은 일기문이 되는 것입니다.
　이번에는 앞의 예를 나름대로의 가치 판단이나 평가에 따라 쓴 일기를 예를 들어보겠습니다.

　　○월 ○일 흐림
　　같은 반 친구 경진이가 자기네 집 2층에 새로 오락실이 생겼다고 같이 가자고 하기에 따라 나섰다. 한 시간쯤 게임을 하다가 가도 학원에 늦지 않을 것 같았다.
　오랜만에 하는 오락이라 그런지 신나고 재미있었다. 마음속에서는 이제 그만 끝내야지, 하면서도 손은 연신 게임 버튼을 두들기고 있었다. 학원에 갈 시간이 다 되었다는 사실을 알긴 했지만, 버튼을 누르고 있는 손이 멈추질 않았다. 게다가 경진이는 하루쯤 학원에 빠져도 되지 않느냐며 나를 유혹했다.
　오락실 문을 열고 나오자, 그때에야 잔뜩 화가 나신 엄마의 얼굴과 아버지의 호통치는 얼굴이 눈 앞에 아른거렸다. 내가 왜 오락실에 갔을까 후회했지만, 돌이킬 수 없는 실수였다. 더구나 오락실에 자주 들락거리다 엄마 아빠한테 혼난 지도 며칠 안 되었다. 그런데 또 오락실에서 놀다가 학원에 못 갔으니…….
　차마 집으로 들어갈 용기가 나지 않았다. 발걸음은 집을 향해 가고 있었지만, 마음은 뒤로 도망치고 싶은 심정이었다. 그렇다고 영영 집으로 안 들어갈 수도 없는 일이었다.
　용기를 내어 부모님께 사실대로 얘기하기로 했다. 그러고는 누가 시켜서 하는 것이 아니라, 나 스스로 다시는 오락실에 가지 않겠다고 부모님 앞에서 다짐을 하기로 했다. 그럼 부모님께서도 뭔가 달라진 나를 보고 용서해 주실 것 같았다. 그런 생각을 하니 조금 발걸음이 가벼워졌다.

앞의 일기가 행위의 나열이라면 이 일기는 행위에 따르는 마음의 기록이라 할 수 있습니다. 곧 행위와 마음이 한데 어우러져 행위에 따르는 잘잘못을 판단하고, 그 판단을 통해 스스로 후회하고, 후회를 통해 새로운 방향을 모색해 나가는 계기를 마련하고 있습니다.
　이로써 볼 수 있듯이 일기는 단순히 있었던 일의 기록이 아니라,

있었던 일을 통해 스스로를 일깨우거나 보람을 찾는 사적인 기록인 것입니다. 그 때문에 앞에서도 지적했듯이, 일기는 개인의 역사가 될 수 있는 것입니다.

 이상은 일기를 쓸 때의 요령이나 주의해야 할 점을 간추려 지적한 것입니다. 여러분은 이것들에 특별히 관심을 기울여야 합니다. 그래야만 더 나은 일기를 쓸 수 있습니다. 그리고 여러분이 지금까지 설명되어진 사항들에 맞게 일기를 쓰게 된다면 여러분은 삶을 풍족하게 누릴 수 있을 것입니다. 이는 자기 반성을 통해 과거를 돌아보고 미래를 준비하는 삶을 살 수 있기 때문에 가능한 것입니다. 좋은 글을 썼다는 만족과 함께 그 상으로 삶의 윤택함을 누리게 되는 것입니다. 그렇다면 일기를 통해 어떻게 삶의 윤택함을 누릴 수 있는지 살펴보도록 하겠습니다.

3. 일기를 쓰면 어떤 점이 좋은가

　일기를 쓰면 좋은 점이 한두 가지가 아닙니다. 일기뿐만 아니라 모든 글이 다 그렇지만, 일기를 쓰면 자기 반성, 사고의 정돈, 비판 능력, 정신 수양, 문장력 향상, 관찰력 및 사고력 증진 등 실로 많은 것에 도움이 됩니다. 어디 그뿐인가요? 스스로가 드러내고자 한 것을 충분히 표현해 냈을 때 맛보는 즐거움이란 그 어떤 것보다도 값진 것이라 할 수 있습니다.
　여러분은 일기는 물론 독후감·감상문·동시·동화 등 여러 가지 글들을 써보았을 것입니다. 어떻습니까? 표현하고자 하는 것을 표현하고 싶은 대로 다 드러내지 못해 속상하고 고통스러웠던 경험이 있을 것입니다. 그러다가 마침내 그것을 표현해 냈을 때 스스로를 자랑스러워하며 즐거워했던 경험도 있을 것입니다. 그런가 하면 이런 과정을 통해 문장력·사고 능력·인내력·관찰 능력이 향상되고 있다는 것을 스스로 느꼈을 것입니다. 이것이 다 글을 씀으로써 얻어지는 부수적 효과입니다. 일기라고 해서 예외는 아닙니다.
　이쯤에서 일기를 쓰면 어떤 점이 좋은지 간략하게 살펴보겠습니다.

　첫째, 수양을 쌓게 됩니다. 수양이란 자신을 닦아 교양을 쌓는다는 뜻으로, 곧 자기 스스로의 능력이나 위치를 더 높인다는 뜻이 되겠지요. 왜냐하면 우리는 일기를 쓰면서 그날그날 스스로에게 주어진 일들을 되돌아보면서 후회하거나 부끄러워합니다. 그리고 다시는 그러한 실수를 반복하지 말아야겠다고 다짐합니다. 즉, 스스로가 행한 일에 책임 의식을 느껴 자아 반성의 기회를 갖는 것입니다. 그리고 이러한 자아 반성의 시간은 곧 자기 자신을 발견하는 계기가 됩니다.

 다시 말해 일기를 쓰는 시간을 통해 자신이 행한 일에 대해 옳고 그름을 가려 옳은 일은 계속 행하고, 그릇된 일은 삼가는 기회를 갖게 되는 것입니다. 그러니 자연히 스스로를 수양하는 계기가 되지 않겠습니까?

 둘째, 일기를 매일 쓰다 보면 뭐니뭐니해도 문장 수업이 됩니다. 다시 말해 매일매일 일기를 쓰다 보면 차츰 보다 나은 문장을 쓸 수 있게 된다는 것입니다. 예전에 여러분도 다 경험한 적이 있었을 것입니다. 처음에는 한 줄도 쓸 수 없었던 것이 여러 번 되풀이해서 써봄으로써 쉽게 여러 장의 글을 써 내려갈 수 있게 되는 글쓰기의 과정을 거쳤을 것입니다.

 일기는 매일 글을 써야 하는 작업입니다. 때문에 일기를 매일 쓰는 사람은 매일 글을 쓰게 됩니다. 그러다 보니 나날이 비슷한 삶 속에서 되풀이되는 이야기를 쓰다 보면 늘어나는 것은 문장력일 것입니다. 자연스레 문장 수업이 이루어지는 것입니다. 어디 그뿐인가요. 되풀이해서 글을 씀으로써 문장이 세련되어지고 사고가 정리되어 표현하는 데 도움이 됩니다. 그러니 글을 잘 쓰게 되는 것은 당연하지요. 또, 자꾸 쓰는 습관이 들면 글을 쓴다는 부담감이나 글에 대한 공포에서 벗어나 쓰면 쓸수록 더 잘 써지는 재미를 맛보게 됩니다.

 여러분도 실제로 이를 경험하고 싶다면 당장 오늘부터라도 일기를 써보십시오. 한 달도 못 가 글쓰는 데 대한 두려움을 떨쳐버리고 쓰면 쓸수록 흥미를 느끼고, 자신감을 갖게 될 것입니다.

 셋째, 관찰력과 사고력이 예리해집니다. 곧 사물을 보는 눈이 평범하게 겉모습만 보는 시각에서 벗어나 좀더 색다르게 보고자 할 것입니다. 생각 또한 흔한 상식적 생각에서 벗어나 더 독특하고 특수하게 생각하고자 할 것입니다. 그래야만 처음에 썼던 흔한 글에서 벗어나 더 좋은 글을 쓸 수 있게 될 테니까요.

　남과 같이 보고, 남과 같이 생각하고, 남과 같이 느껴서는 남과 똑같은 글을 쓸 수밖에 없습니다. 그리고 남과 똑같이 쓰는 글은 좋은 글이 될 수 없습니다. 남과 다른, 나만의 독특하고 좋은 글이 되기 위해서는 남이 보는 눈으로 보지 말고 더 세밀하고, 더 새롭게 둘러보는 관찰력이 요구됩니다. 그리고 이와 같이 더 세밀하고, 새로운 것으로 드러내기 위해서는 남과는 다른 생각으로 사물을 해석하거나 풀이해야 합니다. 그 때문에 새로운 사고력이 요구되는 것이구요.

　일기를 쓰게 되면 바로 이러한 관찰력과 사고력이 증가하여 더 잘 본 만큼 더 잘 쓰고, 더 잘 생각한 만큼 더 잘 드러내게 됩니다. 보는 관점이나 생각의 뒷받침 없이 좋은 글은 씌어지지 않습니다. 그것은 글이라는 것이 보고, 느끼고, 생각한 것을 보다 새롭게 드러냈을 때 읽는 이로 하여금 감동으로 와 닿게 하는 성질의 것이기 때문입니다.

　여러분도 이런 경험들을 가지고 있으리라 믿습니다. 만일 이런 경험을 해보지 못했다면 이번 기회에 꾸준히 일기를 써보세요. 그러면 자기 수양은 물론 문장력, 사고력, 관찰력을 한층 높게 기를 수 있을 것입니다.

　넷째, 인내력을 기를 수 있습니다. 여러분은 흔히 무엇을 하다가 잘 안 되면 내팽개치는 경솔한 짓을 많이 저질렀을 것입니다. 그러나 일기를 쓰게 되면 참고 기다릴 줄 아는 인내력을 기르게 됩니다. 왜냐하면 글은 순간적으로 쓰는 것이 아니기 때문입니다. 다시 말해 글이란 오랫동안 생각한 것을 마음속에 쌓아두었다가 서서히 하나하나

풀어내는 과정이기 때문입니다. 그 때문에 좋은 글은 오래 참고 견뎌 끊임없이 많은 생각을 거쳐 걸러냈을 때에만 태어나게 됩니다.

바로 이러한 인내력이야말로 여러분이 그 무엇보다도 몸소 터득해야 할 것입니다. 성급함은 일을 그르치게 하는 위험한 것이기 때문입니다. 인내란 모든 어려움을 극복하게 해주는 정신의 무기입니다. 여러분은 일기를 쓰는 과정을 통해 이 인내를 길러내어 스스로의 능력으로 지니고 간직할 수 있게 될 것입니다. 그러기 위해서는 물론 하루도 거르지 않고 일기를 써야 하겠지요.

이상의 네 가지는 일기를 쓰는 과정에서 저절로 제공되는, 글쓰기에서 받을 수 있는 일종의 보너스입니다. 여러분은 그리 어렵지 않은 일을 통해 얻을 수 있는 이런 보너스를 설마 외면하지는 않겠지요?

시작이 반이라는 말도 있고, 늦었다고 생각할 때가 가장 빠른 때라는 말도 있습니다. 여러분이 여태껏 일기를 쓰지 않고 있었다면 오늘부터 즉시 일기 쓰는 일에 착수하십시오. 여러분은 매일 일기를 쓰는 습관을 통해 여러 가지를 얻게 될 것입니다. 인격을 수양하고, 문장력을 기르고, 사고력·관찰력을 길러 학습은 물론 여러분의 정신적 능력을 향상시켜 삶을 윤택하게 해줄 것입니다.

다음으로 일기를 쓸 때 주의할 점 몇 가지를 간략히 설명하고자 합니다.

4. 일기를 쓸 때 주의할 점

첫째, 흔히 여러분의 일기를 보면 '오늘 나는……'에서 시작해서 시시콜콜 하루 일과를 나열하고 있습니다. 그러나 일기에서는 가급적 '나는'이라는, 글쓴이 스스로를 드러내서는 안 됩니다. 왜냐하면 앞서 지적했듯이 일기는 사기록(私記錄), 곧 개인적 기록이기 때문에 굳이 '나는'이라고 밝히지 않아도 됩니다. 쓸데없는 것의 사용은 군더더기처럼 보여 글을 지저분하게 만드니까요.

둘째, '그리고', '그런데'라는 문장과 문장을 잇는 이음말은 가급적 쓰지 않는 게 좋습니다. 일기는 무엇에 대한 해석이나 설명을 위한 글이 아닙니다. 그러면서도 설명보다 설득력을 지니고 있는 글입니다. 바꾸어 말하면 일기는 해석이 아니라, 기록이란 뜻입니다. 그 때문에 문장의 맥을 이어 앞뒤를 맞추려고 할 필요가 없습니다. 오히려 일기에서는 독립된 생각이나 느낌을 이음말 없이 엮어 가는 간결한 표현이 더 요구됩니다.

셋째, 일기는 반드시 그날그날 쓰는 것에 충실해야 합니다. 곧 하루를 마무리하고 하루 일을 되돌아보면서 써야 합니다. 오늘 하루를 부끄럼 없게 지냈는가? 보람있는 하루였는가? 아니면, 후회할 일을 저질렀는가? 하는 것 등을 되돌아보면서 스스로의 삶을 점검, 반성도 하고 비판도 하면서 써야 합니다. 그 때문에 아침에도, 낮에도 쓸 수 없습니다. 오직 하루를 마무리하는 시간에만 일기를 쓰는 것이 가능합니다.

이상의 세 가지 지적은 일기를 쓰는 데 있어 주의해야 할 점들을 요약한 것입니다. 여러분은 잘 쓰는 일도 중요하지만, 삶을 올바르게 살기 위해 지켜야 할 주의 사항도 잊어서는 안 됩니다.

　끝으로 일기의 종류는 어떤 것들이 있는지 종류별로 예문을 들어 살펴보도록 하겠습니다.

5. 일기의 종류에는 어떤 것들이 있는가

　일기는 그 내용이나 특성에 따라 여러 종류로 구분, 분류해 볼 수 있습니다. 그날의 일에 그림을 곁들이면 그림 일기, 그날 배웠던 공부를 세밀하게 기록하면 학습 일기, 자연 상태나 식물의 생태 등을 세밀히 살펴보고 기록하면 관찰 일기, 가축이나 새, 토끼 등을 기르며 그 과정을 기록하면 사육 일기, 그날그날 있었던 일 중에서 기억에 남는 것을 기록하면 생활 일기, 책을 읽고 그 책의 내용이나 체험과 감동을 기록하면 독서 감상 일기, 계절이나 사물을 보고 느낀 것을 동시로 썼다면 동시 일기, 여행을 떠났다가 보고 듣고 느낀 것을 기록하면 여행 일기, 또 언니나 누나를 따라 영화관에 갔거나 음악회에 갔다가 감동으로 가슴에 와 닿는 느낌을 기록하면 감상 일기, 아빠나 형을 따라 매일 뒷산에 올라가서 운동하는 것을 쓰면 운동 일기, 일주일간 학급 당번을 맡았다가 그 내용을 기록하면 당번 일기, 학급의 일을 맡아 학급에서 일어난 그날그날의 일들을 기록하면 학급 일기, 엄마의 부탁을 받고 방과후에 한두 시간씩 갓난 동생을 돌보면서 보고 느낀 것을 쓰면 육아 일기, 누나와 공동으로 베란다에 화단을 만들고 꽃씨를 뿌려 가꾸는 과정을 기록하면 재배 일기, 엄마 따라 영아원에 가서 봉사 활동한 것을 기록하면 봉사 일기가 됩니다. 그러므로 일기는 그 성격에 따라 종류가 매우 다양합니다. 이 외에도 일기는 분류에 따라 더 많은 종류로 나누어 볼 수 있습니다.
　그러나 앞에 제시한 일기를 유형별로 구체화했을 때 그 유형은 분명해질 것입니다.

1) 그림 일기

그림 일기는 여러분이 1~2학년이던 저학년 때 써본 경험이 있을 것입니다. 특히 방학 때면 으레 그림 일기는 과제에서 빠지지 않고 끼여 있는 것 중의 하나였습니다. 그때 여러분은 엄마나 언니의 도움을 받아 크레파스로 그날의 일을 그림으로 그리고 그 밑에 몇 줄 안 되는 문장을 써넣었을 것입니다.

이때 그려 넣는 그림은 그림 숙제와는 다릅니다. 그림 숙제는 그림 자체를 잘 그려야 좋은 평가를 받을 수 있습니다. 하지만 그림 일기에 그려 넣은 그림은 비록 잘 그리지 못했더라도 말하고자 한 내용을 잘 나타내기만 하면 됩니다. 가벼운 밑그림 정도의 그림이라도 그날 있었던 일을 떠올리게 하는 특징만 잘 드러내면 되는 것입니다. 그것은 그림에 곁들인 일기문이 그림의 설명을 해주기 때문에 가능합니다.

그림 일기를 그리고 쓸 때는 반드시 그림과 글의 내용이 같아야 합니다. 그림은 바다를 그려놓고 일기는 산 이야기를 썼다면, 이는 그림과 내용이 다르기 때문에 형태만 그림 일기일 뿐 내용상으로는 그림 일기가 되지 못합니다.

○월 ○일 맑음
오늘부터 아빠가 여름 휴가라고 하신다. 아침부터 아빠의 눈치만 살피시던 엄마가 살짝 웃으며 아빠에게 말을 건넸다.
"여보, 우리도 가족 휴가 가요. 음, 제주도도 좋고, 대천 해수욕장도 좋고."
나는 얼른 아빠의 표정을 살펴보았다. 그러나 아빠의 얼굴에는 아무런 변화가 없었다.
"철아, 우리 해수욕장 대신 수영장에 갈까?"

올해도 휴가 가기는 글렀구나 생각하고 있는데 아빠의 말씀이 들려왔다.
"정말이에요?"
나는 환호성을 지르며 엄마 아빠를 따라 북한산 풀장으로 향했다.
풀장은 벌써부터 사람들로 꽉 차 있었지만, 그 때문에 더 신이 났다. 수영을 할 줄 모르는 나를 위해 아빠께서는 튜브 하나를 던져주셨다. 튜브를 끼고 물위를 떠다니니까 너무 신이 났다.

위의 그림 일기에서 볼 수 있듯이 수영장의 이모저모가 그림으로 잘 드러나 있습니다. 그 중에서도 튜브가 가장 눈에 띕니다. 그 이유는 튜브가 수영장의 현장을 나타내는 데 가장 효과적으로 작용하기 때문입니다.
일기는 잡다한 하루의 일을 다 기록하는 것이 아니라, 그날 일어난 일 중 가장 인상에 남는 것을 기록하는 것입니다. 그림의 경우도 마찬가지입니다. 조그마한 도화지 한 장에 수영장의 이모저모를 다 그려 넣을 수는 없습니다. 그 중에서 수영장을 드러내는 데 가장 효과가 큰 것, 이를테면 튜브, 미끄럼대, 물안경을 쓴 아이 같은 인상적인 것만 그려 넣으면 됩니다. 그림도 꼼꼼하게 정성을 들이지 않아도 괜찮습니다. 그러나 그림과 글의 내용은 절대 서로 어긋나서는 안 됩니다. 그 두 개가 일치해야 그림 일기가 될 수 있으니까요.

2) 학습 일기

학습 일기는 그날 공부한 내용이나 배운 내용을 빠뜨리지 않고 자세하게 기록하는 일기를 말합니다. 여러분이 '효도'에 대해 배웠다면 첫째 효도는 무엇이며, 둘째 왜 효도를 해야 하며, 셋째 어떻게 해야 효도를 할 수 있으며, 넷째 왜 불효를 하면 안 되는지 등등 배운 대로, 공부한 대로 자세히 기록하면 그것이 곧 학습 일기가 되는 것입니다. 학습 일기는 다음과 같은 몇 가지 유의할 점을 미리 알고 쓴다면 더 효과적으로 쓸 수 있을 것입니다. 그렇게 되면 학습에도 많은 도움이 되겠지요.

첫째, 학습한 내용이 무엇인지 그 내용이 잘 드러날 수 있도록 자세히 써야 합니다. 따라서 배운 내용, 공부한 내용이 없으면 학습 자체가 이루어지지 않았던 것으로 학습 일기는 성립이 되지 않습니다.

둘째, 학습하는 과정에서 맛본 즐거움이나 이해가 되지 않아 괴로웠던 점 등을 자세히 기록해야 합니다. 그래야만 배우는 즐거움이나 배우는 데 따르는 고통 같은 것들이 제대로 드러나 학습에 의한 의미 있는 일기가 될 수 있습니다. 아무 느낌도 없고 고통도 없이 그저 선생님께서 가르쳐 주신 내용을 들은 대로 고스란히 기록한다면 이는 노트 필기를 복사한 것에 불과합니다.

셋째, '아, 이런 것이었구나!' 하는 학습을 통해 얻은 감동, 그리고 '나도 이런 길을 통해 무엇인가 해야겠구나' 하는 감동이 가져다주는 결심 같은 것을 적어둔다면 더욱 좋은 학습 일기가 될 것입니다.

여러분이 학교에서 돌아오면 부모님은 흔히 "오늘 뭘 배웠니?" 하시거나 "오늘 재미있게 공부했니?" 하고 묻습니다. 이러한 질문은 학습의 결과가 어떠했느냐를 묻는 것입니다. 이때 여러분은 그 답을 학습 일기로 써서 부모님께 보여드리는 것은 어떨까요? 그렇게 되면 엄마는 많은 것을 느끼고 배워온 여러분을 보며 기뻐하시고 자랑스러워하실 것입니다. 물론 앞에서 말했듯이 일기는 보이기 위한 글은 아닙니다. 그러나 학습 일기는 학습의 연장이기 때문에 부모님께 보여드리는 쪽이 더 보람있는 일이 될 것입니다.

　○월 ○일 구름
　국어 시간에 편지 쓰기에 대해 배웠다. 편지는 그냥 전할 말만 써 보내면 되는 것인 줄 알았는데 그게 아니었다.
　편지는 보내는 상대나 용건 등에 따라 여러 종류가 있다. 또, 글의 내용도 내가 하고 싶은 말만 써서 보내는 것이 아니었다. 편지를 보낼 때는 우선 날씨 얘기나 안부를 묻는 등 간단한 인사를 하고 난 후 하고 싶은 말을 해야 한다. 더구나 편지는 얼굴을 마주하고 얘기를 나누는 것이 아니라, 글을 통해 일방적인 대화를 하는 것이기 때문에 그 어떤 때보다 정중한 예의를 갖추어야 한다. 그리고 짧은 내용을 통해 상대방을 설득시키기 위해서는 진실하게 써야 한다.
　그뿐이 아니었다. 편지 머리말에 받는 사람을 쓰는 것도 무척 복잡하다. 옛 분들은 아버지께 편지를 보낼 때 '아버님 전 상서', '부친님 전상서'라는 식의 한자 말투를 썼다고 한다. 그러나 요즘에는 그냥 '아버지께', '아버지께 올립니다'라고 하든가, '아버지 보십시오'라는 우리가 일상적으로 쓰는 말을 그대로 사용해도 된다.
　"선생님, 그렇다면 어머니에게 편지를 보낼 때는 '어머니께', '어머니 보세요', '어머니께 올립니다'라고 하면 되는 거예요?"
　나는 손을 들고 일어나 선생님께 여쭈어 보았다. 선생님께서는 좋은 질문을 했다고 칭찬해 주시면서 그렇다고 대답해 주셨다. 선생님께 칭찬을 받자 기분이 좋았다.
"학습 일기를 한번 볼까요?"
수업이 거의 끝나 갈 무렵 선생님께서는 재미있는 편지에 얽힌 이야기를 해주시겠다면서 다음과 같은 한 토막의 짧은 편지 이야기를 들려주셨다.
"여러분, 유명한 소설 〈레미제라블〉을 쓴 작가가 누구인지 알지요? 바로 프랑스 대문호 빅토르 위고이지요. 〈레미제라블〉이 영국에서 출간되었을 때, 빅토르 위고는 프랑스에서 히트한 자신의 작품이 영국 런던에서 과연 어떤 반응을 얻을지 몹시 궁금해서 견딜 수 없었습니다. 그래서 런던 출판사 사장에게 편지를 보냈습니다. 그런데 그 내용이 걸작이었습니다. 흰 편지에다 '?' (의문 부호) 하나만 찍어 보냈기 때문이지요. 이 편지를 받고 정작 의문을 풀지 못한 것은 영국 출판사 측이었습니다. 무엇에 대해 묻고 있는지 몰랐기 때문이었지요. 여러분은 무엇에 대해 묻고 있었다고 생각하세요?
잘 모르겠다구요? 빅토르 위고는 〈레미제라블〉에 대한 영국 사람들의 반응이 어떠한가? 라고 물었던 것입니다. 당황한 영국 출판사에서 어찌해야 좋을지 몰라하고 있는데 한 늙은 편집인이 "내가 답장을 쓰겠다"고 나섰습니다. 그 답장이 또한 걸작이었습니다. 하얀 백지 위에다 '!' (느낌표) 하나만 찍어 보냈기 때문입니다. 감탄할 정도로 히트하고 있다는 뜻이었지요."
선생님의 얘기는 무척 재미있었다. 갑자기 누구에겐가 편지를 쓰고 싶어졌다.

위 일기에서 볼 수 있듯이 학습 일기는 그날 배웠던 내용을 상세히 기록하는 일기입니다. 그런가 하면 위 예문처럼 공부하면서 가장 즐거웠던 내용이나 가장 흥미 있었던 부분, 또는 감명 깊었던 대표적인 내용만 상세히 기록해도 됩니다. 학습 일기라고 해서 학습 내용을 고스란히 처음부터 끝까지 다 기록할 필요는 없으니까요.

　여러분이 만약 그날그날 배운 것을 복습 겸 학습 일기로 써 놓는다면 여러분의 실력은 크게 향상될 것입니다. 일찍이 고려대학교의 한 교수님은 대학생에게 권하는 글에서 '노트를 충실히 해라. 그러면 시험 때 남들이 머리 싸매고 공부할 때 극장에 영화를 보러 가는 여유를 가질 것이다.'라고 말한 바 있습니다. 곧 그날 배운 것을 그날그날 정리해 두면 나중에 그만큼 여유를 갖게 된다는 뜻입니다.

　여러분이 이 이야기를 여러분 자신에게 적용시켜 그날그날 학습 일기를 쓴다면 복습보다 효과적인 실력 향상을 가져다 줄 것이라 확신합니다. 그렇게 되면 여러분은 그를 통해 기쁨을 맛보게 될 것이고, 그 기쁨 속에서 공부하는 보람을 찾게 될 것입니다.

3) 관찰 일기

　관찰 일기는 자연이나 사물의 현상, 상태에 관심을 가지고 지켜보면서 그 변화나 변화에 따른 여러 가지 색다른 현상들을 빠뜨리지 않고 세밀히 기록하는 일기를 말합니다. 식물이나 동물이 자라는 모습, 꽃망울이 맺히고 꽃이 피는 과정, 혹은 기르는 강아지가 몸짓이나 울음으로 요구하는 것을 표현해 내는 것 등을 관찰하면서 그 관찰 과정 동안 일어나는 일, 반응, 변화 및 자연 현상 등을 상세하게 기록하면 그것이 곧 관찰 일기가 됩니다. 어른들이 쓴 글 중에서도 가꾸는 난에서 얻은 작은 난의 뿌리를 다른 화분에 옮겨 심어 그 난이 꽃망울을 터뜨리기까지의 과정을 상세히 기록한 관찰 수필이란 글이 있습니다.

　관찰하는 습관을 기르면 무언가를 판단하는 능력이 길러집니다. 또한 자연의 오묘한 이치를 깨닫게 되며 지식을 주거나 흥미를 유발하는 여러 가지 좋은 결과와 만나게 될 것입니다. 이처럼 관찰하는 습관을 길러 관찰 일기를 쓴다면 생각이 깊어지고, 사물을 객관적으로 파악할 수도 있으며 판별력도 함께 길러질 것입니다. 어디 그뿐이겠어요? 글쓰기 실력도 좋아지고, 자연이나 사물에서 새로운 지식도 얻을 것입니다.

　이때 주의할 점 몇 가지를 살펴보겠습니다. 이 사항들을 머릿속에 잘 기억해 두었다가 관찰 일기를 쓸 때 참고하기 바랍니다.

　첫째, 관찰 일기는 본 그대로, 사실 그대로 보태거나 빼거나 덧칠하거나 깎아 내려서는 안 됩니다. 또한 어림잡아 쓰거나, 짐작으로 쓰거나 해서도 안 되고 일부러 꾸며서 없는 사실을 거짓으로 써서도 안 됩니다.

　둘째, 지속적으로 관찰하고 지켜보면서 그 과정을 사실대로 쓰며 변화가 일어나면 그 변화에 대해 사실 그대로 써야 합니다. 그리고 이러한 새로운 사실을 쓰기 위해서는 꾸준히 관찰하면서 변화의 과정이나 순간들을 놓치지 않아야 됩니다. 그래서 관찰 일기는 무엇보다 지속적으로 지켜보는 것이 중요합니다. 곧 며칠씩 내버려두었다가 생각나면 가끔씩 들여다보고 쓴 일기는 관찰 일기가 아닙니다. 관찰을 소홀히 하게 되면 변하는 모습이나 변하는 과정을 놓치기 쉽기 때문입니다.

　셋째, 글로 쓰는 것이 좋겠지만, 미처 글로 쓰지 못했을 때에는 카메라에 담아놓는다든지, 변화하는 모습이나 상태를 그림으로 그려도 무방합니다. 그림이나 사진은 글로 구체화하지 못한 부분을 구체적이면서도 사실적으로 보여줄 수 있기 때문입니다.
　다음 일기를 보고 위에서 제시한 관찰 일기 쓸 때의 주의점을 살펴보도록 하겠습니다.

　　○월 ○일 맑음
　아버지께서는 몇 그루의 난을 기르시는데 애지중지하신다. 우리가 보기에는 그냥 난일 뿐인데 매일 들여다보시는가 하면 자리를 옮겨놓기도 하고, 또 어떨 때는 분갈이를 해주기도 하신다. 가끔씩 햇빛에 반짝이는 난 잎을 꼭 내 머리를 쓰다듬어 주시듯 어루만지기도 하시는데 그때마다 아버지 손길에 묻힌 난이 꼭 아버지와 대화를 나누고 있다는 생각이 든다.
　"아빠, 난이 어디가 그렇게 좋으세요?" 하고 종종 여쭈어 보면, 아버지는 "글쎄다." 하고 말꼬리를 흐리실 뿐 정확한 대답을 해주시지 않는다.
　어느 날 무심코 난 화분을 들여다보았더니 잎에 까뭇까뭇한 반점이 생겨 있었다. 속으로 '그래, 여러 날 아빠가 물 주는 것을 잊으셔서 수분이 부족해 말라가는구나' 생각하고 수돗물을 한 바가지 떠서 부어주었다. 마침 아버지께서 미국 출장으로 보름 가까이 집에 계시지 않았던 것이다.
　그러나 며칠이 지나도 반점은 지워지지 않았다. 이번에는 난 잎의 끝이 병든 것처럼 노랗게 시들어 가는 것이었다. 그래도 수분이 부족한 탓이려니 하고 또 물을 흠뻑 부어주었다. 그러나 며칠이 가도 푸른빛을 회복하지 못했다.
　결국 어머니에게 이유를 물을 수밖에 없었다.
　"엄마, 왜 난 잎이 저래요? 반점이 있어서 물을 줬더니 이번에 이파리가 노랗게 병들어 가고 있어요."
　"글쎄다. 아빠 돌아오시면 물어봐야겠다. 엄마도 난에 대해서 잘 몰라."
 내 생각으로는 수분이 부족한 것 같았다. 그래서 또 물을 주었다. 그랬더니 몇 잎만 병들었던 난 잎은 병이 번지듯 여러 개가 누렇게 뜨기 시작했다.
 며칠 후 출장에서 돌아오신 아빠가 난을 보시고는 깜짝 놀라셨다.
 "누가 난 화분에 물을 주었구나. 그것도 매일. 난은 자주 물 주는 것을 싫어한단 말이야." 하시며 짜증을 내셨고 아버지를 도와주려 한 나의 노력은 안 도와준 것만 못하게 되었다.
 그러나 한 가지는 확실히 배웠다. 난은 물을 많이 주면 안 된다는 사실을. 무엇인가를 새로이 알았다는 것이 무척 기뻤다.

 위의 일기는 집에서 기르는 난 잎이 병들어 가는 것을 관찰하면서 쓴 일기로 난 잎의 변화 과정을 그때그때 기록함으로써 관찰 일기의 역할을 하고 있습니다. 우리 주변에서 흔히 있을 수 있는 이러한 관찰에서도 우리는 자연의 이치랄까, 자연의 오묘함을 배우게 된다는 사실을 이 관찰 일기는 충분히 말해 주고 있습니다.
 여러분도 난을 관찰한다든지, 화단에 맺힌 꽃봉오리를 지켜보면서 꽃이 피기까지의 과정을 관찰해 보는 것은 어떨까요? 그 과정에서 관찰되는 여러 변화나 작용을 그때그때 기록해 보는 것도 좋겠지요. 그렇게 하면 좋은 일기도 쓰고 자연 학습도 하게 되어 두 가지의 효과를 얻을 수 있을 거예요. 오늘부터 관찰 대상을 골라 한번 시작해 보세요.

4) 사육 일기

앞의 관찰 일기가 자연의 상태나 사물의 현상을 세밀히 관찰하여 성장·변화하는 모습을 기록한 것과 같이, 사육 일기는 집에서 기르는 가축이나 조류 같은 것들을 지켜보면서 그 성장 과정이나 성장 과정에서 나타나는 변화 등을 사실대로 기록하는 일기를 말합니다. 관찰 일기와 사육 일기는 둘 다 무엇을 지켜보고 관찰하면서 기록한다는 점에서 같지만, 하나는 자연의 상태나 사물의 현상들을 대상으로 하고, 다른 하나는 가축이나 조류 등을 대상으로 한다는 점에서 다르다고 할 수 있습니다.

여러분의 집에서도 앵무새나 잉꼬 같은 새를 기르거나 스피치나 치와와 같은 강아지를 기르고 있겠죠? 혹 지금은 기르지 않더라도 예전에 한번쯤은 길러봤을 것입니다. 그런데 여러분은 기르는 새나 강아지를 귀여워할 줄만 알지, 그것들의 성장에 따르는 변화나 인간과의 관계에서 드러나는 여러 가지 습성에 대해서는 무관심한 것 같습니다.

동물을 사랑하는 것은 곧 자연을 사랑하는 것이고, 자연을 사랑하는 것은 곧 인간을 사랑하는 이치가 됩니다. 그래서 애완 동물을 기르고 사랑하며 관찰하는 것은 곧 자연을 사랑한다는 것이요, 나아가 자기 자신과 주위 여러 사람들을 사랑하고 있다고 말할 수 있습니다. 집에서 기르는 개나, 새, 그 외의 여러 동물들의 성장 과정과 그 과정에서 드러나는 지금까지 알지 못했던, 그리고 보지 못했던 여러 가지 현상들을 기록하는 것은 한편으로는 일기를 쓰는 재미를 맛보게 합니다. 또 한편으로는 기르는 재미, 성장을 지켜보는 재미, 그리고 변화에서 얻는 자연 학습의 재미까지 보태어져 많은 즐거움을 얻을 수 있습니다. 게다가 조금씩 여러분 자신과 주위 사람들을 아끼는 마음도 생기게 될 것입니다.

여러분도 애완 동물을 기르면서, 기르는 과정에서 느끼는 이모저모를 사육 일기로 써보면 어떨까요? 그렇게 되면 여러분의 삶도 즐거워질 것이며, 그 과정에서 자연도 배울 수 있는 큰 기쁨을 누릴 수 있을 것입니다. 다음의 몇 가지 주의 사항과 요령을 잘 따른다면요.

첫째, 사육 일기는 그날그날 꼬박꼬박 기록하기보다는 기르는 동물의 성장 과정이나 성장에 따르는 새로운 변화를 발견했을 때 그때그때 기록해야 합니다. 아무 변화도 없는데 매일 되풀이해서 기록하면 똑같은 것의 나열이 되어 재미도 없고 기록하는 의미 또한 없을 테니까요.

둘째, 먹이의 변화에 따라 어떻게 반응하고, 어떻게 그 먹이를 다시 요구하는지 등 먹이에 대한 동물의 즉각적인 반응을 이모저모 기록하는 것이 좋습니다. 매일 먹는 사료는 나날이 되풀이되는 먹이이니 특별한 의미가 없습니다. 그리고 특별한 의미가 없는 한 기록해야 할 가치도 없습니다. 그러나 오랜만에 강아지에게 아빠가 사 오신 피자를 주었다든지, 외식을 갔다 싸 가지고 온 쇠고기를 주었을 때의 반응은 사료를 먹였을 때와는 사뭇 다를 것입니다.

셋째, 기르는 가축들이 종종 병에 걸릴 때가 있습니다. 먹이를 먹지 않고 시름시름 앓을 때는 어디가 아픈지, 어째서 병에 걸렸는지 무척 궁금해집니다. 그래서 부랴부랴 동물 병원을 찾게 마련입니다. 하지만 아프다고 무조건 병원에만 데리고 갈 것이 아니라, 앓고 있는 가축의 증상과 어떤 병인지 확인하고 난 후의 치료 과정 등을 상세히 기록하면 중요한 사육 일기가 됩니다. 이는 특별한 변화라서 새롭고, 다음 번에 똑같은 경우가 닥쳤을 때 스스로 치료할 수 있는 중요한 기록이 될 것입니다. 다음 예를 한번 잘 살펴보세요.

○월 ○일 맑음
우리 집에서는 개 두 마리를 기르고 있었다. 한 마리는 잡종 점박이로 이름은 시리이고, 다른 한 마리는 요크셔 테리어로 이름은 테리이다. 누나가 개를 여간 좋아하는 게 아니라서 목욕은 집에서 시키지만, 화장이나 이발 등 몸 꾸미기는 동물 병원이나 동물 미장원에서 한다.
테리는 광고 모델로 뽑힌 적이 있었다. 테리의 광고는 주말 연속극이 방영되기 전에 나왔는데 우리 식구들은 연속극이 시작될 즈음만 되면 모두 텔레비전 앞에 쪼그리고 앉아 화면을 지켜보곤 했다.
이렇게 테리가 많은 사람들에게 사랑을 받는 반면, 시리는 털이 잘 빠져 건강에 해롭다며 엄마가 무척 싫어하셨다. 그래서 시리는 지금 대전에 사는 누나 친구 집에 맡겨져 자라고 있다. 가끔 누나의 친구와 함께 우리 집을 방문하곤 하는데 볼 때마다 반가우면서도 미안한 마음이 든다. 다시 누나 친구 집으로 돌아가는 시리를 붙잡고 싶었던 적이 한두 번이 아니었다.
테리는 몸집은 주먹만 하지만 여간 영리한 것이 아니다. 물이 먹고 싶으면 수도꼭지를 쳐다보면서 킹킹대고, 화장실에 가고 싶으면 화장실 문 앞에 가서 킹킹댄다. 또 심심하면 곁에 와서 팔을 딱딱 긁으며 장난을 치며 놀자고 한다. 그리고 배가 고플 때면 냉장고 문을 발로 긁적이며 마구 칭얼거린다.
누나는 테리가 칭얼거리거나 킹킹거리는 소리가 무엇을 요구하는 것인지 잘 알고 있다. 때로는 테리의 의사를 읽어내어 다른 식구들에게 전달해 주기도 한다. 또, 테리는 사랑하고 믿는 상대와 싫어하고 피하는 상대, 그리고 친구처럼 장난을 치는 상대가 각기 따로 있다. 아빠를 존경하고 사랑하며 따르는 한편, 엄마는 배가 고플 때를 빼고는 싫어하고 피한다. 누나와 나는 테리에게 장난을 쳐도 상관없는 상대가 되었다. 6년을 기르는 동안 테리가 우리와 가까워졌기 때문이다.

위의 일기는 애완 동물로 기르는 테리를 지켜보고 관찰하는 과정을 기록해 놓은 글입니다. 이 글은 수도꼭지를 보고 킹킹대면 목마르다는 것을, 화장실 문 앞에 가서 킹킹대면 화장실을 가고 싶다는 것을, 그리고 냉장고에 가서 칭얼거리면 배가 고프다는 것을 알게 된 과정이 상세히 잘 기록되어 있어 관찰 일기의 역할을 해주고 있습니다. 또 개의 눈에도 좋아하고 사랑하는 사람, 미워하는 사람, 그리고 장난을 치고 싶은 사람이 각기 따로 비춰지고 있다는 사실을 알게 된 것도 관찰 일기의 좋은 재료가 되었습니다.

이처럼 관찰 일기로 쓰일 수 있는 동물은 개뿐 아니라, 다양합니다. 토끼도, 병아리도 관찰 일기의 대상이 될 수 있습니다. 지금까지 알지 못했던 여러 가지 것들을 관찰을 통해 새롭게 발견하게 되고, 동시에 자연의 이모저모를 발견하여 동물들이 자연의 섭리를 좇아 어떻게 변화하고 적응하는가에 대한 과정을 배울 수 있게 된다면 그것은 훌륭한 관찰 일기가 되는 것입니다.

즉 사육 일기는 한 생명체의 성장 과정을 통해 그 신비로움과 그에 따른 지식을 써나가는 일기라 할 수 있습니다. 이런 이유로 일기인 동시에 자연 학습의 자료가 되기도 합니다.

여러분도 집에서 기르는 애완 동물들을 유심히 지켜보고 관찰하는 습관을 길러보십시오. 그리고 그것을 일기로 기록한다면 일기를 쓰는 보람과 함께 자연 학습의 기회, 거기에다 동물을 사랑하는 마음을 통해 얻어지는 인간에 대한 사랑까지, 무수히 많은 기쁨을 얻을 수 있을 것입니다.

5) 생활 일기

생활 일기는 그림이나 학습, 관찰, 사육과 같이 특수한 경우의 기록이 아닙니다. 일상 생활 속에서 보고, 듣고, 느끼고, 생각한 것들 가운데 인상에 남을 만한 특수한 것을 중심으로 기록하는 일기를 생활 일기라 합니다. 여러분이 그날그날 쓰는 일반적인 일기가 이에 해당합니다. 하루하루를 살아가면서 그날 본 것 중 가장 기억에 남는 일이나, 들은 것 중 기록해 두고 다시 보면 좋을 일을 기록하면 되는 것입니다. 그런가 하면 생각하고 느낀 것 중에서 기억해 둘 만한 특별한 것을 기록하는 것도 생활 일기라 할 수 있죠.

이 때문에 누구나 쓸 수 있고, 또 쓰고 있는 일기가 생활 일기라고 할 수 있습니다.

우리는 하루하루 살아가면서 많은 것을 보고 듣습니다. 보고 들으면 느끼고 생각하게 마련이지요. 이런 일상적 삶에서 기록해 둘 만한 것, 삶 주변에서 기록해 둘 만한 것을 쓰면 그것이 곧 생활 일기입니다.

여러분도 매일매일 주어진 하루하루를 살아가고 있습니다. 그렇기 때문에 여러분만의 삶이 있고, 그 삶을 통해 보고 듣고 느끼고 생각하는 것이 있게 됩니다. 그 중에서 의미를 부여할 수 있는 일이나 느낌, 그리고 생각을 기록하면 그것이 바로 생활 일기입니다.

생활 일기가 일상적인 생활의 기록이긴 하지만, 이 경우에도 주의할 점과 요령이 있습니다. 그 몇 가지를 살펴보면 다음과 같습니다.

첫째, 생활 일기는 그날그날 보고 듣고 생각하고 느낀 것 중 가장 의미가 있다고 생각되는 것을 기록하면 됩니다. 다시 말해 별 의미가 없는, 누구나 일상적으로 행하는 그런 것들까지 다 기록할 필요는 없다는 뜻입니다.

둘째, 사실대로 기록해야 합니다. 더 잘 보이기 위해 없는 사실을 쓴다거나 보태거나 빼서도 안 됩니다. 그럴듯하게 꾸며 거짓으로 써서도 안 됩니다. 일기는 남에게 보여주기 위해 쓰는 것이 아니라, 스스로에게 자신을 고백하기 위한 글이기 때문입니다.

셋째, 날마다 지속적으로 써야 합니다. 그날 일은 반드시 그날에 기록해야 합니다. 그리하여 자신이 살아온 과정을 말해 주는 개인의 역사 기록이 되어야 합니다.

이 세 가지를 유의해서 쓰게 된다면 좋은 생활 일기가 될 것입니다.

○월 ○일 구름

요즘 들어 아빠와 엄마의 대화가 부쩍 줄어들었다. 싸우신 것 같지는 않은데 아빠 쪽에서 더 많이 입을 다물고 계시는 것 같았다. 무슨 이유가 있긴 있는데 짐작이 가지 않았다. 엄마 눈치만 살피고 있는데 마침내 기회가 왔다. 학교에서 돌아오자마자 엄마가 날 부르셨다.

"애, 철아. 건너 슈퍼에 가서 술 한 병 사다줄래?"

"누구 손님 오세요?"

"손님은 무슨······."

"손님도 안 오시는데 왜 술을 사 와요?"

"손님으로 대접할 사람이 있다."

엄마의 말씀을 이해할 수 없었다. 손님은 아니고, 손님으로 대접할 사람이 누구일지 궁금했다. 요즘은 도무지 부모님의 행동을 이해할 수 없다고 생각하며 가게에 다녀왔다.
　아빠는 밤이 되어서야 집에 들어오셨다.
　"여보, 좋은 안주감이 생겨서 술 한 병 사다 놨어요."
　"그래요, 고맙소."
　욕실에서 씻고 나오시는 아빠를 엄마가 주방으로 부르셨다. 그제야 손님으로 대접할 분이 아빠라는 것을 알 수 있었다.
　"철아, 이리 와서 회 먹어라."
　나도 얼른 부모님 곁에 앉았다. 오랜만에 우리 가족이 한자리에 모여보는 것 같았다.
　"저도 한잔 주세요."
　엄마가 잔을 내밀었다. 아빠는 허허 웃으시면서 술을 잔이 넘치도록 따랐다. 아빠 엄마 얼굴에 오랜만에 웃음이 돌았다. 나도 무척 기뻤다.

　위의 글은 평범한 가정에서 흔히 볼 수 있는 광경입니다. 무슨 일인지 알 수 없지만, 두 분이 뭔가 안 좋은 일이 있었던 것 같습니다. 엄마 아빠 사이가 안 좋을 때 중간에 있는 여러분은 어떠세요? 왜 그럴까 궁금해지고, 괜히 불안해지죠? 위의 일기는 이러한 마음이 잘 드러나 있는, 일상 생활에서 흔히 발견되는 이야기를 글감으로 하고 있습니다. 이런 글이 바로 생활 일기입니다.

6) 독서 감상 일기

　우리는 책을 읽습니다. 학문적인 필요에 의해서도 읽고, 지식이나 교양을 쌓기 위해서도 읽고, 또 특별한 목적을 위해서도 읽습니다. 그런가 하면 심심함을 달래기 위해 읽기도 합니다. 그만큼 책은 우리와 밀접한 관계가 있습니다.

　우리는 책을 통해 인생을, 자연을, 진리를 배웁니다. 그래서 책 속에 길이 있다고도 합니다. 책을 일컬어 '진리의 보고'니, '지식의 창고', 혹은 '인생의 벗'이라고 하는 이유가 바로 여기에 있습니다.

　여러분도 매일 책을 읽으며 책과 더불어 살아갑니다. 그 대부분의 경우는 숙제를 하기 위해서이거나 그날 배운 것을 복습하고, 또 다음 날 배울 것을 예습하여 학습에 보탬이 되게 하기 위해서일 것입니다. 그러나 그렇지 않은 경우도 많습니다. 평소에는 물론 방학 기간 동안 교양을 쌓기 위해 부모님이나 선생님께서 권하는 책을 읽기도 하고, 또 경우에 따라서는 독후감을 쓸 목적으로 책을 읽기도 합니다. 가끔은 친구가 재미있다고 추천해 준 책을 읽기도 합니다. 그러다 그 책이 너무 재미있어 책 속에 빠져 밤새워 읽기도 합니다.

　어떤 경우라도 좋습니다. 독서 감상 일기는 책을 읽고 느낀 점을 일기 형식으로 쓰면 됩니다. 그렇다고 전에 읽은 책의 내용을 쓴다거나, 읽지도 않고 말로 전해들은 내용을 써서는 안 됩니다. 그것은 그날의 느낌이 될 수 없으니까요. 반드시 그날 읽은 책의 내용과, 읽은 후 느낀 점이나 받았던 감동에 대해 써야 합니다.

　이때 중요한 것은 책의 내용이나 줄거리가 아닙니다. 물론 이것도 중요하긴 하지만, 그보다 그 책을 읽고 느낀 점이나 인상깊었던 점을 쓰는 것이 더 중요합니다. 책의 줄거리만을 그대로 옮겨놓으면 그것은 독서 일기는 될 수 있을지 모르나, 읽은 후의 감동이나 느낌을 곁들인 독서 감상 일기가 되지는 못합니다.

　여러분은 한 권의 책을 읽고 '참 재미있구나' 한다든지, 그 속에 담긴 내용에 감동을 받아 책 속의 주인공이 되어본다든지, 책 속의 행복이나 불행 따위를 자신의 경우로 받아들여 본 경험을 가지고 있을 것입니다. 그처럼 그때그때 책을 읽으며 느꼈던 감정들을 글로 쓰면 됩니다. 즐거웠던 점, 슬펐던 점, 미웠던 점을 적어놓으면 독서 감상 일기가 되는 것입니다.

여러분은 가끔 책을 읽고 난 후의 감동이나 느낌을 부모님이나 친구에게 말하고 싶었던 적이 있을 것입니다. 독서 감상 일기는 쓰기 어려운 것이 아닙니다. 말하고 싶은 것을 글로 쓰면 그것이 독서 감상 일기가 되는 것입니다. 만약 책이 마음에 들지 않았다면 책에 대한 비판을 써도 좋습니다.

○월 ○일 맑았다 흐림
소설 〈동백꽃〉은 김유정의 작품이다. 가난한 농촌의 이야기로서 남의 집 마름의 딸인 점순이와 주인공인 나 사이에 벌어진 사랑 이야기를 그리고 있다. 이는 아이들의 풋풋한 사랑이 아니라, 사랑의 심리적 갈등을 갖는 점순이와 나 사이의 대립을 통해 사랑의 감정을 나타내고 있다.

한 시골에 큰 부잣집의 논밭을 위임받아 소작농에게 농사짓게 하는 마름의 딸 점순이와 이 논밭을 빌어 경작하는 소작농의 아들 나는 울타리 하나를 사이에 두고 있는 이웃사촌이다. 그런데 점순이는 나를 좋아하지만, 나는 그 사실이 알려지면 농사도 얻어 짓지 못하고 쫓겨날 것이 두려워 점순이의 속마음을 모른 척한다.

어떻게 하든지 속마음을 알리고 싶어하던 점순이는 내가 몰라주자 안타깝고 심술이 나, 자기 집 닭과 우리 집 닭을 싸움을 붙인다. 그리고는 번번이 자기 집 닭을 싸움에서 이기게 하여 나를 약올린다.

어느 날 나는 싸움을 하고 있던 점순이네 닭을 죽인다. 그것을 구실로 점순이는 나를 위협한다. 자기의 말을 따르지 않으면 모두 다 일러버린다는 것이다. 나는 알았다며 고개를 끄덕인다. 점순이는 나를 밀어 동백꽃 속으로 넘어지게 한다. 그리고는 자신도 동백꽃 속으로 넘어진다.

  이 소설을 읽고 난 후 조금 이상한 것이 있었다. 대부분의 경우 남자가 여자에게 먼저 고백을 하는데 〈동백꽃〉에서는 거꾸로 여자가 남자에게 더 적극적이다. 지금이야 이런 경우도 흔히 찾아볼 수 있지만, 이 소설은 쓰여진 지 꽤 오래 된 것으로 알고 있는데 과연 그 시대에도 그랬을까?

  아무리 생각해도 이해할 수 없어 옆집에 사는 대학 국문과에 다니는 형에게 물어보았다. 그랬더니 형은 "네가 벌써 그렇게 어려운 책을 읽었니?" 하며 대단하다고 했다. 괜히 어깨가 으쓱해졌다. 그 형은 조금 어려운 말이라 이해하기는 어려울 것이라며 차근차근 그 이유를 설명해 주었다.

  이 소설의 작자 김유정은 명창, 기생, 친구의 동생 등 여러 여자를 사랑했다고 한다. 그러나 번번이 그 여자들에게 거절을 당했다고 한다. 그래서 가슴에 이러한 실연의 상처가 한으로 남아 있었다고 한다. 형의 말에 따르면 김유정은 그 한을 소설을 통해 풀려고 했다고 한다.

  이해하기 조금 힘들었던 〈동백꽃〉보다는 형이 들려준 김유정의 사랑 이야기가 더 재미있었다. 물론 그 이야기를 통해 〈동백꽃〉을 이해할 수도 있었다. 이런 소설로 한을 풀려고 했던 김유정이 조금 불쌍하기도 했다.

7) 시 일기

시 일기는 문자 그대로 시로 쓴 일기를 말합니다. 앞서 그림 일기가 그림으로 하루의 인상적인 것을 표현해 냈듯이 시 일기는 시로써 하루의 인상적인 것을 표현해 냅니다.

　우리는 계절이 바뀐다든지, 꽃이 피고 잎이 진다든지, 하늘이 맑고 하얀 뭉게 구름이 하늘에 둥둥 떠 있을 때 이상야릇한 기분에 빠져들게 됩니다. 이러한 것을 감흥이라고 합니다. 감흥은 마음 깊이 감동되어 일어나는 것으로, 기쁠 때나 즐거울 때, 또는 슬플 때나 외로울 때 우리가 흔히 체험하게 되는 느낌입니다.

　우리는 감흥을 받았을 때 그것을 표현하고 싶은 충동을 느낍니다. 여러분도 온 세상이 하얗게 눈으로 덮였다거나, 봄날 온 산이 진달래로 덮여 마치 산에 불이 난 것같이 보였다거나, 쓸쓸히 단풍잎이 거리 위에 나뒹굴고 있을 때 자신도 모르게 기분이 이상해지는 것을 경험했을 것입니다. 또 이러할 때 이를 표현하고 싶은 충동을 느꼈을 것입니다. 이처럼 이러한 감정을 글로 표현한 것이 시입니다. 그래서 시를 슬프고 기쁘고 아름답고 외로운 감정을 운문으로 드러낸 글이라고 합니다.

　그렇기 때문에 시로 쓴 일기는 그날의 감흥이나 느낌, 감동 따위를 쓴 글을 의미하게 됩니다. 이때 여러분은 여러분의 느낌이나 감동에 맞게 즉, 여러분의 정서에 맞게 시를 써야 합니다. 시란 누구의 감정을 빌어 쓰는 것이 아니라, 자신의 감정을 표현해 내는 것이니까요. 여러분의 감정에 맞는 시는 동시입니다. 동시란, 어린이의 마음으로 쓴 시이니까요. 다음 그날의 감정을 시로 표현한, 시 일기를 한 편 감상해 보십시오.

○월 ○일 맑음

진달래꽃

산에 핀 진달래꽃
온 산을
빨갛게 물들였네

겨울이
죽어가며
흘린 피일까?

봄을 맞이하는 산이
부끄러워 얼굴을
붉히는 것일까?

8) 기행 일기

　기행 일기는 마치 기행문과 같이 여행에서 보고 듣고 느끼고 생각한 것을 일기로 쓴 것을 말합니다. 그 때문에 기행문이 그러하듯 첫째 여행을 떠날 때의 기분, 곧 설렘·흥분·기대 등의 기분이 잘 나타나야 합니다. 둘째 여느 일기와 같이 그날의 날씨, 출발 시간, 이용한 교통편 등도 적어두어야 합니다. 셋째 가는 도중 차창에 비친 아름다운 경치나, 그냥 지나칠 수 없는 풍경 등도 적어두어야 합니다. 넷째 새로 본 것, 지금까지 들어보지 못한 것 등도 빠뜨리지 않고 적어두어야 합니다. 다섯째로 여느 일기와 같이 인상 깊었던 일이나 사건, 인상 깊은 이야기와 경치, 여행지의 풍습이나 역사 유적, 특산품 등도 적어두면 더 효과적인 기행 일기가 될 것입니다.

　여러분도 부모님을 따라 종종 여행했던 경험이 있을 것입니다. 여름 방학 때 갔던 해수욕장이나 피서지, 겨울 방학 때 갔던 스키장 그리고 명절 때 찾아갔던 시골 등 처음 가보는 곳도 있고 그렇지 않은 곳도 있었을 것입니다.

　그때 밤하늘을 쳐다보며 내일 날씨가 좋아야 할 텐데, 하며 잠을 설치기도 하고, 아빠 엄마보다 먼저 일어나 새벽부터 소란을 떨기도 하는 등 여행을 떠날 때의 흥분을 경험한 바 있을 것입니다. 또 막상 떠나려 하는데 비가 온다거나 그만 차를 놓쳐 기분을 망쳐버린 경우도 종종 있었을 것입니다. 그런가 하면 가는 도중 멋진 경치를 보고 환호하거나, 처음 보는 풍속이나 특산물을 보고 신비함을 느껴보았을 것입니다. 바로 이러한 경험들을 적은 것이 기행 일기입니다.

　　○월 ○일 맑음
　어젯밤에 비가 내려서 오랜만에 가족 나들이를 망치는 줄 알았다. 그런데 새벽녘에 눈을 떠보니 씻은 듯 하늘이 맑았다. '야호!' 소리가 목까지 차 올랐으나 아빠 엄마가 깰까봐 입을 다물었다.
　아침 8시가 되자 미니 버스가 동네 입구에서 미리 기다리고 있었다. 큰집에서도 큰아버지, 큰어머니를 비롯해서 혜경이 누나, 동식이 형이 나와 있었고, 고모 집에서도 고모, 고종사촌 형들이 나와 있었다.
　사람들이 모두 모이자 여행을 떠나는 기분이 났다. 엄마가 안 된다고 해서서 슬쩍 가슴에 품고 나온 우리 강아지 똘비도 신이 나는지 자꾸 밖으로 얼굴을 내밀려고 했다.

8시 10분이 좀 지나 버스는 목적지를 향해 떠났다. 아파트를 빠져 나온 버스는 서서히 속력을 내기 시작했다. 유리창에 부딪히는 나뭇가지들이 어느덧 산골로 들어섰음을 말해주고 있었다.
　　"얘들아. 오랜만에 너희들 노래나 들어보자."
　　고모가 말씀하셨다. 혜경이 누나가 제일 먼저 일어나 '산들바람'을 불렀다.
　　그 다음 동식이 형, 내가 차례로 이어 불렀다. 내가 노래를 할 때는 똘비가 춤을 추며 좋아했다. 그 모습을 보고 버스 안에 있던 사람들이 모두 크게 웃었다.
　　11시쯤 목적지에 도착했다. 3시간 정도 버스를 타고 온 셈이었다. 차에서 내리자 산이 온통 무덤으로 꽉 찬 공동 묘지가 눈에 들어왔다. 이 묘지에는 할머니 산소가 있다.
　　묘지마다 하늘을 찌를 듯한 상록수들이 키 재기라도 하는 듯 우뚝우뚝 솟아 있었고, 무덤 앞에는 비석들이 보초를 서며 무덤을 지키는 듯 낮게 세워져 있었다.
　　할머니 무덤은 공동 묘지의 앞쪽에 있었다. 할머니 무덤 앞에도 역시 비석이 서 있었는데 한자로 무어라 적혀 있었다.
　　"아빠 뭐라고 써 있어요?"
　　나는 아빠께 여쭤 보았다.
　　"유인 김해 김씨 지묘라고 쓰여 있단다. 할머니 성씨가 김해 김씨였거든. 그리고 뒤를 봐라. 여기엔 큰아버지, 아버지, 그리고 너희들 이름도 이렇게 적혀 있지 않니."
　　우리는 모두 자기의 이름들을 찾아내고는 무척 반가워했다.
　　"우리가 할머니 곁에서 할머니를 지키고 있는 거네."
　　혜경이 누나의 말에 모두들 그렇다는 듯 고개를 끄덕였다.
　　어머니와 큰어머니가 무덤 앞에 돗자리를 펴고 고모가 마련해 온 과일이며 떡, 과자 등을 펼쳐 상을 차렸다.
"애들아, 이리 와라. 할머니께 인사를 올려야지."
큰아버지의 말씀에 우리는 할머니 무덤 앞에 가 섰다.
"돌아가신 분에게는 절을 한 번 하는 것이 아니고, 두 번 하는 거 다 알고 있지. 모두들 두 번 절해야 한다."
"네!"
큰아버지의 말씀에 우리는 모두 큰 소리로 대답했다.
할머니께 인사를 드리고 우리 모두 한자리에 둘러앉았다. 큰아버지께서는 우리에게 집안 이야기며 우리 가문의 내력, 그리고 할머니의 훌륭한 점 등 많은 이야기를 들려주셨다. 그리고 성묘 때에는 절을 두 번 해야 하는 이유도 설명해 주셨다. 앞의 절은 인사를 올리는 절이며 뒤의 절은 물러간다는 의미의 절이라고 하셨다.

9) 감상 일기

감상 일기는 무엇을 보고 마음속으로 느껴지는 생각, 소감 또는 마음을 울리는 것들을 글로 표현하여 쓴 일기를 말합니다. 예를 들면 음악회에 가서 음악을 듣고 느낀 감상을 쓴다거나 연극·영화·학예회, 시 낭송회 같은 데 가서 보고 듣고 느낀 소감을 감상을 곁들여 쓰면 그것이 곧 감상 일기가 됩니다.

그렇다고 감상 일기를 쓰기 위해서 굳이 공연장이나 영화관, 또는 음악회 같은 곳을 찾을 필요는 없습니다. 집에서 보는 텔레비전 화면을 통해 음악이나·연극·영화는 물론, 그림까지 감상할 수 있기 때문입니다. 텔레비전을 통해 영화를 보고 느낀 생각이나 감상이 있어 이를 썼다면 그것이 곧 감상 일기가 될 수 있습니다. 이때 주의할 것은 그것이 영화였건, 연극, 무용, 음악, 그림이었건 사실 그대로 기록하기보다는 보고 듣고 느낀 감상을 써야 한다는 것입니다. 느낌이 곁들여지지 않은 글은 감상 일기가 아니라 사실을 그대로 쓴 일종의 기록에 불과할 테니까요.

　○월 ○일 바람
　밖에 부는 바람과는 달리 극장 안은 어둡기는 했으나 따뜻했다. 시간이 되자 화면에는 이내 영상이 나타났다. 먼저 쌍권총을 찬 남자가 말을 타고 서서히 다가왔다. 옛날 서부극에서 많이 본 듯한 장면이었다. 이름은 알 수 없었으나 이 남자가 영화의 주인공이라는 것을 짐작할 수 있었다.
　영화는 서부극으로 '황야의 무법자'였다. 서부의 사막을 누비는 무법자와 무법자에 맞서 대결하는 악당들의 이야기였다. 악당들이 휘두르는 폭력에 화가 나 나도 모르게 주먹을 불끈 쥐기도 했다. 그러나 이에 맞서 싸우는, 불의를 참지 못하는 무법자의 활약에는 수없이 박수를 치기도 했다. 한순간 화가 났다가, 다시 한순간 기쁘게 만드는 것, 이것이 나를 이 영화 속으로 끌어들인 것 같았다.
　마지막에 이 영화도 다른 영화처럼 착한 사람, 즉 무법자가 승리를 거뒀다. 그럴 것이라는 것을 짐작하고 있으면서도 너무 기뻤다. 어려움을 이겨내고 승리를 거둔 무법자가 환호성을 지르는 마지막 장면에서는 눈물이 찔끔 나오려고 했다. 이 감동은 집에 돌아온 후에도 지워지지 않았다.

10) 운동 일기

 운동 일기는 꼭 운동 선수가 되기 위해 운동의 과정이나 운동에 따른 이모저모를 쓰는 것만은 아닙니다. 아빠를 따라 아침마다 공원에서 테니스나 배드민턴을 친다거나, 엄마를 따라 에어로빅을 한다거나, 언니를 따라 수영을 다닌다거나 하는 일상 속에서 이루어지는 모든 운동의 이모저모를 쓰면 이것이 곧 운동 일기가 됩니다.
 그렇다고 운동하는 과정이나 어떤 운동이라는, 운동 자체만을 쓴다면 이는 운동 기록밖에 되지 않습니다. 운동 일기가 되기 위해서는 무슨 운동을 했다는 사실을 되풀이해서 쓰는 것이 아니라, 운동의 효과, 운동에 따르는 고통이나 운동이 끝났을 때의 상쾌함 등의 느낌을 써야 합니다. 혹은 친구와 함께 운동 시합을 하면서 느꼈던 승부욕이나 협동심 또는 실력 향상에서 느낀 기쁨 같은 것도 적어두는 것이 좋습니다.

　○월 ○일 맑음
　토요일이면 으레 엄마 손을 잡고 탁구장엘 간다. 여학교 시절부터 탁구를 좋아했던 엄마는 선수는 아니지만 무척 잘 치신다. 엄마가 탁구를 하는 모습은 마치 선수 같아 보인다.
　처음에 엄마를 따라 탁구장에 갔을 때는 공을 주우러 다니느라 정신이 없었다. 그러나 요즘은 제법 엄마의 강 서브까지 받아치곤 한다.
　"야, 우리 민이 제법인데."
　엄마는 내 실력에 놀라셨다. 그리고는 엄마도 질 수 없다는 듯 무척이나 빠른 공을 나에게 보내셨다.
　"그럼, 내가 엄마보다 젊은데 엄마보다 낫겠지."

이제는 엄마의 말에 대꾸까지 하면서 공을 칠 수 있었다. 처음 같았으면 어림도 없는 일이었다.
항상 엄마에게 지기만 하더니, 오늘은 드디어 한 세트를 이기고 말았다. 온 몸이 땀으로 범벅이 되었지만 상쾌했다. 벌써부터 다음 주가 기대된다. 다음 주에는 내가 꼭 엄마보다 많은 세트를 이기고 말 것이다.

11) 재배 일기

재배 일기는 베란다나 화단에 씨를 뿌려 가꾸는 과정을 관찰하여 기록한 일기를 말합니다. 어떻게 씨를 뿌리고, 언제 싹이 터 성장하여 꽃을 피우고 열매를 맺는가를 관찰하여 기록하면 되는 것입니다. 즉, 뿌린 것을 가꾸며 관찰의 결과나 성장 과정 등을 기록하는 일기입니다.
이는 화단이나 베란다에서만 가능한 것은 아닙니다. 주말 농장이나 근교 시골집 뜰이나 텃밭에 꽃이나 채소를 가꾸는 과정, 그리고 그 과정을 통한 재미 등을 기록해도 재배 일기가 됩니다. 그런가 하면 학급에서 실습용으로 식물의 씨를 뿌리고 이를 성장 과정별로 체크해서 기록해도 재배 일기가 될 수 있습니다. 그것이 나무이든, 곡식이든, 꽃이든, 아니면 먹을 수 있는 것이든, 눈으로만 보는 것이든 땅에 심어서 가꾸는 것이 재배이고, 이 과정을 통해 얻어지는 기쁨·보람·결과 따위를 그날그날 기록하는 것이 재배 일기입니다.
여러분도 시골 할머니 댁이나 근교 주말 농장 혹은 베란다에 화분을 갖다놓고 흙을 담고 화초를 심어 가꾸어 보세요. 아니면, 엄마에게 옥상 빈터에 배추나 상추를 심어 가꾸자고 해보세요. 아름다운 식물도 가꾸고, 관찰하여 재배 일기도 쓸 수 있게 되니까요.

　○월 ○일 맑음
　상추씨를 옥상에 뿌리신다며 엄마가 씨앗을 찾아오라고 하셨다. 아빠와 엄마가 산에 갔다 오실 때마다 한 봉지씩 흙을 짊어지고 오셔서 만든 옥상 화단엔 벌써 나팔꽃, 봉숭아, 해바라기 같은 것들이 싹을 내밀고 있다.
　"여보, 이것 다 뽑아 버리고 상추나 심어요."
　"왜? 여름에 꽃피면 보기 좋을 텐데."
　엄마는 화단 한쪽을 정돈하시고는 흙을 거두어 그곳에 상추씨를 뿌리셨다. 그리고는 거의 매일 아침마다 올라가셔서 흙도 덮어주고 물도 뿌리곤 하셨다. 그러기를 며칠, 아마 일주일쯤 됐을 것 같다. 파릇파릇한 것들이 얼굴을 내밀었다.
　"드디어 싹이 텄구나."
　엄마는 무척 기뻐하셨다. 싹은 하루가 다르게 무럭무럭 자랐다. 나팔꽃이나 봉숭아에 비하면 조금 느렸지만, 일주일이 멀다 하고 점점 키가 자랐다. 더구나 며칠 전 비가 내린 후로는 더욱더 키가 자라 이제 따다가 먹어도 될 만큼 되었다.

　이 외에도 어린 동생을 돌보며 성장하는 모습이나 변화 과정 등을 썼다면 육아 일기가 될 것이고, 학교에서 맡은 일주일이나 하루씩의 청소 당번 일지를 기록했다면 그것이 곧 당번 일기가 될 것입니다. 그리고 주번을 맡아 일주일 동안 활동하면서 학급에서 일어났던 크고 작은 일들을 기록했다면 이는 곧 학급 일기가 될 것입니다.
　물론 이 외에도 여러 가지 일기가 더 있을 수 있습니다. 매주 고아원을 찾아 위문했던 것을 기록했다면 위문 일기, 병실에 누워 입원하는 동안의 생활을 썼다면 병상 일기 내지 입원 일기 등이 됩니다.
 그러나 일기는 위에 제시한 열두 종류로 대표될 수 있습니다. 문제는 종류가 아니라 이러한 일기를 여러분이 게으름 피우지 않고 매일매일 쓰는 습관입니다. 일기는 서두에서 말한 것처럼 자기 수양, 문장 수업, 사고나 판단력, 인내심 기르기 등은 물론 글쓰는 재미를 기르는 데 많은 도움을 줄 테니까요.

생활문

생활문이란 한마디로
살아가면서 보고 듣고 경험한 것에 대해
느끼고 생각한 것을 글로 나타낸 것을 말합니다.

생활문 쓰기

생활문이란 한마디로 살아가면서 보고 듣고 경험한 것에 대해 느끼고 생각한 것을 글로 나타낸 것을 말합니다. 우리가 흔히 쓰는 생활이란 말은 살아서 활동한다는 뜻을 갖습니다. 다시 말해 우리가 움직이는 그 어떤 것도 생활의 일부가 되는 것이지요. 생활문이란 바로 이러한 생활 경험을 기초로 생활 과정을 기록하면서 그 안에 자신의 감정을 솔직하게 글로 표현하는 것입니다.

생활이란 것이 앞에서 말한 것처럼 살아서 활동한다는 것을 의미한다면, 우리는 과연 살아 있는 동안, 매 순간 어떤 활동을 할까요? 보고 듣고 느끼고 직접 경험하기도 하며, 옳고 그름에 대해 판단이나 비판을 하기도 하며, 때로는 오랫동안 가슴 속에서 떠나지 않는 진한 감동을 느끼기도 합니다.

생활문은 바로 이러한 생활 전반을 소재로 하여 쓰여지는 글입니다. 곧 살아서 활동하는 것을 기록하는 글이 생활문입니다. 흔히 글을 글쓴이의 자기 표현이라고 합니다. 사람은 누구나 자신의 삶을 유지시키게 하는 생활을 가지고 있습니다. 그리고 살아간다는 것은 이 삶을 이어나간다는 의미를 갖습니다.

이 때문에 글이 한 사람의 표현이라는 것은, 곧 그 사람의 삶의 표현이라는 의미가 됩니다. 이는 다시 글이라는 것이 자신의 생활을 바탕으로 보고 듣고 느끼고 생각한 경험을 토대로 한 인생을 표현해 내는 것이라는 뜻이 되지요.

우리가 잘 알고 있는 일기가 그렇습니다. 일기뿐 아니라 살아가는 과정에서 서로 안부를 나누고 하고 싶은 말을 글로 전달하는 편지, 누군가를 설득하기 위해 쓰는 논설문, 여행을 통해 쓰는 기행문 등은 모두 예외 없이 생활의 기록이라는 점에서 생활문이 될 수 있습니다.

 하지만 무엇이든지 써 놓기만 하면 생활문이 되는 것은 아닙니다. 언뜻 생각하기에는 살아가는 것을 기록하면 다 생활문인 것 같기도 합니다. 하지만 우리가 글의 성질에 따라 일기라고도 하고 감상문이라고도 하며, 또 편지라고도 하는 등 그 특성에 따라 각기 달리 분류하듯 생활문도 생활문이 되는 특성을 지니고 있습니다. 이 특성을 잘 드러냈을 때에만 생활문이라 분류될 수 있는 자격이 주어지는 것이구요. 그렇다면 생활문의 특성, 즉 생활문의 자격 요건은 무엇일까요?

 첫째, 생활문이 되기 위해서는 자기 자신의 생활 경험, 즉 자신이 살아가면서 겪은 경험에 대해 써야 합니다. 달리 말하면 생활문의 내용이 글쓴이의 삶과 연결되어 있어야 한다는 것입니다. 여러분도 잘 알고 있겠지만, 이야기에는 그 이야기가 만들어지는 배경이 주어져야 합니다. 그리고 그 배경을 중심으로 살아가는 주인공이 있어야 하며, 다시 이 주인공이 생활하면서 겪은, 이야기의 중심을 이루는 사건이 있어야 합니다.

 생활문에서는 바로 글쓴이의 삶의 배경이 글의 배경이 되고, 글쓴이가 주인공이 되며 글쓴이가 경험한 삶의 이모저모가 생활문의 사건이 됩니다. 그렇다고 글쓴이의 삶과 생활을 경험을 곁들여 쓴다고 해서 다 이야기가 성립되는 것은 아닙니다. 설혹 이야기가 이루어진다고 해도 그 이야기 안에 감동이 없다면, 그것은 생활문이 될 수 없습니다.

 그러기 위해서는 여러분이 읽어보고 감동을 받았던 잘 쓰여진 이야기들처럼 이야기에 짜임새가 있어야 합니다. 비단 생활문뿐 아니라 모든 글에는 짜임새가 탄탄하게 이루어져 있어야 합니다. 그래서 사람들은 흔히 '글'을 '건축물'에 비유하기도 합니다. 기초가 제대로 잡혀 있어야 그 위에 세워지는 건물 역시 탄탄하게 자리잡을 수 있으니까요.

짜임새를 달리 구성이라고도 하는데 우리가 흔히 좋은 생활문이라고 하는 글들은 모두 이 구성이 잘 짜여져 있습니다. 구성은 다음과 같은 단계로, 순서대로 짜면 좋습니다. 여러분도 잘 읽어보시고 알맞은 짜임새를 갖춘 좋은 생활문을 쓰시기 바랍니다.

첫 번째는 발단 단계로 어떤 사건의 계기가 있어야 합니다. 모든 일에는 시작이 있듯이 생활문 속에서 일어나는 어떤 일, 곧 사건도 그 사건의 시작이 있게 마련입니다.

두 번째는 전개 단계입니다. 어떤 사건이나 일이 시작되면 그 사건이나 일은 계속 진행되어 갑니다. 이 진행 과정을 거쳐야만 일이 잘 된다든지, 잘못된다든지 하는 순서를 거치게 되는 것입니다. 곧 이야기를 열고 펼쳐야만 어떤 결과에 도달하게 되는 것이지요. 전개는 바로 이처럼 시작된 어떤 이야기를 열고 펼쳐 가는 과정을 말합니다.

세 번째는 여러분도 동화를 많이 읽어 알겠지만, 사건은 반드시 어떤 어려운 고비를 맞고, 거치게 마련입니다. 이 단계를 절정이라고 합니다. 모든 사건은 언제나 이처럼 어려운 고비가 있습니다. 또 이 고비를 이겨내는 과정을 통해 고비를 전환점으로 삼아 해결의 실마리를 찾아 풀어내는 것입니다. 이렇게 절정을 거쳐 사건이 해결되고 마무리되는 부분을 대단원 또는 결말이라고 합니다.

일상 생활에서의 한 사건을 예로 들어보겠습니다. 여러분이 친구와 싸웠다고 가정해 보십시오. 처음에는 그저 사소한 오해로 시비가 생기고, 이 시비 끝에 서로 주고받고 한 대씩 상대방을 공격하다 보면, 그 다음에는 어느새 코피가 난 채 뒤엉켜 최악의 사태를 맞게 됩니다. 이 최악의 사태를 거쳐야만 싸움은 끝이 납니다. 싸움 후에는 두 사람이 화해를 할 수도 있고, 아예 절교할 수도 있을 것입니다. 여기에서 시비는 발단이고 주고받으며 상대방을 공격하는 것은 전개이며, 코피가 난 채 뒤엉켜 싸움이 극에 달하면 절정이 됩니다. 절정 후 싸움이 끝나고 서로 돌아선다거나 화해하는 것이 결말이 되지요.

　이와 같이 모든 사건은 그 시작인 발단이 있어야 하고, 이야기를 시작했으면 펼쳐지게 마련인 전개가 있어야 하며, 전개를 통해 사건이 최고조에 달하는 절정이 계속 이어져 진행되어야 합니다. 그래야 마지막으로 절정을 거쳐 해결의 실마리를 찾게 되는 것이죠.

　이러한 사건의 과정이 바로 짜임새이며 이 짜임새는 그 어떤 글에도 해당되는 것으로 좋은 글이 되기 위한 필수 조건입니다. 이 때문에 생활문은 자신의 생활 경험을 발단·전개·절정·결말이라는 네 단계로 나누거나 설정해 그 짜임새에 맞춰 써야 합니다.

　여러분은 아직 짜임새가 제대로 갖추어진 글을 써본 경험이 없거나, 있더라도 쉽게 짜임새를 갖추기 어려웠던 경험이 있을 것입니다. 그러나 그것은 크게 걱정할 일이 아닙니다. 아무리 발단·전개·절정·결말을 잘 짜맞추는 사람이라고 해도 쓰지 않으면 그만인 것처럼, 짜임새가 다소 허술하더라도 짜맞추고자 노력하며 자주 써 보면 쓰는 과정에서 짜맞추기의 요령은 저절로 터득됩니다.

　그래서 글은 타고난 재주로 쓰는 것이 아니라, 늘 쓰는 습관이나 연습에 의해 보다 잘 쓰게 된다고 하는 것입니다. 생활문도 예외는 아닙니다. 여러분도 잘 알고 있고 또 경험해 보았겠지만, 뜀뛰기나 매달리기 등이 하루아침에 열 번 스무 번 되는 것이 아닙니다. 매일 되풀이하는 과정을 통해 처음엔 두세 개나 너더댓 개밖에 하지 못했던 것이 날이 갈수록 횟수가 늘어나는 것입니다. 그리고 그 과정을 통해 요령도, 확신도 생기는 것입니다.

 글도 이와 같아서 늘 쓰는 습관을 통해 요령이 터득되고, 정신이 집중되고 생각이 잘 정리되어 처음보다 차차 늘게 되는 것입니다. 우리 속담에 '첫술에 배부르랴' 라는 말이 있습니다. 그렇습니다. 자꾸 자꾸 입에 떠 넣어야 배가 부르듯 글도 자꾸 쓰고, 또 쓰는 과정을 겪어야 보다 좋은 글로 다듬어질 수 있는 것입니다. 그래서 앞에서도 말했듯이 글은 재능으로 쓰는 것이 아니라 노력으로 쓴다고 하는 것입니다. 노력만이 글을 잘 쓸 수 있는 재능도 되고 요령도 된다는 것입니다. 여러분도 이 사실을 믿고 꾸준히 노력하면 누구나 훌륭한 글을 쓸 수 있다는 사실, 잊지 마시기 바랍니다.

 지금까지 생활문은 어떤 글이고, 또 어떻게 하면 잘 쓸 수 있는지 살펴보았습니다. 그럼 이번에는 '무엇'을 '어떻게' 쓸 것인가에 대하여 함께 알아보도록 하겠습니다.

 글, 특히 생활문은 아무것이나 마구잡이로 쓰는 글이 아닙니다. 생활문은 우리가 살아가는 생활 속에서 보고 듣고 느끼고 생각한 것들 가운데에서 무엇을 쓸 것인가를 결정해야 합니다. 또 쓰고자 하는 무엇이 결정되면 그 다음엔 어떻게 쓸 것인가를 결정해야 합니다. 먼저 무엇을 쓸 것인가의 '무엇' 부터 알아보도록 하겠습니다.

1. 주제와 소재

　어떤 글이든 간에 그 글을 쓰게 된 동기가 있고, 그 글 속에 집어넣고 싶은 생각이나 느낌이 있습니다. 동시에 그 글을 보다 더 재미있고 좋은 평가를 받게 하기 위해 여러 가지 것들을 끌어다 쓰게 됩니다. 마치 집을 지을 때 양옥, 한옥, 빌라 등 어떤 종류의 집을 지을지 먼저 결정한 후에 벽돌, 나무, 시멘트, 유리 등 집을 지을 재료를 결정하는 것과 같습니다.
　집의 종류, 즉 집을 짓는 사람이 만들고자 하는 집의 전체적인 모양이 글에서는 주제에 비유될 수 있습니다. 또한 그 집을 표현하기 위하여 동원된 여러 가지 재료들이 글에서는 글감, 즉 소재에 비유됩니다. 주제란 그 글의 중심 자리에 놓이는 주요한 생각, 즉 글쓴이의 글쓴 의도를 말하며, 소재란 중심 생각을 더 구체적이고도 다양하게 꾸미기 위해 동원한 여러 글감들을 말합니다.
　좋은 글이 되려면 글쓴이의 생각이 드러나야 합니다. 글쓴이가 무엇을 말하고자 했는지 글의 중심에 드러나야 한다는 것이지요. 곧 주제가 없으면 그 글은, 흔히 말하는 횡설수설이 되고 맙니다. 말의 앞도 뒤도 없이, 시작도 끝도 없이 그저 자기 혼자 중얼거리는 꼴로밖에 보이지 않게 됩니다. 이 때문에 좋은 글을 쓰고자 한다면, 글의 중심 자리에 글을 통해 말하고자 하는 글쓴이의 주된 생각을 집어넣어야 합니다.
　그리고 이 주된 생각을 잘 드러낼 수 있게 하고 읽는 이가 즐거움과 감동을 맛볼 수 있도록 여러 가지 글을 빛낼 수 있는 요소들을 동원해야 합니다. 마치 여러분의 어머니가 음식을 만드실 때, 그 맛을 더욱 좋게 하기 위해 간장을 넣고 깨소금, 설탕, 고춧가루, 조미료 등을 첨가해 맛을 내는 것과 같은 이치입니다. 배추만 가지고는 김치라는 음식이 되지 못합니다. 김치에 갖은 양념을 넣고 섞어야 비로소 김치라는 음식이 되는 것입니다.

여기에서 김치는 주제이고 간장, 고춧가루, 젓갈, 소금 등의 기타 조미료는 김치를 더 맛있게 해주는 소재가 되는 것입니다. 즉 주제를 더 잘 표현하기 위해서는 다양한 소재가 이용되어야 하는 것입니다.

이와 같이 그 글의 중심 생각을 주제라 하고 그 중심 생각을 더 잘 드러내기 위해 동원된 글의 재료를 글감 또는 소재라고 합니다. 여기에서 글의 중심이 되는 생각, 즉 주제가 매우 중요하다는 것을 알게 되었습니다. 글에 글쓴이가 드러내고자 한 생각이 빠져 있다면, 그것은 글은 글이지만 글자만 나열해 놓은, 글이면서 글이 되지 못합니다.

여러분은 학교에서 선생님께서 생활문을 써 오라고 하시면 무엇을 쓸까 하고 몹시 망설일 것입니다. 그것은 쓰고 싶은 것, 곧 드러내고자 하는 중심 생각을 찾지 못했기 때문입니다. 달리 말하면 무엇을 읽는 이에게 전달할 것인가가 아직 결정되지 못했다는 뜻입니다. 그리고 아직 '무엇'에 대해서 쓸 것인가가 결정되지 못했으니, '어떻게' 쓸 것인가는 말할 필요도 없겠지요. 쓰고자 하는 중심 생각과 그 중심 생각에 따른 재료들이 결정되어야 어떻게 쓸 것인가를 결정할 수 있으니까요. 여기에서 말하는 '무엇'을 쓸 것인가의 '무엇'이 주제와 소재입니다.

1) 생활문의 '무엇'은 어디에 있을까요?

여러분은 흔히 글을 쓰기 위해 머리를 싸매거나 쥐어뜯거나 하는데 그것은 글이 잘 안 써져서 그런 반응을 나타내는 것입니다. 그러한 반응은 대개 무엇에 대해 쓸 것인가를 결정하지 못했기 때문에 일어나는 반응입니다. 왜냐하면 글의 주제와 소재가 결정되면 잘 쓰고 못 쓰고의 결과에 상관없이 그런 대로 글은 쓰여지게 마련이기 때문입니다.

그런데 쓰고자 하는 것을 찾지 못했을 때, 즉 무엇을 쓸 것인지를 정하지 못했을 때는 시간은 자꾸 가는데 머릿속에는 떠오르는 것이 없자, 이를 괜히 죄 없는 머리 탓으로 돌려 머리에게 심술을 부리게 되는 것입니다.

여러분도 아마 이런 고통을 한두 번쯤은 다 겪었을 것입니다. 그러나 두려워할 것 없습니다. 글의 주제와 소재, 곧 쓰고자 하는 무엇은 우리의 생활 주변에서 얼마든지 쉽게 구할 수 있습니다. 우리의 삶, 곧 우리가 살아가면서 보고 듣고 느끼고 생각하고 겪는 경험 모두가 주제와 소재가 될 수 있으니까요.

생활문은 생활에서 겪는 여러 가지 일들을 기록하는 글입니다. 생활이 곧 주제와 소재란 뜻입니다. 이 때문에 주제와 소재는 생활 속에, 생활 주변에 얼마든지 있습니다. 그러나 여러분은 이 생활은 젖혀놓고 엉뚱한 곳에서 쓰고자 하는 것을 찾았기 때문에 쉽게 찾을 수 없었던 것뿐입니다.

그렇다고 일상 생활 속에서 보고 듣고 느끼고 생각하고 경험한 것들을 한꺼번에 다 쓸 수는 없습니다. 그 중에서 여러분 자신은 물론 이것을 글로 썼을 때 읽는 이도 분명 나와 같은 감동을 받을 것이라고 생각되는 것, 이런 일은 모두에게 알려 도움이 되게 했으면 좋겠다 여겨지는 것, 또는 이런 일은 두 번 다시 있어서는 안 되겠다 일깨워 주고 싶은 것 등, 무엇인가 여러분 스스로가 쓰고 싶고 읽는 이에게 작게라도 보탬이 될 것이라고 믿어지는 것을 주제와 소재로 선택하여 글을 써야 합니다. 그것이 곧 좋은 글을 쓰는 기본이니까요.

이렇게 글의 중심 자리에 세울 주제가 결정되면 이번에는 이 중심 생각을 더 잘 드러내고, 더 의미 있고 감동적으로 다가가게 하며, 더 확실하고 믿음이 가도록 하기 위한 여러 글감을 동원해야 합니다. 다시 말해 글을 쓰기 위한 재료를 모아야 한다는 뜻입니다.

여러분도 경험한 바 있겠지만, 눈사람을 만들 때 눈을 굴려 몸통을 만들고 그 위에 머리를 올려놓는다고 다 눈사람이 되나요? 그것은 모양은 눈사람이지만, 눈도 코도 입도 없는 그야말로 엉터리 눈사람에 불과합니다. 남들이 보고 '야! 그거 꼭 사람 같다' 할 정도가 되려면 머리에는 아버지의 헌 모자를 씌우고, 나뭇가지를 잘라 붙여 눈썹을 만들고, 돌멩이를 집어넣어 눈, 코, 입은 물론 귀까지 만들어 보다 구체화했을 때 가능하게 됩니다.

이와 같이 좋은 글이 되기 위해서는 쓰고자 하는 '무엇'을 더 잘 드러내기 위해 동원된 재료가 적절히 배합되어야 합니다. 다시 말해 좋은 글이란 주제와 소재, 즉 그 글의 중심 생각과 이것을 구체적으로 드러내기 위해서 동원된 글의 재료인 글거리가 적절히 어우러져 있는 글이라 할 수 있습니다.

여기에서 반드시 짚고 넘어가야 할 것이 있습니다. 여러분은 이 점을 항상 마음에 새겨두어야 하고, 그렇게 해야만 보다 좋은 글을 쓸 수 있다는 점을 명심했으면 합니다.

첫째, 주제와 소재는 우리 생활 주변이나 생활 속에 있으면서도,

남들이 일상적으로 겪는 흔한 일들이 아닌, 나만의 소중한 경험이나 느낌, 생각에서 찾아야 합니다. 주제와 소재가 소중한 것이어야 합니다. 주위에서 흔히 볼 수 있는 것이라면 흥미나 관심을 끌지 못해 외면당하기 쉽습니다.

둘째, 주제와 소재는 단순히 일상적인 것이라기보다는, 그 내용에 변화가 많은 아기자기한 것이어야 합니다. 흔히 말하는 스릴이 있어야 한다는 것이죠. 스릴이 있어야 긴장이 있고, 긴장을 느껴야 그 글에 끌려들어 갈 수 있습니다. 그러기 위해서는 단순한 이야기보다는 여러 가지로 얽힌 변화가 많은 이야기가 효과적입니다. 변화가 많은 이야기란, 바꿔 말해 내용이 풍부한 이야기란 뜻입니다. 내용이 풍부해야 흥미와 관심을 끌 수 있으며 흥미와 관심이 있어야 읽는 이가 집중하여 읽게 됩니다. 한 편의 글을 예를 들어 살펴보겠습니다.

싸 움

넷째 시간부터 태현이와 한 줄 건너 옆줄에 앉아 있는 경석이가 서로 쳐다보는 눈빛이 이상했다. 선생님의 눈을 피해 서로를 쳐다보는 아이들의 눈은 가늘게 찢어져 있었다. '저러다 싸우는 게 아닐까' 하는 생각이 들었다.

그 아이들의 싸움은 태현이가 경석이 짝꿍인 미희에게 쪽지를 건넨 데서부터 시작됐다. 그 쪽지에는 다음과 같이 적혀 있었다.

'미희는 경석이를 좋아한대요. 사랑한대요.'

이걸 미희가 금세 찢어 버렸거나 휴지통에 버렸으면 좋았을 걸, 경석이에게 보여준 것이 문제였다.

아니나다를까 학교가 끝나기가 무섭게 경석이가 낚아채듯 태현이의 팔을 잡았다.
"놔, 임마. 왜 끌어당기고 야단이야."
"뭐가 어째? 짜식, 그래도 잘했다는 거야?"
"서로 사랑한다고 한 게 뭐가 잘못됐다는 거야?"
두 사람은 학교 뒷산에 올라 치고받으며 싸움을 했다. 먼저 태현이의 주먹이 경석이의 얼굴을 스쳤다. 그러자 맞고만 있을 수 없다는 듯이 경석이가 태현이의 허리를 껴안더니 놓아주지 않았다. 태현이는 경석이에게 붙잡힌 채로 경석이를 때렸다. 경석이는 더 참지 못하겠다는 듯이 태현이를 바닥에 내동댕이치고는 그 위에 올라탔다.
"이 자식. 맛 좀 봐라."
경석이는 태현이의 얼굴을 마구 때렸다. 태현이의 코에서 코피가 흘렀다. 태현이는 자신의 코피를 보고 놀란 나머지 순식간에 몸을 일으켜 세웠다. 그러고는 앞도 보지 않고 경석이에게 마구 발길질을 했다. 그 때문에 경석이의 눈 주위에는 퍼렇게 멍이 들고 말았다.
경석이가 비명을 질렀다. 나와 준호가 둘을 말렸을 때는 이미 태현이의 옷은 코피로 붉게 번져 있었다. 경석이의 눈 주위는 파랗게 멍이 들어 있었다.
저 멀리서 미희와 지혜가 지켜보며 발을 동동 굴렀다. 둘은 경석이와 태현이가 무서웠는지 고개를 숙이며 한 발짝씩 물러섰다.
"야, 미희야. 이리 와 봐. 너 때문에 벌어진 싸움이야. 그렇게 구경만 할래?"
준호의 말에 마지못해 지혜가 미희의 팔을 잡아끌었다. 미희는 지혜에게 끌려 우리 곁에 왔다.
"야, 태현이 네가 먼저 사과해. 잘 알지도 못하면서 싸움을 건 셈이잖아."
　내가 태현이에게 말했다.
"미안해."
　그제야 태현이가 먼저 작은 목소리로 경석이에게 사과했다.
"조심해, 너. 거짓말하면 무고죄로 감옥에 끌려가는 거 몰라! 그렇지, 미희야?"
　경석이가 멍든 눈을 만지며 씩 웃었다.
"너희들 지금 몇 살인데 사랑 때문에 싸우냐!"
　준호의 말에 모두들 피식피식 웃었다.
"태현아, 네가 나 좋아하는 거 다 알아. 경석이랑 나랑은 정말 아무 사이도 아니니까 괜히 질투하지 마. 알았지?"
　미희의 말에 이번에는 모두 깔깔 웃었다.

　이렇게 친구들끼리 싸우는 일은 여러분의 삶의 과정에서 흔히 일어나는 일입니다. 그러나 사랑 때문에 싸운 일은 흔치 않을 것입니다. 꼭 어려서라기보다는 속마음을 드러내기 부끄러웠기 때문이겠죠. 이 때문에 여러분 나이 때에는 사랑이 주제가 되어 싸우는 싸움은 그리 흔하지 않습니다.
　이 글에서 글감, 곧 소재는 싸움이고, 중심 생각, 곧 주제는 사랑 싸움입니다. 어른들의 세계와는 달리 사랑은 직접적으로 보이지 않고 배경으로만 설정되어 있습니다. 그러고는 그 사랑을 싸움으로 대신 표현하고 있는 것입니다. 이 때문에 이 글의 자료, 즉 글거리는 싸움이 됩니다. 사랑이라는 주제를 싸움을 통해 그려냄으로써 더 구체화하고 설득력 있게 펼쳐 보인 것이죠.

　그런데 문제는 무엇을 쓸 것인가를 결정하고 그 속에 생각을 불어

넣고, 또 이 생각을 더 효과적으로 드러내기 위해 소재를 주제에 잘 곁들였다고 해서 다 좋은 글이 되는 것은 아니라는 데 있습니다. 정말로 좋은 글이 되기 위해서는 이것 말고 글의 짜임새를 잘 짜야 합니다. 이것은 구성이란 말로 대신할 수 있습니다.

글의 구성은 주로 다음 네 단계로 이루어지는데 이 네 단계를 알맞게 잘 엮어내느냐, 그렇지 못하느냐에 따라 글의 성패가 좌우된다고 해도 과언이 아닙니다. 바꾸어 말하면 아무리 좋은 주제, 글의 재료가 동원됐다고 하더라도 글의 재료들을 알맞은 자리에 배치하여 서로 엮어내지 못하면 좋은 글이 될 수 없다는 뜻입니다.

그만큼 글은 그 내용과 내용에 따른 재료도 중요하지만, 짜임새 또한 중요합니다. 즉 '무엇'이 결정되면 이제 '어떻게' 쓸 것인지를 생각해 봐야 한다는 것이죠.

그렇다면 글의 네 단계는 어떻게 짜여지고 엮어져 글을 펼치게 되는지, 그리고 어떤 방법으로 마무리되는지에 대하여 알아보도록 하겠습니다. 다시 말해 '어떻게'의 절차에 대해 살펴보도록 하겠습니다.

2) 생활문은 '어떻게' 쓸까요?

무엇을 쓸 것인가가 결정되면 곧이어 어떻게 써야 생각이나 의도 등을 구체적으로 펼쳐 읽는 이에게 감동을 줄 수 있을지 생각해야 합니다. 여러분도 학교에서 무엇에 대해 써 오라며 선생님께서 내주신 제목을 가지고 많은 생각을 했던 적이 있을 것입니다. 이는 어떻게 써야 보다 효과적으로 여러분의 생각을 전달할 수 있을까 하는 생각 때문입니다.

이리저리 궁리하다 '에라, 모르겠다. 생각난 대로 써 버리자' 하고 썼다면, 열에 아홉은 자기의 생각만 고스란히 펼쳐놓은 것이 되어 글의 짜임새는 물론 횡설수설에 불과한, 흥미를 불러일으키지 못하는 글이 될 것입니다. 여러분이 다른 사람의 글을 읽었을 때 경험했겠지만, 이처럼 흥미를 불러일으키지 못하면 읽을 맛을 잃게 되어 내팽개쳐지게 마련입니다.

그러나 이와는 달리 처음부터 글의 짜임새를 네 단계로 나누어 한 단계 한 단계씩 잘 엮어 나가게 되면, 글 속의 내용들이 첫 단계에서 다음 단계로, 다음 단계에서 또 다음 단계로 자연스럽게 흘러가 읽는 이로 하여금 다음 단계에 대한 궁금증을 유발케 하여 자연히 글 속으로 빨려 들어가게 합니다.

여러분도 이런 경우를 자주 경험했을 것입니다. 흔한 예로 독후감 숙제를 했을 때를 생각해 보세요. 여러분은 선생님께서 독후감 숙제를 내주시자 그 숙제를 하기 위해 정해진 책을 펼쳐들었을 것입니다. 처음에는 숙제를 해야 한다는 생각에 무거운 마음으로 책을 들었지만, 한 페이지 한 페이지 읽어 내려가면서 점점 그 책에 흥미를 느끼게 되었을 것입니다. 그러고는 책을 놓지 못해 한밤에 한 권의 책을 다 읽어치운 경험이 있을 것입니다.

그렇다면 여러분은 그때 왜 책을 놓지 못했을까요? 여러분은 왜 잠을 못 이루고 책에 빠져들어 갔을까요? 그것은 그 책 속의 글들이 각각의 단계별로 잘 나누어져 알맞은 자리에 각각의 글감들이 잘 배치되어 있었기 때문입니다. 즉 글의 짜임새가 잘 이루어져 있었던 것이지요.

그렇다면 먼저 단계별 짜임새란 무엇인지 설명해 보기로 하겠습니다.

생활문, 특히 어떤 사건을 기록하는 글은 그 짜임새가 대충 네 단계로 나뉘어져 있습니다. 보다 단순하게는 세 단계로도 나누지만, 대부분은 발단·전개·절정·결말이라는 네 단계를 거쳐 하나의 사건이 마무리되게 됩니다.

이 사건의 기록인 생활문도 이 때문에 네 단계로 그 짜임새의 틀을 갖추게 됩니다. 그 첫째 단계는 발단입니다.

(1) 발 단

발단은 한마디로 이야기가 시작되는 부분으로 글의 서두, 곧 글의 머리 부분을 가리키는 말입니다. 모든 사건에는 시작이 있고, 시작에서 끝으로 이어지는 과정이 있습니다. 글도 마찬가지입니다. 글 역시 글의 시작인 머리 부분이 첫 단계를 이룹니다. 이 단계에서 하나하나 사건들이 이어지고 펼쳐지면서 글이 진행되는 전개 과정으로 이어집니다. 그런 후에 그 과정에서 일어난 사건이 가장 많이 얽히고 설키는 절정으로 이어져 모든 것이 마무리되는 끝 부분에 도달하게 되는 것입니다.

발단은 바로 이러한 사건의 기록인 이야기, 곧 글의 머리 부분으로서 사건의 실마리를 제공하는 단계입니다. 만약 사건이 총격전이었다면 발단은 그 장소나 대결하는 인물 등의 위치를 보여줌으로써 사건의 머리 부분을 담당하게 되는 것입니다.

총격전

건물들이 빽빽이 들어서 있는 골목이었다. 골목 끝 모퉁이에는 많은 사람들이 무서움에 벌벌 떨고 있었다. 건물 안에서도 사람들은 창문 틈으로 얼굴을 삐죽이 내밀고 있을 뿐 숨소리조차 내지 않았다. 길 이쪽과 저쪽에서는 허리에 권총을 찬 두 사람이 서서히 거리를 좁혀가며 서로에게 다가가고 있었다. 많은 사람이 있었음에도 텅 비어 있는 것같이 고요한 거리에는 두 총잡이의 발소리밖에 들리지 않았다.

위 글은 총격전이 일어나기 전의 대결장으로 설정한 거리의 풍경과 대결로 맞선 두 사람, 그리고 텅 비어 있는 것 같은 조용한 분위기만을 보여주고 있습니다. 즉, 총격전이 일어나기 전의 머리 부분만을 제시함으로써 총격전이라는 사건의 실마리 내지는 사건의 발단만을 보여준 것이 됩니다. 바로 구성의 첫 단계인 발단 단계가 쓰여진 것이지요.

발단은 사건의 종류에 따라 여러 가지 다른 분위기를 만들어낼 수 있습니다. 사건의 내용이 바뀌면 필연적으로 머리 부분도 바뀔 수밖에 없게 되는 것이지요.

예를 들어 이번에는 사건이 총격전이 아니고 사랑이라면 사건의 배경이나 주인공, 그리고 사랑을 만들어내는 분위기는 전혀 다른 모습으로 드러날 것입니다.

사 랑

버드나무 가지 사이로 보이는 달빛은 바람이 불 때마다 두 사람의 얼굴을 가렸다 드러냈다 하기를 반복했다. 낮에는 등을 축축이 적실 만큼 덥더니 밤이 되자 제법 쌀쌀했다.
"춥지." 하며 지섭이 걸치고 있던 점퍼를 벗어 은지 등에 걸쳐 주었다. 은지는 고개를 숙이고 등을 한번 움츠리는 듯하더

니, 금세 다시 지섭을 바라보았다. 바라보는 은지의 눈을 지섭
은 뚫어져라 내려다보았다. 두 눈동자에 별이 반짝이고 있었
다. 바람에 흔들리는 버드나무 가지가 잠시 별을 가렸다.

이 부분은 서로 사랑하는 두 사람이 달빛이 비치는 버드나무 숲에
서 사랑을 나누기 이전의 배경과 두 주인공의 떨리는 모습만을 제시
하고 있습니다. 사랑의 구체적 행위 이전의 서두 부분인 셈이죠. 곧
두 눈을 마주치는 장면으로 이어집니다. 이것은 여러분은 아직 경험
해 보지 못한 일이겠지만, 손을 맞잡는다든지, 서로 껴안는다든지,
얼굴을 맞대는 등의 사건이 전개되기 전의 머리 부분만을 보여주고
있는 것입니다.
　만약 사건이 글쓰기라면 또 어떻게 달라질까요? 다음 발단 부분을
보면 잘 알 수 있습니다.

　독후감 쓰기

　　문구점에 들러 볼펜 한 자루를 샀다. 잘 써지는지 확인하기
　위해 볼펜으로 여기저기 낙서를 해봤더니 글씨가 무척 잘 써
　졌다. 책상 위에 지저분하게 널려 있는 것들을 치우고 난 후
　원고지와 독후감을 쓰기 위해 읽었던 〈이솝 우화집〉을 책상
　위에 올려놓았다. 그러고는 다시 한 번 그 내용을 머릿속에
　떠올리기 위해 정신을 집중했다. 후, 한숨을 길게 내쉬고 펜
　을 들었다.

위 글은 독후감을 어떻게 썼다든지, 어떤 요령으로 꾸몄다든지 하
는 과정이 전혀 없습니다. 그것은 독후감을 쓰기 위한 준비 과정, 곧

이 글의 머리 부분만을 썼기 때문입니다. 정신 집중을 위해 길게 한숨을 내쉰 후 펜을 들었다면 실제로 글쓰기는 이제부터가 되겠지요. 뜻대로 잘 씌어지지 않아 머리를 쥐어뜯었다든지, 그만 내팽개쳐 버렸다든지, 내용이 잘 이해되지 않아 다시 읽느라고 시간을 낭비해야 했다는 등의 글쓰는 과정은 바로 서두 다음에 이어지는 전개 과정에 해당됩니다.

그래서 이 글은 구체적으로 글을 쓰는 과정이 쓰여 있지 않은, 글쓰기를 준비하는 과정만 담고 있는 글의 첫 단계, 발단의 단계입니다.

이와 같이 그 글이 담고자 하는 사건이 진행되기 이전의 첫머리 부분만을 드러내면 그것이 바로 발단 부분이 된다는 것을 여러분도 이제 알았을 것입니다. 그럼 이것을 글로 잘 표현할 수 있도록 하는 요령에 대해 알아보겠습니다.

글의 첫머리를 잘 쓰기 위해서는 다음 다섯 가지 요령을 알아두는 것이 좋습니다. 요령이란 살아가는 데만 필요한 것이 아니고, 글쓰는 데도 필요합니다. 잘 익힌 기술이 보다 좋은 물건을 만들어내듯이 요령이란 더 좋은 글을 쓰기 위한 하나의 방법은 물론 기술도 될 수 있습니다.

요령과 기술은 익혀둘수록 글쓰는 데 보탬이 된다는 사실도 잊지 마시기 바랍니다. 그리고 글의 첫머리는 그 글의 좋고 나쁨, 잘 쓰고 못 씀, 읽히고 읽히지 않음을 좌우하는 중요한 기준이 되기도 합니다. 글에서의 첫머리, 즉 전개 부분은 사람의 첫인상과도 같습니다. 여러분도 사람을 사귈 때 첫인상이 좋으면 그만큼 더욱 그 친구와 가까워지고 싶고, 그래서 금방 친한 사이가 된 친구가 있을 것입니다. 글도 그 서두 곧 첫 부분인 발단이 좋아야 잘 읽히고 감동도 맛보게 해줍니다. 처음부터 재미를 느끼게 해주지 못하면 '흥, 또 그렇고 그런 얘기겠지'하며 내동댕이쳐지거나 '재미없는 얘기겠는걸'하며 사람들은 끝까지 읽으려 하지 않을 것입니다. 여러분도 전개 부분이 끌리지 않아 이내 책을 놓아버린 기억이 많이 있을 것입니다. 이제 여러분은 '시작이 반'이란 말이 있듯이 서두를 잘 써야 끝도 좋다는 사실을 알게 되었겠죠? 그렇다면 '어떻게' 처음을 써야 사람들이 내동댕이치지 않고 끝까지 읽어줄까요?

　다음 몇 가지 요령을 살펴보세요.

　첫째, 일상 생활 속에서 경험한 일로 시작하는 요령입니다.
　이 말은 경험을 앞세워 글을 쓴다는 뜻인데, 사실 생활한다는 것은 이것저것 살아가면서 겪는 경험의 되풀이이고, 이 경험이 쌓이고 쌓여 삶이 된다고 할 수 있습니다. 여러분도 생활하면서 이것저것 많은 것들을 경험했을 것입니다. 그리고 그 경험을 통해 새로운 것을 터득하여 경험 속에서 미처 알지 못했던 것들을 찾아내거나 발견해 내기도 했을 것입니다. 그만큼 경험은 우리의 생활을 풍부하게 해주는 산 교훈으로서 글감의 역할도 충실히 해준다고 할 수 있습니다.
　그럼 일상 생활 속에서의 경험을 발단으로 삼은 예를 보겠습니다.

　　어머니의 심부름으로 약국에 다녀오는 길이었다. 신호등 앞에 서서 파란불이 되기를 기다리고 있는데 한 아파트에 사는 친구 미리가 저쪽에서 역시 신호를 기다리고 있는 것이 보였다. 미리는 나를 보자 손을 흔들었다. 나도 손을 올렸다 내렸다.
　　신호등이 파란불로 바뀌기가 무섭게 나는 빠른 걸음으로 횡

단보도를 건넜다. 미리는 그 자리에 서 있었다.

"어디 갔다 오니?"

조금 전과는 달리 미리가 조금 쌀쌀맞은 목소리로 나에게 물었다.

"응, 엄마 심부름으로 약 사러."

나는 조금 주춤하며 대답했다.

"너 요즘 학교에서 신나 보이더라. 진아랑 죽이 아주 잘 맞던데."

"응? 그야 한 반 친구니까."

"너, 쉬는 시간만 되면 나한테 달려오더니 요즘은 그러지 않더라."

미리는 무언가 단단히 화가 난 표정으로 그렇게 말하고는 신호가 바뀌자 뛰어가 버렸다. 미리가 왜 그러는지 알 수가 없었다. 아파트 계단을 오르면서도 미리의 말이 머릿속에서 떠나지 않았다.

여러분도 이런 일을 경험해 본 적이 있을 것입니다. 서로 친한 친구였는데 한 친구에게 다른 친구가 나타남으로써 질투를 하게 되는 것이지요. 그 친구는 나하고만 친해야 된다는 생각에서요. 이처럼 이 글은 생활하는 가운데 흔히 일어날 수 있는 사건을 쓰기 위해 그 사건을 일으킨 배경을 발단으로 쓰고 있습니다. 이 다음 부분에는 어떤 내용이 올 수 있을까요? 여러분의 경험에 비추어 다음 부분을 이어보는 것도 글을 쓰는 좋은 훈련이 되리라 봅니다.

둘째, 가장 중심이 되는 생각을 맨 앞에 놓는 요령이 있습니다.

글의 가장 중심이 되는 생각을 주제란 말로 설명한 바 있습니다.

주제 하면 흔히 글의 제목쯤으로 혼동하거나 착각하고 있는데 물론 그런 경우도 있습니다. 하지만 주제와 제목은 흡사한 성질을 지닌 듯하면서도 전혀 다를 수 있습니다. 예를 들어 우리가 비둘기를 제목으로 해서 글을 쓰면 제목은 비둘기이지만, 글의 내용은 비둘기의 상징인 평화를 담아낼 수 있는 것입니다. 즉, 제목과 주제가 전혀 다르게 나타난 셈이죠. 거듭 말하지만 주제, 곧 글의 중심 생각은 제목과는 다를 수 있습니다.

그럼 주제가 맨 앞에 놓인 전개 부분을 살펴보도록 하겠습니다.

동생에 대한 나의 사랑 표현은 때때로 다르다. 내가 동생에게 자주 화를 낼 때면 동생은 시키는 대로 하지 않을 뿐 아니라 제대로 말을 듣지도 않는다. 그럴 때면 나는 동생을 때리기도 하는데 동생은 그때마다 아빠 엄마에게 고자질을 해 꾸지람을 듣게 한다. 그러면 나는 엄마 아빠가 집에 계시지 않을 때 동생을 혼내주겠다고 다짐하며 두 주먹을 불끈 쥔다.

그러나 옆집 아이들에게 동생이 맞고 들어온다거나 맞고 있는 것을 보면 나는 참지 못한다. 동생을 향해 쥐었던 주먹을 그 아이들에게 날려버리는 것이다. 방법은 좋지 않을지 몰라도, 어쨌든 그것이 내가 동생을 사랑하는 애정 표현 방법일 것이다.

이 글에서 지은이가 정말 말하고 싶은 것은 무엇일까요? 아마 동생에 대한 자신의 태도가 늘 변하긴 하지만, 그 모든 행동은 동생을 사랑하는 마음에서 나온 것이라는 것을 말하고 싶었던 것일 것입니다. 동생을 구박하기도 하고 화를 내기도 하지만, 이때의 이런 행동들은 성장기의 여느 형제 사이에서나 일어나는 그저 흔한 한순간의 감정에 불과합니다. 즉, 동생을 미워하는 감정이 생기는 것은 한순간의 감정일 뿐이며, 그 안에는 언제나 동생을 사랑하는 마음이 들어 있다는 것입니다. 옆집 아이들에게 매를 맞고 들어온 동생을 보고 분노하며 동생 대신 주먹을 선사하는 것이 이를 잘 증명하고 있습니다.

여러분도 종종 이런 경험이 있을 것입니다. 밖으로는 주먹질이 오고가지만, 안으로는 사랑이 오고가는 따뜻한 형제간의 사랑을 여러분도 경험을 통해 느껴보셨을 것입니다.

셋째, 주고받는 대화로 시작하는 요령이 있습니다.

이야기의 진행을 대화, 곧 주고받는 말로 이끌어 가면 설명으로 하는 것보다 훨씬 효과적일 수 있습니다. 왜냐하면 지루하게 느껴질 수 있는 이야기를 대화로 표현하면 읽는 이가 직접 그 상황을 보고 있는 것처럼 사실적으로 다가가게 됩니다. 또한 인물의 성격까지 잘 드러내어 글에 생동감을 불어넣습니다.

여러분은 글로써 이야기를 끌고 가는 것이 아니라, 행동을 보여주는 연극을 보면서 사실이 아니라는 것을 알면서도 마치 사실인 것처럼 느껴졌던 경험이 있을 것입니다. 글을 쓸 때 생각이나 느낌을 있는 그대로 쓴다면 이야기나 인물의 성격을 제대로 표현해 내기 어렵습니다. 그러나 말을 주고받는 대화로 표현해내면 길게 설명할 것도 단 한 마디로 줄일 수 있습니다. 그러면서도 읽는 이로 하여금 지루함을 잊게 하고 즐거움을 느낄 수 있게 해줍니다.

다음 대화문을 살펴보겠습니다.

> "야, 봄이구나. 겨울 내내 몸이 찌뿌드드하더니 이제야 몸이 풀리는 것 같은데. 어디 가서 몸 좀 풀어야겠는걸."

"아빠도 그러세요? 저도 그런데요. 저랑 팔씨름 한판 하실래요?"
"아서라. 괜스레 힘 넘치는 아빠한테 팔목 꺾이지 말고 참아라."
"여보, 저기 산 좀 보세요. 벌써 목련꽃이 꽃망울을 터뜨렸어요."
"아빠, 그럼 우리 꽃구경도 갈 겸 누가 산에 더 빨리 올라가나 시합해요."

위의 대화글을 통해 우리는 봄날의 생동감 넘치는 한 가정의 화목한 분위기를 느낄 수 있습니다. 아버지의 온화한 성격, 아들의 명랑함, 어머니의 상냥함과 같은 성격들도 대화를 통해 잘 드러나고 있습니다. 이 부분은 뒤에 전개로 이어질 집안 식구들의 봄 등산에 대한 이모저모를 생략한 발단, 곧 글의 첫 부분입니다. 이렇게 글의 전개 부분을 주고받는 대화로 꾸며도 그럴듯하다는 사실을 여러분은 이제 알겠죠?

넷째, 사물을 있는 그대로 그려내면서 시작하는 요령이 있습니다.
사물을 있는 그대로 그려내는 것, 즉 그림을 그리듯이 표현해 주는 설명 방법을 묘사라고 합니다. 그래서 이 요령은 사물을 있는 그대로 그려 넣어 첫 부분을 엮어내는 경우가 되겠습니다. 묘사로 글을 시작하면 글의 전체적인 분위기를 느끼게 할 수 있고, 배경을 제시해 줄 수 있습니다.
미술에서도 묘사란 산이나 들을 있는 그대로, 눈에 들어오는 그대로 그리는 것을 말합니다. 그러나 소묘와는 다릅니다. 소묘도 있는 그대로의 모습을 그린다는 점에서는 같지만 소묘가 단색이나 흑색 선만으로 그려내는 것이라면, 묘사는 색채까지 곁들여야 한다는 점에서 묘사가 훨씬 사실적이고 세부적이라고 할 수 있습니다. 글에서의 묘사는 미술에서의 그것과 같이 있는 그대로를 전부 그려내야 합니다. 즉, 단순한 소묘 차원을 뛰어넘어야 한다는 것이겠죠.

다음 글을 읽고 그 풍경을 마음으로 그려보세요.

봄이 되자 정원의 꽃나무들이 다투어 꽃잎들을 펼쳐냈다. 백목련은 나뭇가지에 도화지를 몇 장 걸어놓은 것처럼 하얀 꽃잎을 펼치고 있었다. 벚꽃은 꼭 눈 뭉치를 나뭇가지에 붙여놓은 것처럼 무수히 많은 꽃잎들이 똘똘 뭉쳐져 있었다. 그리고 진달래꽃은 부끄러워 얼굴을 붉힌 새색시처럼 빨간 잎들을 바람에 식히고 있었다.

이렇게 쓰면 봄을 맞아 정원에 핀 꽃들의 모습을 있는 그대로 쓴 것이 됩니다. 그냥 있는 그대로 쓴 것이 아니라 적절히 비유를 섞어 더 구체적으로 묘사함으로써 마치 시를 읽는 듯한 느낌을 줍니다. 이렇게 사물을 있는 그대로 그려내어 앞부분에 배치하면 그것이 곧 묘사적 요령으로 장식한 시작이 되는 것이죠.

다섯째, 결과를 서두에 배치하는 요령이 있습니다.
끝으로 결과를 첫머리에 내세우는 요령이 있습니다. 이러한 글쓰기는 글의 결과부터 먼저 내세움으로써 글의 내용이나 깊이를 쉽게 이해할 수 있게 하는 효과적인 방법이 됩니다. 학문적 연구 기록을 담는 논문에서도 이런 방법을 즐겨 쓰는데 이를 좀 어려운 표현으로

'연역법'이라고 합니다. 결과를 먼저 앞에 내세운 뒤 왜 이런 결과가 나오는지를 하나 하나 설명해 가는 방법이지요. 생활문에서도 즐겨 쓰는 방법이자 요령입니다.

　　100점이었다. 사실 이번 시험에서만은 꼭 만점을 맞아 아빠 엄마를 즐겁게 해드리고 싶었다.
　　이날을 위해 몇 날 몇 밤을 잠을 못 자고 공부했는지 모른다. 이런 내 노력이 헛되지 않았던지 시험지를 받아 들었을 땐 함성을 지르고 싶었다. 시험지 안에는 미리 예상했던 문제들로 꽉 차 있었던 것이다.
　　단 한 순간도 막힘 없이 문제를 풀고 난 후, 다시 한 번 검토를 했다. 물론 완벽했다. 결과를 기다리는 동안 혹시나 하고 초조하기도 했지만, 얼굴에 웃음이 떠나지 않았다.

　위 글을 보면 글의 첫 문장에 100점이라는 결과가 먼저 제시되어 있습니다. 그 다음 단계에서는 어떻게 문제를 예상했다든지, 어떻게 해서 예상했던 문제들이 적중했다든지, 혹은 몇몇 헷갈리는 문제에 이르러 이것이냐 저것이냐 고르는 과정에서 아슬아슬했다는 등의 이야기가 나올 것입니다. 이와 같이 이 요령은 먼저 결과를 앞에 제시해 놓고, 어떻게 해서 이런 결과가 나왔는지 다음에 설명하는 방법이라 할 수 있습니다.
　여러분은 이상의 다섯 가지 요령을 통해 '글의 첫머리는 어떻게 쓰는 것인가'에 대해 그 누구보다 확실히 이해하셨으리라 생각합니다. 그러나 이해보다는 한 번이라도 앞에 제시된 요령을 사용해 직접 써 보는 것이 더 효과적입니다. 옛말에 '백문이 불여일견'이란 말이 있습니다. 백 번 듣는 것보다 한 번 직접 본 것이 더 효과적이란 뜻입니다. 처음에는 어렵다 생각하며 헤매겠지만, 그렇게 한 편을 완성하고 나면 그 요령이 절로 몸에 배어 다음부터는 쉽게 쓸 수 있을 것입니다. 꼭 한번 위의 다섯 가지 요령을 이용해 생활문 쓰는 연습을 해 보시기 바랍니다.

이번에는 발단의 다음 단계 글쓰기인 전개로 넘어가 보도록 하겠습니다.

⑵ 전 개

전개는 발단 뒤에 오는 글쓰기의 순서입니다. 모든 일이나 사건에는 시작이 있으면 끝이 있습니다. 그리고 그 끝에 다다르기 위해서는 일이 진행되어 가는 과정이 있게 마련입니다. 또한 일의 진행 과정은 그 일의 시작을 다음 단계로 나아갈 수 있게 해야 하며 나아간 일을 마무리지을 수 있도록 어떤 계기를 마련해 주어야 합니다.

전개는 바로 어떤 일이나 사건이 시작되어 다음 단계로 한 발짝 나아가 그 일이나 사건이 구체적으로 펼쳐지기 시작하는 것을 말합니다. 이 때문에 앞에서도 여러 예를 들었지만, 시작된 일이나 사건이 발단을 거쳐 다음 단계로 넘어가듯 이를 기록하는 글 또한 첫 단계인 발단에서 다음 단계로 넘어가는 과정을 거쳐야 합니다.

편의상 앞에서 예로 든 발단 부분을 전개 부분으로 구체화해 보기로 하겠습니다. 어떻게 사건이 진행되는지 지켜보세요.

먼저 앞에서 발단 부분만 살펴봤던 '총격전'이 전개 부분으로 어떻게 이어지는지 살펴보겠습니다.

총격전

　여전히 거리에는 두 총잡이의 무거운 구둣발 소리만이 뚜벅뚜벅 정적을 깨뜨리고 있었다. 이쯤이면 총을 쏘아 맞출 수 있는 거리라고 판단했는지 두 사람은 발을 멈추었다. 서로를 바라보는 두 사람의 뜨거운 시선은 총알보다 무섭게 서로를 쏘아보고 있었다. 금방이라도 총성이 울려 퍼지고 누군가 피를 흘리며 길바닥에 쓰러질 것만 같았다.

　이렇게 썼다면 길에 두 총잡이가 대결을 벌이려고 마주 선 사건의 전개 부분에서 점점 대결의 시간으로 나아가는 것 같지요? 서로 총을 쏘기에 알맞은 자리로 나아가기 위해 멀어졌던 간격을 서서히 좁혀 가는 무거운 구둣발 소리, 그리고 두 총잡이의 총알보다 무서운 시선이 점점 고조되어 가고 있는 사건의 배경을 구체적으로 표현하고 있습니다. 사건의 배경뿐 아니라 주인공의 행동이나 분위기 역시 좀더 자세하게 펼쳐지고 있습니다.
　이처럼 전개 부분은 발단에서 시작된 사건에 점점 더 다가설 수 있게 해줍니다.
　역시 앞에서 예로 들었던 '사랑'의 발단에 이은 전개 부분을 살펴보도록 하겠습니다. 앞의 발단에서는 버드나무 사이로 달빛이 흘러내리고, 그 달빛 아래 두 남녀가 나란히 앉아 이야기를 나누고 있었습니다. 초저녁의 싸늘한 바람이 불어오자 남자는 점퍼를 벗어 여자에게 덮어줍니다. 그 예문만으로는 어떤 일이 이어서 일어날 것인지 짐작은 할 수 있지만, 다음 부분이 생략돼 있어 구체적인 이야기는 알 수 없었습니다. 곧 그것은 사건을 미리 짐작하게 하는 발단만을 보여주었다는 얘기입니다.

그럼 다음 단계인 구체적 행동이나 사건으로 펼쳐 보이는 전개를 살펴보도록 하겠습니다. 혹 앞의 '사랑'의 발단 부분의 내용이 기억 나지 않는 사람이 있다면 다시 한 번 앞 부분을 펼쳐 읽어보기 바랍니다. 미리 전개 부분을 상상해 보면서요. 자, 상상이 끝났으면 이제 다음 예시를 보도록 하겠습니다.

사 랑

　은지는 고개를 옆으로 돌리고는 손으로 입을 막았다. 지섭은 은지가 갑자기 돌아서자 화가 난 줄 알았다. 하지만, 은지의 얼굴에 가득한 웃음을 보고 은지도 자신을 좋아하고 있다고 생각했다. 지섭은 은지의 등을 바라보며 와락 안고 싶은 충동을 느꼈다. 하지만 마음을 고쳐먹고 은지의 두 손을 꼭 잡았다.
　"은지야, 나는 네가 참 좋아."
　지섭에게 손을 잡힌 은지는 처음에는 무척 당황한 얼굴을 했다. 하지만 지섭의 말에 엷은 미소를 지으며 자기도 그렇다는 듯 고개를 끄덕였다.

두 사람이 만났던 첫 부분의 배경이나 인물들의 행동이 다음 단계인 전개 과정으로 이어져 더 구체적으로 펼쳐지고 있음을 알 수 있습니다. 여러분은 다음에 어떤 일이 일어날까 여러 가지로 상상하며 궁금해 했을 것입니다. 어떤 친구는 "어, 얘네들 뽀뽀하는 거 아니야?" 하면서 더 신나 했을 것입니다. 그리고 어떤 친구는 "서로 껴안을 거야." 하고 상상했을 것입니다. 그러나 여러분의 예상을 깨고 두 주인공은 손만을 마주 잡았습니다. 그러나 이 역시 그 다음 단계로 나아가기 위한 하나의 과정이었습니다. 조금만 더 기대해 보세요.

예가 하나 더 있었죠? 아마 '독후감 쓰기'였을 것입니다. '독후감 쓰기'의 경우도 머리 부분인 발단에서는 독후감을 쓰기 위해 문방구점에서 볼펜을 사 오고, 마음을 가다듬기 위해 책상을 정리하는 등의 글을 쓰기 위한 준비 과정, 즉 머리 부분인 발단만을 보여드린 바 있습니다. 이를 다음 단계인 전개 과정으로 이어 써보도록 하겠습니다.

독후감 쓰기

옛날도 아주 옛날 그리스의 우화 작가였던 이솝은 여러 동물들을 사람에 빗대어 풍자해 〈이솝 우화〉라는 책을 썼다. 이 책은 내 또래의 아이들이라면 누구나 한 번씩은 읽어본 명작이다.

내가 이 책을 처음 읽은 것은 초등학교 3학년 때였다. 시장에 다녀오신 어머니께서 좋은 내용이 담겨 있으니 꼭 읽어보라며 책 한 권을 내미셨는데 그것이 바로 〈이솝 우화〉였다.

개미와 베짱이 이야기, 두루미와 여우 이야기, 토끼와 거북이 이야기 등은 정말 재미있었다. 그때는 그저 재미있는 이야기에 끌려 아무 생각 없이 책을 읽어 내려갔다.

그런데 독후감을 쓰기 위해 다시 한 번 읽어보니 이야기 속에 또 다른 이야기가 숨어 있다는 것을 알게 되었다. 재미와 함께 놀라움을 느끼며 새로운 것을 많이 배우게 되었다.

앞의 발단에서는 그저 독후감을 쓰기 위한 이런저런 준비 과정만을 기록했었습니다. 그러나 좀더 구체적으로 이야기를 진행시키는 전개 부분에 이르러서는 책에 대한 설명, 전에 한 번 읽었었던 경험,

그리고 이번에 또 읽고 배우고 느낀 점들을 들어 발단 부분을 구체화하고 있습니다. 곧, 준비에서 실제로 쓰는 과정으로 옮겨간 셈이지요. 이러한 부분이 바로 전개 부분이 되는 것입니다. 다음 단계에서는 또 다른 이야기로 이어지겠지요?

  여러분은 이제 시작된 이야기가 전개 과정을 통해 어떻게 다음 단계로 이어지고 펼쳐지는가를 배웠을 것입니다. '총격전', '사랑', '독후감 쓰기' 등의 예에서 볼 수 있었듯이, 어떤 사건이나 일을 기록하는 생활문은 그것의 처음인 발단이 있고, 발단은 사건이나 일을 더 자세하게 펼쳐 가는 전개 과정으로 이어지게 됩니다. 그런가 하면 이 사건이나 일은 전개를 통해 그것의 중심이 되는 이야기의 가장 중요한 부분으로 이동해 갑니다. 곧 글쓴이의 생각을 드러내고자 하는 부분으로 이동을 하게 되는데 이 부분을 가리켜 절정이라고 합니다.

(3) 절 정

  절정이란 말을 풀이하면 산의 맨 꼭대기란 뜻입니다. 이 풀이를 글쓰기의 단계에 비유하자면 글의 맨 꼭대기쯤 될 것입니다. 글의 맨 꼭대기는 어떤 사건이 얽히고 설키어 꼬이기도 하고 잘못되기도 합니다. 또 잘되는 듯싶다가 느닷없이 나타나는 훼방꾼에 의해 또 잘못되기도 하는 등 사건이 난관에 부딪칩니다.

  여러분도 글을 읽으면서 이 이야기 참 재미있다 싶은 글이면 으레 잘 진행되어 가던 사건이 갑자기 얽히고 설키다 마지막에 가서야 풀어지는 것을 경험했을 것입니다. 그럴 때면 여러분은 속으로 '휴우' 하며 안도의 한숨을 내쉬었을 것입니다. 어떤 때는 박수를 치면서 기뻐했을 것입니다.

생활문은 살아가는 이야기, 즉 살아가면서 보고 듣고 느끼고 생각한 것, 그리고 직접 경험한 것들을 적는 일상적인 글입니다. 하지만 그런 것들이 있으나마나한 이야기로 쓰여졌다면 무슨 즐거움이 있겠습니까? 즐거움이 없는데 감동이 있을 리 없겠지요. 글을 읽을 때는 무엇보다 즐거움을 느끼고 무엇인가를 얻어내는 재미가 있어야 합니다. 즉 글을 통해 배울 거리가 있어야 좋은 글이 되는 것입니다.

이런 이유로 좋은 글이 되기 위해서는 사건의 시작이 있고, 사건이 여러 가지로 펼쳐지는 이야기가 있어야 합니다. 그리고 그냥 일상적인 이야기가 아니라, 얽히고 설키고 꼬여 마음을 옥죄게 하며 초조하고 불안하게 만드는 무엇이 있어야 합니다. 옥죄고 초조하고 불안한 것들이 크면 클수록 사건은 더욱더 꼬이게 됩니다. 이 꼬인 것들은 언젠가 풀어져야 하구요.

이는 다시 말해 어떤 사건이건 어떤 방식으로든 사건이 해결되어 끝이 나게 마련이라는 뜻입니다. 즉, 이야기가 얽히고 설키고 꼬여야 불안과 초조함을 맛보게 되며, 또 어떻게 풀릴까 하는 흥미를 갖게 되는 것입니다.

바로 이 얽히고 설키고 꼬인 사건이 더 이상 얽히고 설킬 수 없는 지점에까지 달하는 부분을 글의 절정이라고 합니다..

글은 높고 험난한 고개가 있는 길을 달리는 것과 같습니다. 처음 길을 떠날 때는 평범한 길이어서 크게 힘이 들지 않지만, 한참 달리다 보면 가파른 고개가 나타납니다. 계속해서 달리다 보면 편편한 길이라도 힘이 드는데 가파른 고개를 넘으려면 얼마나 힘이 들겠습니까. 숨이 차서 헐떡거리고, 땀이 비 오듯 쏟아지고, 다리는 꼬여 죽을 지경이 될 것입니다. 그러나 그 고비를 넘기고 죽을 힘을 다해 고생 끝에 고개 꼭대기에 올라섰습니다. 그럼 다음에 무엇이 기다리고 있을까요? 바로 내리막길입니다.

　이와 같이 이야기도 평범한 길에서 시작하여 고개로, 고개에서 내리막길로 이어지는 산처럼 순서가 있습니다. 글쓰기의 세 번째 순서, 즉 고개 마루에 해당되는 것이 절정입니다.

　이쯤에서 앞에 예로 든 글들을 이번에는 발단, 전개에 이어 절정을 살펴보도록 하겠습니다.

　먼저 '총격전'의 절정을 살펴보도록 하겠습니다.

　　총격전

　　두 총잡이가 서로를 쏘아보던 눈에서 바지 주머니에 끼어 있는 총으로 시선을 옮기는 순간이었다.
　　"꼼짝 마라. 움직이면 쏜다!"
　　양 손에 권총을 든 쌍권총의 사나이가 쩌렁쩌렁한 목소리로 외치면서 성큼성큼 그들 곁으로 다가왔다. 두 총잡이를 지켜보던 주위의 모든 눈들이 이번에는 일제히 쌍권총의 사나이에게로 쏠렸다.
　　"네놈들이 내가 없는 틈을 타 이 지역을 장악할 속셈으로 싸움을 벌이는 모양인데, 그래 좋다. 승자에게 나에게 도전할 영광을 주겠다. 하하하!"

　이렇게 되면 이야기는 더 복잡하게 얽히면서 더욱 흥미를 불러일으키게 됩니다. 그것은 두 총잡이의 결투가 쌍권총의 사나이의 출현으로 더 복잡하게 꼬이기 때문입니다. 이야기는 꼬일수록 더 재미있고, 흥미진진해집니다.

　여러분도 텔레비전 화면을 통해 종종 서부 영화를 보았을 것입니다. 그때 두 사람이 대결을 벌이다 한 사람이 총을 쏘았습니다. 그러고는 한 사람은 죽고, 다른 한 사람은 다시 길을 떠나면서 끝이 났다면 몹시 시시하다는 생각을 하게 될 것입니다. 이는 사건이 얽히는 재미가 있어야 하는데 그렇지 못하고 그저 쏘고 죽고 떠나는 것으로 끝이 났기 때문입니다. 그러나 앞의 글의 절정에서는 두 총잡이의 결투에 예상치 못했던 쌍권총의 사나이가 끼어듭니다. 그럼으로써 사건은 얽히게 되고, 읽는 이들은 과연 어떻게 끝나려고 쌍권총을 든 사나이까지 끼어들었나, 하는 기대감으로 더욱더 글에 흥미를 느끼게 됩니다. 그러고는 그 결말을 초조하게 기다리며 긴장하게 됩니다. 절정은 바로 글을 읽는 사람으로 하여금 해결되기 전의 긴장·초조·불안 따위를 맛보게 하는 대목입니다.

여러분도 이 총싸움이 어떻게 끝날지 몹시 궁금하지요? 조금만 기다려 보십시오. 다음의 결말을 설명하는 부분에서 다시 볼 수 있게 될 테니까요.

다음으로 '사랑'을 절정으로 이어보도록 하겠습니다. 전개 부분에서는 여러분의 예상을 깨고 손만 잡는 것으로 끝나는데 과연 절정에서는 어떤 일이 일어날까요? 함께 살펴보도록 하겠습니다.

사 랑

"그만 가자."
은지의 어깨에 팔을 얹으며 지섭이 말했다. 은지는 무언가 말하려다 지섭의 팔을 치우고 앞질러 갔다.
그때였다. 버드나무 숲을 막 빠져나가려는데 '번쩍' 하는 불빛이 두 사람을 훤히 비췄다. 잘못한 것도 없으면서 두 사람은 깜짝 놀라 그 자리에 엎드렸다. 그냥 길을 지나던 자동차의 헤

드라이트였다. 두 사람은 동시에 '후' 하고 안도의 한숨을 내쉬었다. 그때에야 은지는 자신이 지섭의 품에 안겨 있다는 것을 알았다.
"어머나."
은지가 몸을 빼내려 하자 지섭은 더욱더 세게 팔에 힘을 주어 은지를 끌어당겼다. 은지는 두 눈을 감은 채 지섭의 가슴을 주먹으로 치며 지섭에게서 빠져나오려 했다.

이 다음 두 사람이 어떤 일을 했을지는 여러분도 짐작할 수 있을 것입니다. 그러면서 '재미없게 그냥 돌아가다니' 하던 아쉬움이 '그럼 그렇지' 하며 탄성을 지르는 것으로 뒤바뀌었을 것입니다. 왜냐하면 극적인 상황이 평범했던 사건을 급진전시키는 긴장감을 맛보게 해주고 있기 때문입니다. 그러면서 읽는 이에게 감동을 주는 것이지요.
아마 여러분도 이 글을 읽으면서 많은 생각을 했을 것입니다. 어떤 친구는 '히히, 신나겠다' 하기도 하고, 또 어떤 친구는 '좋겠다' 하고 부러워하기도 했을 것입니다. 이 글은 이처럼 사람들에게 감동을 불러일으킬 수 있도록, 두 사람의 행동을 절정에 다다르게 해 긴장감을 유발시킨 것입니다. 즉, 절정 단계에 도달한 것이라 할 수 있습니다.
이번에는 '독후감 쓰기'를 전개에서 절정으로 옮겨보도록 합시다.
앞의 글에서 보았듯이 전개에서는 글을 쓰는 한 과정이 제시되어 있었습니다. 달리 말해 글쓴이가 쓰고자 하는 가장 중요한 부분은 아직 드러나지 않았다는 뜻입니다. 절정은 바로 글쓴이의 중심 생각, 곧 글의 주제가 잘 드러나는 부분입니다. '독후감 쓰기'의 절정에서 주제가 어떻게 드러나는지 잘 살펴보십시오.

독후감 쓰기

　이야기 속의 이야기란 다름 아니라 겉으로는 개미나 베짱이, 두루미나 여우, 토끼나 거북이의 이야기로 되어 있지만, 이들 동물들의 이야기 뒤에는 사람들이 있었다는 것이다. 무슨 말인가 하면, 사람들의 이야기를 동물들에 빗대어 우리들의 살아가는 이야기를 담고 있었다는 것이다. 그래서 개미나 베짱이, 두루미나 여우, 거북이나 토끼는 우리들 자신이고, 그들이 엮어가는 이야기는 우리들의 이야기가 되는 것이다. 동물들이 그러하듯 우리 인간들도 부지런함, 게으름, 교활함, 어리석음으로 사람 됨됨이가 구분되고 그에 따라 각기 다른 삶을 살아간다. 이솝은 바로 이러한 우리 인간의 삶을 동물들을 끌어들여 대신 꾸몄던 것이다.
　이번 독후감을 통해 좋은 글 속에는 글로는 볼 수 없지만, 가슴으로 볼 수 있는 또 다른 글이 있다는 것을 알았다. 그리고 부지런하고 근면하며 성실하게 사는 삶이 인간다운 삶이라는 것도 깨달을 수 있었다.

　이쯤 되면 글쓴이가 말하고자 한 주제, 즉 중심이 되는 생각을 다 드러낸 것이라 할 수 있겠지요? 글쓴이는 〈이솝 우화〉가 단순한 동물들의 이야기가 아니라 인간들의 모습을 동물들의 이야기로 바꾸어 꾸며놓은 글이며, 이를 통해 작가는 인간들을 일깨우려 했다는 것을 책을 읽고 알았습니다. 글쓴이는 그 사실을 말하고 싶었던 것입니다. 즉, 이 절정 부분에 이르러 글쓴이는 자신이 말하고자 한 주제, 즉 중심이 되는 생각을 훌륭히 드러내고 있습니다.
　여러분도 〈이솝 우화〉를 읽어보았을 것입니다. 그 중 '개미와 베짱이'를 읽고 그냥 개미와 베짱이 이야기인 줄 알고 지나쳤다면 이야기의 겉만 읽고 속은 읽지 않은 셈이 됩니다. 마치 '수박 겉 핥기'를 한 셈이지요. 그러나 위의 독후감을 읽고 그 뒤에 사람들의 이야기, 즉 개미처럼 부지런한 사람과 베짱이처럼 게으른 사람의 이야기가 숨어 있다는 걸 깨달았다면 이는 곧 이 독후감이 글쓴이의 중심 생각을 잘 나타냈기 때문일 것입니다.

　이상의 예를 통해 여러분은 글의 단계에서 절정이 어떤 것이고, 또 어떻게 쓰는 것이며 어떻게 써야 더 좋은 글이 되는가에 대해 잘 알았으리라 봅니다.

　다음으로는 결말에 대해 살펴보겠습니다. 발단(시작), 전개(펼침), 절정이 있다면 그 결과도 있게 마련입니다. 모든 일에는 시작이 있으면 끝이 있게 마련이니까요. 글도 이와 같아서 마지막 단계인 결말이 있어야 합니다. 결말이란 일을 맺는 끝을 말하는데 글에서는 그 글의 마무리를 의미합니다.

　(4) 결 말

　대개의 사건들은 행복하게 끝나는 경우와 불행하게 끝나는 경우가 있습니다. 글에 있어서도 예외는 아닙니다. 어떤 사건이든 마무리를 지어야 끝이 나듯, 글도 끝맺음을 해야 완성된다는 것, 여러분도 잘 알고 있을 것입니다. 그러나 어떻게 끝맺음을 해야 좋은가에 대해서는 잘 알지 못할 것입니다. 그것은 자주 글을 쓰지 않아 끝맺음을 해 본 경험이 그리 많지 않기 때문입니다.

　글의 끝맺음, 곧 결말은 그 글의 흐름을 잘 마무리할 수 있게 끝맺으면 됩니다. 그러나 자신의 결심이나 다짐 같은 것을 지나치게 강조

한다든지, 강요·권장하는 식이라면 좋은 끝맺음이라 할 수 없습니다. 다만 그 글의 절정에서 풀어낸 해결의 실마리대로 끝맺음을 하면 됩니다.

그럼 지금부터 앞의 예문으로 제시했던 글들의 끝맺음, 즉 결말 단계에 대해 좀더 자세히 살펴보도록 하겠습니다. 먼저 '총격전'의 결말부터 보기로 하겠습니다.

총격전

"네가 뭔데 우리에게 도전할 기회를 주니 마니 하는 거냐! 건방진 놈. 다치기 싫으면 썩 꺼져라."
두 사나이 중 왼쪽의 사나이가 고함치듯 소리쳤다. 이에 뒤질세라 오른쪽의 사나이도 고함을 치며 총을 뽑아들었다. 같은 순간에 왼쪽 사나이도 재빠르게 총을 뽑았다. 두 사나이가 총구를 겨눈 것은 쌍권총의 사나이였다.
"탕탕!"
두 발의 총성이 정적을 깨고 멀리 날아갔다. 그러나 어찌된 영문인지 먼저 총을 뽑아든 두 사나이는 총도 쏘아보지 못한 채 바닥에 쓰러져 있었고, 쌍권총의 사나이는 허리에 찬 총집에 쌍권총을 꽂으며 매여 있는 말을 향해 느릿느릿 걸어갔다.
아무 일도 없었다는 듯 사람들은 다시 거리로 쏟아져 나왔다.

이렇게 마무리하면 '총격전'이란 사건은 그 끝을 맺게 되고 더불어 이 글도 마무리지어지게 됩니다. 이를테면 시작에서 전개, 전개에서 절정, 절정에서 결말로 하나의 사건이 끝이 나면서 이를 기록한 글도 마무리됐음을 의미합니다.

다음으로 '사랑'의 결말 부분을 살펴보겠습니다. 두 사람의 사랑이 어떻게 마무리되었을지 궁금해 했을 친구들이 많을 것입니다. 이제 그 궁금증을 해결해 볼까요?

사 랑

두 눈을 감고 지섭의 가슴을 치고 있던 은지는 자신이 지섭의 품에서 벗어났다는 것을 느끼고 눈을 떴다. 은지와 지섭의 눈이 마주쳤다. 지섭이 은지의 양 팔을 붙잡고, 은지가 하는 양을 그대로 지켜보고 있었던 것이다.
지섭이 은지에게로 서서히 다가갔다. 그러고는 은지의 입술에 자신의 입술을 갖다댔다. 은지는 깜짝 놀라 한참을 가만히 있었다. 그대로 굳어버릴 것 같았다.
"사랑해!"
은지가 정신을 차린 것은 그때였다. 지섭은 그 한 마디를 은지의 귀에 속삭이고는 저 멀리로 사라져 갔다.
"사랑해!"
지섭이 뛰어가다 말고 멈춰 서 뒤를 돌아보고는 큰소리로 외쳤다. 그러고는 두 팔을 높이 들어 흔들었다. 은지는 자기도 모르게 손을 들어 흔들었다. 그러다 자기가 손을 흔들고 있다는 사실을 깨닫고 재빨리 손을 내려 고개를 숙였다.

드디어 이 사랑의 사건은 첫 키스로 마무리되었습니다. 이런 사랑 이야기는 실제로 있을 수 있는 것으로 여러분 중에는 이미 경험해 본 친구도 있을 것입니다. 아직 해보지 않은 친구들도 앞으로 경험하게 될 것입니다.

여러분은 이 글을 통해서도 글의 마무리가 어떻게 이루어질 수 있는지 보았을 것입니다.

마지막으로 '독후감 쓰기'의 결말을 살펴보도록 하겠습니다.

독후감 쓰기

언젠가 광화문 교보문고에 들러 책을 사 가지고 오는 길에 벽에 걸린 글을 읽은 기억이 난다. '사람은 책을 만들고, 책은 사람을 만든다' 라는 글귀였던 것 같다. 이번 독후감을 쓰면서 내 생각이 그랬다.

'동물들의 삶 속에 인간들의 삶이 있고, 인간들의 삶 속에 동물들의 삶이 있구나' 하고 어느새 마음 속에 표어 하나를 써 본다.

이렇게 마무리하면 독후감을 쓰기 위한 준비 과정으로서의 발단, 쓰게 된 동기나 저자 소개 등의 전개, 이야기 속에 또 다른 이야기가 있음을 발견하고 이를 읽는 이에게 말하고자 한 글쓴이의 중심 생각인 절정, 그리고 동물들의 삶 속에 인간들의 삶이 있고, 인간들의 삶 속에 동물들의 삶이 있다는 생각으로 마무리하는 결말로 '독후감 쓰기'가 무난히 마무리되었음을 알 수 있을 것입니다.

이렇게 해서 발단→전개→절정→결말의 단계에 대해 알아보면서 세 편의 생활문, 즉 '총격전', '사랑', '독후감 쓰기'를 살펴보았습니다. 이제 각 단계를 이어 한 편의 생활문으로 완성해 보도록 하겠습니다. 각각의 부분들이 어떻게 조화를 이루었는지 살펴보면서 글쓰기의 요령도 함께 터득해 보세요. 그리고 나면 두고두고 글쓰기에 많은 보탬이 될 것입니다.

2. 완성된 생활문

다음 글들은 각각의 단계별로 살펴본 생활문입니다. 발단에서 전개, 전개에서 절정, 그리고 글의 마무리인 결말까지 어떻게 이루어졌는지 살펴보았습니다. 이제 단계별로 쪼개어져 있었던 '총격전', '사랑', '독후감 쓰기'를 같은 제목으로 한 단계 한 단계를 거쳐 완성된 생활문으로 한데 묶어보기로 하겠습니다.

총격전

건물들이 빽빽이 들어서 있는 골목이었다. 골목 끝 모퉁이에는 많은 사람들이 무서움에 벌벌 떨고 있었다. 건물 안에서도 사람들은 창문 틈으로 얼굴을 빼죽이 내밀고 있을 뿐 숨소리조차 내지 않았다. 길 이쪽과 저쪽에서는 허리에 권총을 찬 두 사람이 서서히 거리를 좁혀가며 서로에게 다가가고 있었다. 많은 사람이 있었음에도 텅 비어 있는 것같이 고요한 거리에는 두 총잡이의 발소리밖에 들리지 않았다.

여전히 거리에는 두 총잡이의 무거운 구둣발 소리만이 뚜벅뚜벅 정적을 깨뜨리고 있었다. 이쯤이면 총을 쏘아 맞출 수 있는 거리라고 판단했는지 두 사람은 발을 멈추었다. 서로를 바라보는 두 사람의 뜨거운 시선은 총알보다 무섭게 서로를 쏘아보고 있었다. 금방이라도 총성이 울려 퍼지고 누군가 피를 흘리며 길바닥에 쓰러질 것만 같았다.

두 총잡이가 서로를 쏘아보던 눈에서 바지 주머니에 끼어 있는 총으로 시선을 옮기는 순간이었다.
"꼼짝 마라. 움직이면 쏜다!"
 양 손에 권총을 든 쌍권총의 사나이가 쩌렁쩌렁한 목소리로 외치면서 성큼성큼 그들 곁으로 다가왔다. 두 총잡이를 지켜보던 주위의 모든 눈들이 이번에는 일제히 쌍권총의 사나이에게로 쏠렸다.
 "네놈들이 내가 없는 틈을 타 이 지역을 장악할 속셈으로 싸움을 벌이는 모양인데, 그래 좋다. 승자에게 나에게 도전할 영광을 주겠다. 하하하!"
 "네가 뭔데 우리에게 도전할 기회를 주니 마니 하는 거냐! 건방진 놈. 다치기 싫으면 썩 꺼져라."
 두 사나이 중 왼쪽의 사나이가 고함치듯 소리쳤다. 이에 뒤질세라 오른쪽의 사나이도 고함을 치며 총을 뽑아들었다. 같은 순간에 왼쪽 사나이도 재빠르게 총을 뽑았다. 두 사나이가 총구를 겨눈 것은 쌍권총의 사나이였다.
 "탕탕!"
 두 발의 총성이 정적을 깨고 멀리 날아갔다. 그러나 어찌된 영문인지 먼저 총을 뽑아든 두 사나이는 총도 쏘아보지 못한 채 바닥에 쓰러져 있었고, 쌍권총의 사나이는 허리에 찬 총집에 쌍권총을 꽂으며 매여 있는 말을 향해 느릿느릿 걸어갔다.
 아무 일도 없었다는 듯 사람들은 다시 거리로 쏟아져 나왔다.

 사 랑

 버드나무 가지 사이로 보이는 달빛은 바람이 불 때마다 두 사람의 얼굴을 가렸다 드러냈다 하기를 반복했다. 낮에는 등을 축축이 적실 만큼 덥더니 밤이 되자 제법 쌀쌀했다.

"춥지." 하며 지섭이 걸치고 있던 점퍼를 벗어 은지 등에 걸쳐 주었다. 은지가 고개를 숙이고 등을 한번 움츠리는 듯하더니, 금세 다시 지섭을 바라보았다. 바라보는 은지의 눈을 지섭은 뚫어져라 내려다보았다. 두 눈동자에 별이 반짝이고 있었다. 바람에 흔들리는 버드나무 가지가 잠시 별을 가렸다.

은지는 고개를 옆으로 돌리고는 손으로 입을 막았다. 지섭은 은지가 갑자기 돌아서자 화가 난 줄 알았다. 하지만, 은지의 얼굴에 가득한 웃음을 보고 은지도 자신을 좋아하고 있다고 생각했다. 지섭은 은지의 등을 바라보며 와락 안고 싶은 충동을 느꼈다. 하지만 마음을 고쳐먹고 은지의 두 손을 꼭 잡았다.

"은지야, 나는 네가 참 좋아."

지섭에게 손을 잡힌 은지는 처음에는 무척 당황한 얼굴을 했다. 하지만 지섭의 말에 엷은 미소를 지으며 자기도 그렇다는 듯 고개를 끄덕였다.

"그만 가자."

은지의 어깨에 팔을 얹으며 지섭이 말했다. 은지는 무언가 말하려다 지섭의 팔을 치우고 앞질러 갔다.

그때였다. 버드나무 숲을 막 빠져나가려는데 '번쩍' 하는 불빛이 두 사람을 훤히 비췄다. 잘못한 것도 없으면서 두 사람은 깜짝 놀라 그 자리에 엎드렸다. 그냥 길을 지나던 자동차의 헤드라이트였다. 두 사람은 동시에 '후' 하고 안도의 한숨을 내쉬었다. 그때에야 은지는 자신이 지섭의 품에 안겨 있다는 것을 알았다.

"어머나."

은지가 몸을 빼내려 하자 지섭은 더욱더 세게 팔에 힘을 주어 은지를 끌어당겼다. 은지는 두 눈을 감은 채 지섭의 가슴을 주먹으로 치며 지섭에게서 빠져나오려 했다.

두 눈을 감고 지섭의 가슴을 치고 있던 은지는 자신이 지섭의 품에서 벗어났다는 것을 느끼고 눈을 떴다. 은지와 지섭의 눈이 마주쳤다. 지섭이 은지의 양 팔을 붙잡고, 은지가 하는 양을 그대로 지켜보고 있었던 것이다.

지섭이 은지에게로 서서히 다가갔다. 그러고는 은지의 입술에 자신의 입술을 갖다댔다. 은지는 깜짝 놀라 한참을 가만히 있었다. 그대로 굳어버릴 것 같았다.

"사랑해!"

은지가 정신을 차린 것은 그때였다. 지섭은 그 한 마디를 은지의 귀에 속삭이고는 저 멀리로 사라져 갔다.

"사랑해!"

지섭이 뛰어가다 말고 멈춰 서 뒤를 돌아보고는 큰소리로 외쳤다. 그러고는 두 팔을 높이 들어 흔들었다. 은지는 자기도 모르게 손을 들어 흔들었다. 그러다 자기가 손을 흔들고 있다는 사실을 깨닫고 재빨리 손을 내려 고개를 숙였다.

독후감 쓰기

문구점에 들러 볼펜 한 자루를 샀다. 잘 써지는지 확인하기 위해 볼펜으로 여기저기 낙서를 해봤더니 글씨가 무척 잘 써졌다. 책상 위에 지저분하게 널려 있는 것들을 치우고 난 후 원고지와 독후감을 쓰기 위해 읽었던 〈이솝 우화집〉을 책상 위에 올려놓았다. 그러고는 다시 한 번 그 내용을 머릿속에 떠올리기 위해 정신을 집중했다. 후, 한숨을 길게 내쉬고 펜을 들었다.

옛날도 아주 옛날 그리스의 우화 작가였던 이솝은 여러 동물들을 사람에 빗대어 풍자해 〈이솝 우화〉라는 책을 썼다. 이 책은 내 또래의 아이들이라면 누구나 한 번씩은 읽어본 명작이다.

내가 이 책을 처음 읽은 것은 초등학교 3학년 때였다. 시장에 다녀오신 어머니께서 좋은 내용이 담겨 있으니 꼭 읽어보라며 책 한 권을 내미셨는데 그것이 바로 〈이솝 우화〉였다.

개미와 베짱이 이야기, 두루미와 여우 이야기, 토끼와 거북이 이야기 등은 정말 재미있었다. 그때는 그저 재미있는 이야기에 끌려 아무 생각 없이 책을 읽어 내려갔다.

그런데 독후감을 쓰기 위해 다시 한 번 읽어보니 이야기 속에 또 다른 이야기가 숨어 있다는 것을 알게 되었다. 재미와 함께 놀라움을 느끼며 새로운 것을 많이 배우게 되었다.

이야기 속의 이야기란 다름 아니라 겉으로는 개미나 베짱이, 두루미나 여우, 토끼나 거북이의 이야기로 되어 있지만, 이들 동물들의 이야기 뒤에는 사람들이 있었다는 것이다. 무슨 말인가 하면, 사람들의 이야기를 동물들에 빗대어 우리들의 살아가는 이야기를 담고 있었다는 것이다. 그래서 개미나 베짱이, 두루미나 여우, 거북이나 토끼는 우리들 자신이고, 그들이 엮어가는 이야기는 우리들의 이야기가 되는 것이다. 동물들이 그러하듯 우리 인간들도 부지런함, 게으름, 교활함, 어리석음으로 사람 됨됨이가 구분되고 그에 따라 각기 다른 삶을 살아간다. 이솝은 바로 이러한 우리 인간의 삶을 동물들을 끌어들여 대신 꾸몄던 것이다.

이번 독후감을 통해 좋은 글 속에는 글로는 볼 수 없지만, 가슴으로 볼 수 있는 또 다른 글이 있다는 것을 알았다. 그리고 부지런하고 근면하며 성실하게 사는 삶이 인간다운 삶이라는 것도 깨달을 수 있었다.

언젠가 광화문 교보문고에 들러 책을 사 가지고 오는 길에 벽에 걸린 글을 읽은 기억이 난다. '사람은 책을 만들고, 책은 사람을 만든다' 라는 글귀였던 것 같다. 이번 독후감을 쓰면서 내 생각이 그랬다.

'동물들의 삶 속에 인간들의 삶이 있고, 인간들의 삶 속에 동물들의 삶이 있구나' 하고 어느새 마음속에 표어 하나를 써 본다.

이상의 세 가지 생활문은 지금까지 여러분과 함께 글의 첫 부분인 발단에서 이것들을 펼친 전개, 펼쳐서 글쓴이의 생각을 넣은 절정, 그리고 글의 마무리를 맡는 결말까지 단계별로 따로 살펴봤던 것들을 함께 묶은 것입니다. 다시 한 번 읽어보면서 생활문 쓰기의 네 단계를 하나하나 반복해서 짚어보시기 바랍니다.

앞에서 여러 번 말했듯이 생활문이란 우리가 살아가는 생활 속에서 보고 듣고 느끼고 생각하고 경험한 것 중에서 특히 인상에 남아 있는 것을 기록한 글입니다. 그리고 생활문을 잘 쓰기 위해서는 무조건 생활 속에서 보고 듣고 느끼고 생각하고 경험한 것을 그대로 쓰는 것이 아니라, 이를 발단, 전개, 절정, 결말의 네 단계로 나누어 알맞게 배치하여 이야기를 이어나가야 한다고 했습니다.

여러분은 이 점을 충분히 이해하고, 또 기억하셨으리라 믿습니다. 다음에는 우리 생활 속에서 보고 듣고 느끼고 생각하고 겪은 일들 중 기록할 만한 값어치가 있고 의미가 있는 것들을 골라 생활문의 본보기로 펼쳐드리겠습니다.

3. 생활문의 본보기

생활문은 우리의 생활이 복잡한 여러 가지 일들로 꾸며지듯 본 것에 따라, 들은 것에 따라, 느끼고 생각하고 경험한 것에 따라 수십, 수백 가지로 씌어질 수 있습니다. 내용에 따라 본 것, 들은 것, 느낀 것, 생각한 것이 다른 비중으로 표현될 수 있지만, 이 모든 것이 곧 우리의 삶이기 때문에 대체로 골고루 씌어집니다.

우선 본 것만 해도 그렇습니다. 우리가 살아가면서 본 것이 어디 한두 가지입니까? 매일 되풀이해서 본 것도 시간이나 장소에 따라 달리 보일 수 있고, 그 생각이나 느낌도 다를 수 있습니다. 그런가 하면 처음 보는 것, 늘 보던 것이지만 전에 발견하지 못했던 새로운 부분, 또 어느 날 갑자기 새로움으로 다가오는 것 등 상황에 따라 모든 것은 달리 보일 수 있습니다.

이런 것 중에서 지워지지 않은 채 마음속에 깊이 새겨진, 인상적인 것을 글로 쓰면 그것이 곧 생활문이 되는 것입니다.

다음 본 것을 위주로 써 내려간 생활문의 예를 살펴보도록 하겠습니다.

포장마차

요즘 학교 주변에는 눈에 띄게 포장마차가 많아졌다. 전에는 시장 옆 골목에 밤에만 문을 여는 포장마차가 있어 밤늦게 퇴근하고 집으로 돌아오는 어른들이 들러 소주를 마시거나 국수를 먹곤 했다.
 연세가 그리 많지 않은 아주머니가 포장마차 주인이었는데 우리들이 들러 "떡볶이는 안 해요?" 하면 "음. 느그덜 먹을 것은 없는디." 하고 사투리를 쓰시며 대답해 주셨다.
 그러던 게 요즘 학교 주변에 울긋불긋 갖가지 색의 포장마차가 들어섰다. 먹을거리도 떡볶이, 소시지, 계란빵 등 그 종류가 무척이나 다양했다. 엄마 아빠가 하시는 말을 통해 IMF로 실직자가 된 어른들이 먹고살기 위해 길거리로 나와 저런 장사를 한다는 것을 알았다.
 우리들은 종종 떡볶이 포장마차에 들러 콧등에 땀방울이 송알송알 맺히도록 매운 입김을 불며 떡볶이를 사 먹는다. 그 맛이 기가 막히게 좋다. 집에서 엄마가 해준 것보다 훨씬 더 맛있다. 친구들과 어울려 먹어서 그런가 했는데 친구들도 한결같이 집에서 해준 것보다 맛있다고 했다.
 "엄마, 왜 집에서 엄마가 해준 것보다 학교 앞에서 사먹는 떡볶이가 더 맛있어?"
 "글쎄……. 그런데 정말 엄마가 해준 것보다 맛있니?"
 엄마는 내 말에 조금 서운해 하시는 것 같았다.
 포장마차가 늘어나면 늘어난 만큼 우리의 먹을거리가 더욱 늘어났다. 이는 그 먹을거리가 많아지는 것과는 반대로 먹을 것이 없는 집들이 많아진다는 얘기와도 같다. 그런 생각을 하며 떡볶이 하나를 입에 넣었더니 떡볶이의 매운 맛이 씁쓸하게 느껴졌다.

 위의 글은 생활 주변에서 본 것을 위주로 자신의 생각과 느낌을 덧붙여 쓴 생활문입니다.
 다음에는 생활 속에서 듣고 생각한 점을 쓴 생활문을 살펴보기로 하겠습니다.

　우리는 매일 본 것만큼이나 듣는 것도 많습니다. 똑같은 말을 듣기도 하지만 처음 듣는 말, 듣고 기분이 좋은 말, 듣기 싫은 말, 참말, 거짓말, 심지어는 들어서는 안 되는 말까지 많은 말을 듣고 살아야 합니다. 조금 극단적으로 말해 살아간다는 것은 말을 한다는 것이 될 수도 있습니다. 아울러 누군가 한 말을 들어야 한다는 것이 되기도 합니다. 그만큼 생활한다는 것은 말과 말로 이루어지고, 또 말에 의해 사는 일이 이루어집니다.

　여러분도 생활하면서 여러 가지 말을 하고 또 들을 것입니다. 이렇게 들은 말 중에서 가장 인상에 남는 것, 써놓고 싶고 써서 간직하고 싶어 귀담아 들었던 것 등을 기록해 놓으면 그것이 또한 생활문이 됩니다.

　들은 말을 놓치지 않고 생활문으로 쓴 다음 예를 살펴보겠습니다.

　　역사 이야기

　　선생님께서 매일 들려주시는 역사 이야기 중에서도 오늘 들은 숫자 이야기는 머릿속에 새겨지고 또 새겨진다. 그만큼 재미가 있어서이기도 하지만, 재미보다 그럴듯한 또 다른 무엇이 느껴졌기 때문이다.
　　우리 민족은 3이란 숫자를 무척 좋아한다고 한다. 그런데 그 이유가 우연이 아니라 그럴 만한 이유가 있기 때문이란다. 옛날부터 우리 할아버지 할머니들은 숫자 3을 좋아했는데, 그것은 단군 할아버지 때 이야기에서 나왔다고 한다.
　　"여러분, 우리 할아버지이신 환웅께서 나라를 세우실 때 큰 산이 세 개 있는 곳을 고르셨다고 해요. 그리고 하늘에서 내려

오실 때는 하늘에서 찍어준 도장 세 개와 하늘에서 내려보내 주신 하늘의 세 사람, 즉 구름을 부리는 운사, 비를 부리는 우사, 바람을 부리는 풍사와 함께 오셨대요."

선생님의 말씀은 우리 나라가 처음 세워질 때 온통 3이란 숫자로 이루어졌다는 것이다. 그래서 우리 나라를 3천리 금수강산이라고 표현하고, 우리 동포를 3천만 동포라고도 한다는 것이다. 이어 일제 때, 일본이 우리 나라를 빼앗아 갔을 때에는 33인이 모여서 3월 1일에 독립 만세를 불렀다고 한다. 3천리나 3천만이나 33인이나 3월 1일이 다 3이란 숫자로 이루어진 것도 이 건국 신화에서 비롯된 것이라고 한다.

그뿐만이 아니라, 비가 올 때 우산을 받쳐들고 가는 모습을 부른 동시에서도 '우산 셋이 나란히'라고 하고, 기러기가 날아가는 것을 보고도 '기러기 3형제'라 하는가 하면 도랑이나 징검다리를 건널 때도 '하나 둘 셋' 하고 훌쩍 뛰는데 이것도 다 3이라는 숫자를 좋아하기 때문이란다.

듣고 보니 그럴듯하고 재미있는 이야기였다. 집에 와서 동생에게 선생님께 들은 얘기를 모두 말해 주었다. 그리고 내가 열세 살이라는 것이 뿌듯하기도 했다.

위의 글은 역사 시간에 선생님으로부터 들은 것을 적어놓은 글입니다. 우리 민족의 역사가 3과 많이 얽혀 있는 것은 우연이 아니라, 역사적으로도 증명할 수 있다고 하신 선생님의 이야기에 흥미를 갖고, 들은 것을 바탕으로 자신의 생각과 더불어 쓴 생활문이지요.

우리가 살아가면서 많은 것을 보고 듣듯이, 살아가는 데 따르는 느낌이나 생각 또한 없을 수 없습니다. 기쁨과 슬픔, 사랑과 미움 등 살아가면서 많은 감정의 변화를 경험하게 됩니다. 이런 감정이 없다면 그저 먹고 자는 것으로 삶은 끝나고 말 것입니다. 살아가면서 아름다운 것을 보고 아름답다고 느끼고, 기쁠 때 기쁘다고 느낄 수 있다는 것이 얼마나 행복한 일입니까? 인간이 기쁨, 슬픔, 고통, 아름다움 등의 감정을 모르고 산다면 소나 개, 돼지의 생활과 다를 바 없을 것입니다. 다행히도 인간은 아름다운 것, 슬픈 것, 기쁜 것을 보면 감동하고 그것을 기록하고 싶어하는 본능을 지니고 있습니다. 그리고 그것을 실천에 옮길 수 있는 취미도 지니고 있구요.

여러분이 삶 속에서 무엇인가를 느꼈다면 이는 아름다운 본능이며, 그것을 글로 옮겨 쓰는 것을 실천했다면 이는 고상한 취미입니다. 이와 같이 아름다운 본능을 고상한 취미로 이끌어낸 것이 생활문이 되는 것입니다.

눈 오는 날

창 밖으로 눈이 옵니다. 펑펑 함박눈이 탐스럽게 내립니다. 하늘 나라 솜집에서 지구가 추운 것을 알고 따스하게 해주려고 내려보내는 것인지, 아니면 하늘 나라는 더운 여름이라 양의 털을 깎아주는 것인지 알 수 없지만, 펑펑 쏟아지는 눈은 그저 내 마음을 기쁘게 합니다.

눈이 오면 사람들의 마음은 두 가지로 갈라섭니다. 춥고 배고픈 사람들 편에 서보기도 하고, 따뜻한 난롯가에 앉아 포근한 행복을 느끼는 쪽에 서보기도 합니다. 그러면서 괜스레 기뻐지기도 하고, 또 슬퍼지기도 합니다.

유리 창가로 다가가 후후 입김을 불어 김 서린 유리창에 낙서도 해보고, 그림도 그려봅니다. 그저 눈만 바라보고 있으려니 허전한 것 같아서 자꾸 손을 움직여보는 것입니다. 눈이 오는 날이면 이렇게 하릴없이 우두커니 창가에 서 있습니다. 그리고 나면 내 마음을 나도 모르게 됩니다. 행복한 것 같기도 하고 슬픈 것 같기도 한 게 묘한 기분입니다.

눈 오는 날 딱히 무슨 기분이라고 꼬집어 말할 수는 없지만, 무엇인가 가슴 설레는 행복감 같기도 하고 슬픔 같기도 한 그것이 바로 다름 아닌 느낌입니다. 눈이 온다거나, 비가 올 때, 꽃이 피거나 낙엽이 질 때 우리는 까닭없이 가슴이 뭉클해지는 것을 느끼게 됩니다. 무엇을 보고, 생각하고, 느꼈을 때 그 느낌을 글로 쓰면 그것이 곧 생활문이 됩니다.

다음에는 느낌과 생각을 위주로 쓴 생활문을 보도록 하죠. 사람을 가리켜 어느 철학자는 '생각하는 갈대'라 했습니다. 이처럼 사람들은 수없이 많은 생각을 합니다. 이와 같이 생각을 말로 하면 언어이고, 가슴으로 하면 느낌이며 몸으로 하면 행동이 됩니다. 그래서 우리가 하루하루를 살아가는 것은 생각의 연장으로 볼 수 있습니다. 우리는 생각을 드러내는 말, 느낌, 행동으로 하루하루를 살아가고 있으니까요. 그것이 어떤 생각이건 생활에서 건져낸 생각을 글로 표현하면 그것이 곧 생활문이 됩니다.

생각 드러내기

화가는 자기 생각을 빛깔로 표현해 낸다고 한다. 그리고 음악가는 소리로, 작가는 글로, 철학자는 의견으로 표현해 낸다고 한다. 화가도, 음악가도, 시인도, 그렇다고 철학자도 아닌 나는 무엇으로 내 생각을 드러낼 수 있을까? 가끔 내 생각이나 감정을 표현하고 싶을 때가 있다.

그러면서도 그 마음을 무엇으로 표현해야 할지 몰라 그냥 두곤 했다.

　길에 아름다운 꽃이 피어 있으면 왜 꽃을 보면 아름답다고 느껴질까? 아름답다고 느껴지는 것은 무엇 때문일까? 하는 엉뚱한 생각을 하기도 한다. 그러면서 오랫동안 그 생각에 깊이 빠져들기도 한다. 그럴 때마다 이렇게 애매한 생각을 다른 무엇으로 표현해 내는 예술가들이나 철학자들이 부러웠다.

　언젠가는 내가 투명 인간이 되어 사람들 속을 자유로이 드나들면 얼마나 좋을까 하고 생각한 적이 있다. 한마디로 부질없는 생각이었다. 사실 내 모습 그대로 사람들 틈에 끼어 살아도 아무런 불편이 없다. 그런데 무엇 때문에 투명 인간이 되고 싶어 한단 말인가.

　나는 이렇게 부질없는 생각을 했다가, 그 생각을 하느라 아무것도 하지 못했다는 것을 깨닫고 곧 후회를 하고 만다.

　누구나 한번쯤 공상에 빠져들었던 경험이 있을 것입니다. 이 글은 그것이 다 부질없는 생각이었음을 자각하고 쓴 글입니다. 사람들은 공상하기를 좋아합니다.
　여러분도 하늘을 날아보고 싶다든지, 투명 인간이 되어보고 싶다는 등 여러 가지 생각들을 할 것입니다. 그리고는 곧 그러한 생각이 다 부질없음을 깨달을 것입니다. 그러나 그러한 생각이 부질없다고 해서 글로 써서는 안 되는 것은 아닙니다. 그런 공상의 세계를 떠올려 보는 것도 상상하는 힘에 보탬이 되기 때문입니다. 곧 생각하는 힘을 기르는 데 보탬이 될 수 있다는 뜻입니다. 그렇다고 늘 그런 공상에 빠져 있는 것은 좋지 않은 습관입니다. 공상은 가끔씩 떠올려 볼 수 있는 생각 밖의 생각이기 때문입니다.

다음으로 경험했던 일을 글로 표현한 생활문을 살펴보도록 하겠습니다.

맥 주

무슨 기분 나쁜 일이라도 있었는지, 아니면 기분 좋은 일이라도 있었는지 이모는 혼자 앉아 홀짝홀짝 캔 맥주를 마시고 있었다.
"이모, 술 마셔?"
"그래."
"그게 무슨 맛인데?"
"무슨 맛? 글쎄, 이걸 무슨 맛이라고 해야 하나……. 하여튼 아주 맛있는 술이지. 클린턴 대통령 부인 힐러리 여사께서도 이 술을 즐겨 마시고, 탤런트 최진실도 이 술을 즐겨 마신다고 하더라."
"피, 거짓말."
"내가 왜 어린 너를 붙잡고 거짓말을 하겠니. 정 못 믿겠으면 한 모금 마셔봐. 여기 네가 좋아하는 햄도 있으니까 한 모금 마시고 먹으면 별로 쓴 맛도 못 느낄 거야."
나는 내 마음을 들켜버린 것 같았다. 사실은 아까부터 내 시선은 줄곧 햄에 가 있었다.
"좋아, 줘봐."
이모는 내가 선뜻 맥주를 달라고 하자 무척 놀라는 것 같았다. 그러면서도 재미있다는 듯이 컵에 맥주를 한 잔 따라주었다.
"에이, 써. 이게 뭐가 맛있다는 거야. 퉤퉤."
나는 맥주가 담긴 컵을 입술에 살짝 갔다댔다 이내 컵을 식탁에 내려놓았다. 그리고는 싱크대로 가서 물로 입안을 헹궈냈다.

"처음에는 다 그래. 술 잘 마시는 친구 말로는 그건 술의 냄새 때문이래. 그러니까 처음 마시는 사람은 코를 막고 마시는 게 좋다고 하더라. 그러다 술에 익숙해져 그 냄새까지 익숙해지면 그때는 코를 막지 않고 마셔도 된대."

"정말?"

"얘는 이모가 거짓말쟁이인 줄 아나."

"그래, 좋아."

나는 손으로 코를 막고 몇 모금 마셨다. 맛은 아까와 비슷했다. 입 안에 맥주가 아닌, 다른 맛을 넣어 맥주의 맛을 잊게 해 줘야 할 것 같았다.

"이모, 햄."

나는 입을 벌려 이모가 내미는 햄을 넓죽 받아 먹었다.

"너 이모가 모를 줄 알았지? 이 햄 먹고 싶어서 억지로 술 마신 거지? 이제 큰일 났다. 맥주의 효과가 장난이 아닐 거다."

아니나다를까 한참 후에 온 몸에 열이 나고 후끈거렸다. 거울을 들여다봤더니 얼굴이 홍당무처럼 빨개져 있었다. 속이 거북했다. 아니, 울렁거렸다.

"이모, 나 이러다 죽는 거 아냐?"

"엄살은……. 누가 너한테 술 마시라고 했니?"

시치미를 떼는 이모가 오늘따라 미웠다. 그러나 미움도 잠시, 온 몸이 풀리고 눈이 감겼다. 취한 모양이었다. 울렁거리던 속이 끝내 토악질을 하게 만들었다. 캔 맥주 몇 모금 때문에 죽을 고생을 했다.

'저런 술을 아빠는 어떻게 매일 드실까?'

알다가도 모를 일이었다.

이모가 맥주를 마시는 것을 보고 안주에 끌려 몇 모금 삼킨 것이 그만 취하게 되어 혼이 난 경험을 쓴 생활문입니다.

이상의 예문들 말고도 여러분은 본 것에 따라, 들은 것에 따라, 느끼고 생각하고 체험한 경험에 따라 얼마든지 많은 생활 기록을 쓸 수 있습니다. 여기에서는 편의상 몇 가지만을 예로 들어 여러분의 이해를 돕고자 했을 뿐입니다.

어때요? 이제 자신 있게 생활문 한 편 정도 쓸 수 있겠죠? 그럼 오늘부터 시작해 보세요. 눈을 크게 뜨고 글감을 찾은 후, 여러분이 정말 나타내고 싶었던 생각이나 경험을 자연스럽게 써보는 겁니다. 여러분은 아마 지금까지 봐온 어떤 생활문보다 더 잘 쓰실 수 있을 것입니다.

동 시

동시란 어린이다운 마음의 움직임과
가슴으로 느껴지는 정서를 글감으로 하여
어린이들이 감동을 받을 수 있도록 쓴
시라고 정의할 수 있습니다.

동시 쓰기

'동시란 어떤 글입니까?' 라고 묻는다면 여러분은 아마 '어린이가 쓴 시' 라고 한다든지, '어른들이 어린이를 위해 쓴 시' 라고 대답할 것입니다. 그것이 바로 정답입니다. 여러분이 국어사전을 찾아보아도 동시란 '어린이가 적은 시' 또는 '어린이를 위한 시' 라고 적혀 있을 것입니다.

좀더 자세히 말하자면 '어린이가 쓴 시' 란 어린이들이 보고 느낀 것이나, 가슴속에 간직하고 있는 아름다운 생각을 직접 시로 쓴 것을 의미하는 것입니다. 그리고 '어린이를 위한 시' 란 어른들이 쓰긴 했지만, 어린이들이 읽고 즐거움을 느낄 수 있도록 어린이들의 생각이나 감정에 알맞게 쓴 시를 의미하는 것이지요.

즉, 동시란 어린이다운 마음의 움직임과 가슴으로 느껴지는 정서를 글감으로 하여 어린이로 하여금 읽고 감동을 받을 수 있도록 쓴 시라고 정의할 수 있습니다. 여러분이 동시를 읽을 때 보통 어린이가 쓴 시보다는 어른들이 쓴 시를 더 많이 읽었을 것입니다. 이처럼 어른들이 쓴 시임에도 불구하고 어른들의 시라 불리지 않고 동시라 불릴 수 있는 이유도 여기에 있습니다. 어린이가 이해할 수 있는 쉽고 간결하며 아름다운 낱말들의 사용과 더불어 그 생각이 어른답지 않고 '어린이답다' 는 점에서 그러한 시를 동시라 부르는 것입니다.

바꾸어 말하자면 어른의 생각이나 감정, 어른이 사용하는 복잡한 낱말들을 사용하는 대신 어린이들이 읽고 나서 감동을 받을 수 있도록 어른들이 어린이들을 배려하며 수준에 맞추어 썼다는 뜻이지요.

이와 같이 동시는 어린이가 쓴 것일 수도 있지만, 보통은 어른들이 어린이를 위해 쓴 시를 말하는 것입니다.

그렇다고 어른들만 동시를 쓸 수 있다는 것은 아닙니다. 어린이들도 보고 느끼고 생각하고 경험한 것들을 얼마든지 시로 표현하여 쓸 수 있습니다. 그러나 어린이의 생각이나 느낌을 썼다고 해서 다 동시가 되는 것은 아닙니다. 그것이 동시가 되기 위해서는, 최소한의 형식에 맞추어 써야 합니다.

그러나 이러한 형식에 맞추는 일보다 더 중요한 것이 있습니다. 바로 시를 쓰고자 하는 마음가짐이자, 글쓰는 자세입니다. 시에 대한 마음의 준비는 제대로 하지도 않은 채 정해진 형식에만 맞추려고 한다면 결코 좋은 동시가 될 수 없습니다. 이러한 마음의 준비는 여러분이 어떤 글을 쓰더라도 항상 갖고 있어야 하는 것입니다. 동시를 쓸 때도 마찬가지로 형식을 갖춰 쓰기 위한 노력에 앞서 올바른 마음의 자세를 갖추어야 합니다.

그렇다면 글을 쓰고자 하는 마음가짐이나 자세란 무엇인지 몇 가지로 간단히 설명해 드리겠습니다. 여러분이 이를 마음에 잘 새기고 동시를 쓴다면 보다 아름다운 동시를 창작할 수 있을 것입니다.

1. 동시를 쓰기 위한 마음가짐과 자세

　동시뿐만 아니라 모든 글을 쓰기 전에는 마음의 준비가 필요합니다. 마음을 가다듬는다든지, 쓰고자 하는 글감 이외에 그 어떤 것도 생각하지 않고 그 글감에 정신을 집중하여야 합니다. 이것은 쓰고자 하는 글감을 보다 더 잘 표현할 수 있게끔 하는 마음의 준비라고 할 수 있습니다.
　여러분은 글을 쓰기 전에 잠시 눈을 감고 앉아 글감을 마음속으로 정리해 본다든지, 어떻게 하면 그 글감을 좀더 색다르게 표현해 낼 것인가를 놓고 한참 동안 생각에 잠겨본 적이 있을 것입니다. 이와 같은 글쓰기 이전의 준비 과정은 동시를 쓰는 데 있어서도 꼭 필요한 과정 중의 하나입니다. 수영장에 가서 물 속에 들어가기 전에 준비 운동을 하지 않으면 몸이 제대로 풀리지 않아 운동하는 데 불편을 겪는 일이 종종 있습니다. 글쓰기 이전의 준비 과정은 수영장의 준비 운동과 같다고 볼 수 있습니다. 글을 쓰는 데 있어 이처럼 미리 머릿속에 생각을 정리하는 준비 과정을 거치지 않는다면 여러분은 글을 쓰는 동안 계속해서 큰 어려움을 겪게 될 것입니다.
　그렇다면 동시를 쓰는 마음가짐과 자세란 무엇일까요?
　첫째, 동시가 일반적으로 풀어 쓰는 글보다 짧기 때문에 쉬울 것이라고 생각해서는 안 됩니다. 글을 쓰는 목적은 감동의 전달에 있습니다. 마찬가지로 동시를 쓸 때에도 다른 사람이 감동을 받을 수 있게끔 써야 합니다. 여기에 동시를 쓰는 어려움이 있는 것입니다. 짧은 글 안에서 감동을 표현해 내는 것은 긴 글에서보다 어렵습니다. 그렇기 때문에 동시를 쓰기 전에 읽는 사람에게 읽는 동안 어떻게 즐거움을 줄 것인가, 그리고 읽고 난 후에 어떻게 감동을 받게 할 것인가를 골똘히 생각해 두어야 합니다.

　둘째, 동시는 모든 정서의 표현입니다. 우리는 흔히 시라고 하면 어떤 것에 대한 느낌만을 쓰는 것으로 알고 있습니다. 그러나 그렇지 않습니다. 동시란 단순한 느낌의 표현이 아니라, 생활하면서 가슴속에 쌓아두었던 어린이다운 정서를 표현하면 되는 것입니다. 물론 꽃의 아름다움에 대해서 느낀 것을 쓸 수도 있고, 하늘이나 산과 같은 자연에서 느낀 것을 쓸 수도 있습니다. 이 세상에 존재하는 그 어떠한 것도 동시의 글감이 될 수 있기 때문입니다. 그러나 이러한 느낌들을 표현하는 데 있어 순수하고 때묻지 않은 어린이의 정서로 표현하라는 것입니다. 그래야 동시를 읽는 어린이들이 보다 큰 감동을 받을 수 있을 것입니다.

　셋째, 착하고, 곱고, 순수한 어린이의 마음에만 동시의 씨앗은 뿌려질 수 있습니다. 그리고 그 씨앗이 뿌려져야 싹도 트고 꽃도 피울 수 있게 되는 것입니다. 우리는 이러한 착하고, 곱고, 순수한 어린이의 마음을 동심이라고 합니다. 어린이의 마음에는 누구나 이처럼 때묻지 않은 동심이 간직되어 있습니다. 그러나 잠시 잘못된 생각을 하고 있다거나, 가져서는 안 될 마음을 지니고 있다면 이것은 아무리 어린이의 마음이라 해도 동심이 아닙니다. 그렇게 된다면 동시도 쓸 수 없게 되는 것이구요. 그렇기 때문에 동시를 쓰기 전에는 항상 착하고, 곱고, 순수한 마음을 지니고 있어야 합니다.

　넷째, 동시는 리듬을 지니고 있어야 합니다. 여러분은 동시가 동요라고 하는 노래에서 비롯되었다는 사실을 다 알고 있을 것입니다. 이 때문에 동시는 노래처럼 아름다운 흐름이 있어야 하는데 이것을 리듬이라고 합니다. 동시에도 음악처럼 율동이 있어야 한다는 것입니다. 즉, 동시를 읽을 때 노래를 부르듯 흥얼거리면서 재미있게 읽을 수 있어야 한다는 뜻입니다. 여러분은 동시를 쓰기 전에 항상 머릿속에 이 사실을 기억해 두어야 합니다. 그래야 동시를 길게 늘어지게 쓰지 않을 테니까요. 동시가 길게 늘어진다면 늘어진 테이프로 듣는 동요처럼 이상하겠지요?

이렇게 동시를 쓰기 전에 갖추어야 할 마음가짐이나 자세를 몇 가지로 간추려 보았습니다. 그렇다고 이것이 동시를 쓰는 데 있어 알아야 할 모든 것은 아닙니다. 동시를 써본 사람이라면 동시를 쓰는 데 있어 얼마나 많은 어려움이 있는지 경험으로 알 것입니다. 여러분 대부분은 알고 있겠지만, 동시를 처음 써보는 분을 위해 몇 가지로 줄여 간단히 말씀드리자면 다음과 같습니다.

첫째, 글감은 어느 것이든 상관이 없습니다.

둘째, 생각하고 느끼는 것이 서로 함께 어울려야 합니다.

셋째, 동시에 담고자 하는 것이 혼자만의 생각이나 느낌이 아니라 모두가 공감할 수 있는 내용이어야 합니다.

넷째, 모든 시가 그러하듯이 동시도 말을 아끼고 줄여, 가장 적은 말로 가장 많은 감동을 줄 수 있어야 합니다.

다섯째, 무엇보다도 동시는 그 속에 담긴 뜻도 중요하지만, 그 뜻을 어떻게 표현해 내는가가 더 중요합니다. 그래서 흔히 뜻을 더 잘 표현해 내기 위해 '앵두 같은 내 입술'처럼 비슷한 사물을 빗대어 얘기하기도 합니다. 이것을 '비유'라고 합니다.

그럼 지금까지 알아본 것들을 머릿속에 잘 기억해 두고, 이제부터는 동시는 무엇을 써야 하고, 어떻게 써야 하는 것인가에 대해 알아보겠습니다.

2. 동시의 글감 찾기

앞에서 얘기했듯이 동시의 글감은 '이것이 동시의 글감이다'라고 따로 있는 것이 아닙니다. 여러분이 살아가면서 보고, 듣고, 느끼고, 생각하고, 또 몸소 겪어 체험한 그 어떤 것도 동시의 글감이 될 수 있습니다.

여러분이 하루 중 가장 많이 하는 '공부'도 동시의 글감이 될 수 있으며, 학교, 운동장, 교실 등은 물론 여러분이 가장 존경하고 사랑하는 어머니나 아버지, 할머니, 누나도 글감이 될 수 있습니다.

어디 그뿐인가요. 여러분이 문득 쳐다본 하늘이나 하늘에 떠도는 구름, 구름을 몰고 가는 바람도 글감이 될 수 있습니다. 그리고 우리 주변에서 흔히 볼 수 있는 꽃, 나무, 산, 호수 등도 좋은 글감이 될 수 있지요.

그런가 하면 이렇게 세상 밖에서 만날 수 있는 것과는 달리 여러분의 마음속에 숨어 있는 것들도 글감이 될 수 있습니다. 여러분이 언제나 마음속에 간직하고 있는 희망, 행복, 꿈 등도 모두 글감이 될 수 있습니다. 그리고 여러분이 가슴으로 느끼는 그리움이나 기쁨, 슬픔 등도 훌륭한 글감이 되어 줍니다.

이 글감들 중에서 몇 가지를 예로 들어 동시를 써 보도록 하겠습니다. 우선 '공부'를 글감으로 해서 써 보도록 하지요.

1) 동시 '공부'를 쓰기 전에 갖춰야 할 점

여러분은 '공부'라는 글감을 가지고 동시를 쓰고자 했던 적이 있을 것입니다. 그때 어땠나요? 혹시 무엇부터 써야 할지 몰라 한 줄도 쓰지 못한 채 결국 포기해 버리지 않았었나요? 아마 대부분의 어린이들이 그랬을 것입니다. 그것은 아마 무엇을 어떻게 쓰겠다는 사전 준비가 없었거나, 아예 동시를 한 번도 써 본 경험이 없었기 때문이었을 것입니다. 그때 여러분은 아마 죄 없는 원고지를 구겨버린다든지, "별걸 다 쓰라고 하네." 하면서 불평만 늘어놓았을 것입니다.

그러나 이제부터는 그런 일이 없을 것입니다. 동시를 쓰기 전에 원고지를 앞에 놓고 의자에 앉아 '쓰기 전에 어떻게 하라고 했지?' 하면서 마음가짐이나 자세, 그리고 새겨두어야 할 점을 떠올려 보십시오. 만약 머릿속에 떠오르는 것이 없다면 다시 한 번 읽어보고 쓰기에 임하십시오. 그러면 훨씬 쉽게 좋은 동시를 쓸 수 있을 것입니다.

그렇다면 동시 '공부'를 쓰는 과정을 함께 살펴보도록 하겠습니다.

일단 글감을 '공부'로 정했다면, 평소 공부에 대해 생각했던 것을 떠오르는 대로 나열해 봅니다. 대부분의 어린이들은 '공부' 하면 열심히 공부하는 것이 시험 때 100점 맞기 위해서가 아니라, 미래에 훌륭한 사람이 되기 위한 희망을 키우는 과정이라 생각할 것입니다. 그에 비해 아버지의 공부는 직장에서 돈을 많이 벌기 위한 수단이고, 어머니의 공부는 어떻게 하면 그 돈을 효율적으로 쓸 수 있을까에 대한 것일 것이라고 생각할 것입니다. 그러면서 돈과 희망을 함께 생각해 보게 되겠지요.

이처럼 자신의 생각이나 느낌을 잘 표현하기 위해서 앞에서도 설명한 바 있는 비유의 글쓰기를 사용하면 좋을 것입니다.

다음으로 동시도 시의 한 종류라는 것을 생각해야 합니다. 즉 글을 길게 풀어 쓰는 것이 아니라, 최대한 말을 아끼고 줄이면서도 그 안에 많은 것을 담아내야 하는 것입니다. 시는 산문이 아니라 리듬감이 있는 운문이기 때문입니다.

그렇게 하기 위한 가장 쉬운 방법은 아마 비유일 것입니다. 다른 것과 빗대어 표현하는 비유를 활용하면 긴 말로 설명할 필요 없이 한 마디로 압축하여 표현할 수 있기 때문입니다.

자, 이러한 절차와 방법으로 쓴 다음의 동시를 감상해 보십시오.

공 부

아버지의 공부가
돈 벌기라면
어머니의 공부는
벌어온 돈 쓰기
그래서 아빠 엄마 공부는
돈 벌고 쓰기

내가 하는 공부는
희망 키우기
넘기는 책장들이
돈 세듯 넘어가지만
천 원 만 원 지폐 아닌
희망의 날개

마음속

가슴속
날개마다
깃털 세워
품어 키운 희망
오늘도 희망 키우려고
책장 넘기네

어떤가요? 동심을 잘 드러낸 동시 같지요? 이 글을 쓴 친구의 마음에는 아빠, 엄마의 공부는 돈을 벌고 쓰는 것, 즉 세상을 살기 위한 공부라는 생각이 있습니다. 그리고 본인이 생각하는 공부는 마음의 희망을 키우는 것이지요.

이 동시는 이러한 글쓴이의 마음, 즉 어린이의 마음인 동심을 글로 잘 표현해 냈습니다. 게다가 이 동시는 어른들 공부와 어린이 공부를 비교하고, 넘기는 책장을 세는 돈과 비교했습니다. 그것은 돈도 책장도 아닌 희망의 날개였다고 표현해 냄으로써 깊은 감동을 주었습니다. 적절한 비유를 통해 감동을 준, 제법 수준이 있는 작품이라고 할 수 있습니다.

그렇다면 이번에는 '운동장'을 동시로 써 보기로 하겠습니다.

2) 동시 '운동장'을 쓰기 전에 준비할 점

글감 '운동장'도 앞의 동시 '공부'처럼 사전에 준비를 해야 합니다. 일단 무엇을 어떻게 쓸까, 하고 마음과 정신을 가다듬어야 합니다. 그런 다음 어떠한 표현을 빌어 쓰면 더 좋은 동시가 될 수 있을지 생각을 정리해 봐야 합니다.

우선 운동장에 어떤 의미와 느낌을 불어넣어야 읽는 사람에게 깊은 감동을 줄 수 있을지 생각해 보아야 합니다. 그런 다음 이 의미와 느낌을 어떻게 표현해 내면 좋을까, 무엇에 빗대어 비유를 사용하면 그 특성을 잘 표현해 낼 수 있을까 하는 것 등도 생각해 보아야 합니다. 이렇게 사전에 많은 준비를 한 다음 쓴다면 훨씬 좋은 동시가 될 수 있겠지요.

여러분이 그림을 그릴 때 크레파스도 없이 도화지와 연필 한 자루만 있다고 생각해 보십시오. 그럼 파란 하늘은 어떻게 표현해 낼 것이며 노랗게 핀 개나리는 어떻게 표현해 낼 수 있겠습니까? 동시를 쓰는 데 있어 필요한 사전 준비도 이처럼 표현하고자 하는 것을 좀더 잘 표현해 내기 위해 필요한 것입니다.

위와 같은 사전 준비를 마치고 쓴 다음의 작품을 감상해 봅시다.

운동장

시작종이 땡땡 치면
운동장은
썰물 때 바다같이 쓸쓸하다.

끝날 종이 땡땡 치면
운동장은
밀물처럼 아이들로 출렁인다.

하루에도 몇 차례씩
밀물로 밀려갔다,
썰물로 가득 채우는
우리 학교 운동장.

이렇게 썼다면 '운동장'을 '바다'에 비유하여 쓴 것이 됩니다. 바닷가 썰물 때는 파도가 밀려나가 텅 비고, 밀물 때는 파도가 몰려와 바다를 가득 채우는 것을 학교 운동장에 빗대어 쓴 것이지요. 시작종이 치면 아이들이 모두 교실로 몰려들어가 운동장은 텅 비고, 끝날 종이 치면 우르르 운동장으로 다시 몰려나오는 모습은 마치 바다의 밀물과 썰물을 연상시킵니다. 다만 바다는 하루에 한 차례씩 밀려갔다 밀려오는 데 비해 학교 운동장은 시간마다 밀려갔다 밀려온다는 점에서 다를 뿐이지요.

이처럼 이 시는 운동장을 오랫동안 관찰한 후, 마음속에 갖게 된 생각이나 느낌들을 바다의 밀물, 썰물과 연결시켜 잘 표현해 내고 있습니다. 운동장과 바다를 서로 비교하여 적절한 표현으로 그려냄으로써 제법 격식을 갖춘 동시를 완성한 것이지요.

이번에는 학교가 아닌 가정에서의 경험을 토대로 쓴 동시를 살펴보기로 하겠습니다. 먼저 '어머니'를 글감으로 해서 쓴 동시를 감상해 볼까요?

3) 동시 '어머니'를 쓰기 전에 준비할 점

여러분은 이 세상에서 그 누구보다 어머니를 사랑하고 존경합니다. 그리고 바로 그 어머니로부터 누구에게서보다도 가장 많은 사랑을 받고 있습니다. 그래서 '어머니'라는 글감이 주어지면 '어머니의 사랑', '어머니의 은혜', '어머니의 희생'과 같은 것들을 글의 중심 자리에 놓는 경우가 많습니다.

그러나 누구나 지니고 있고, 누구나 가슴에 간직하고 있는 것을 글로 표현해 낸다면 그것은 좋은 동시라 할 수 없습니다. 그렇게 되면 읽는 사람으로 하여금 특별한 느낌이나 감동을 받게 할 수 없기 때문입니다. 여러분이 쓴 동시가 읽는 사람에게 특별한 감동이나 느낌으로 작용하기 위해서는 다른 사람보다 몇 배의 노력이 필요합니다. 그래야만 읽는 사람으로 하여금 '아, 그렇구나', '왜 나는 이런 생각을 못했을까', '이런 느낌은 참 좋구나' 하고 감동을 불러일으키게 되는 것입니다.

그것이 어렵다면 '사랑'이나 '은혜', 또는 '희생' 같은 어머니에 대한 일반적인 생각을 구체적인 다른 무엇으로 바꾸어 표현해 보는 것도 좋은 동시를 쓸 수 있는 하나의 방법이 됩니다. 마치 '평화' 하면 '비둘기'가 연상되듯이 이 사랑을 다른 무엇으로, 은혜나 희생도 다른 모습으로 표현해 보는 것이지요. 그래야 남이 생각해 낼 수 없는 것을 표현하여 다른 사람에게 감동을 불러일으켰다는 박수를 받게 되는 것입니다.

그렇다면 이런 사전 준비를 통해 이루어진 '어머니'란 동시를 감상해 봅시다.

어머니

어머니가 펼친 우산
비닐 우산
비 오면 비 가리고
눈 오면 눈 가리는
어머니가 펼친 우산
비닐 우산

어머니가 사신 세월
장마의 계절
비 오면 비에 젖고
바람 불면 바람에 날리는
어머니가 사신 세월
장마의 계절

고스란히 비바람
눈보라에 시달려도
우산 하나 펼쳐들고
우리들 지켜 주시던
젖은 어머니와
젖지 않은 우리들

 이 동시는 어머니의 '사랑'이나 '은혜'나 '희생'을 사실 그대로 쓰지 않고 남들이 생각하기 힘든 독특한 방법으로 표현해 내고 있습니다. 즉, 어머니는 비바람에 젖고 날리면서도 우리들은 젖지 않게 가려 주시는 그 희생을 비나 눈을 가려 주는 우산과 비교하여 표현해 내고 있는 것입니다.
 그래서 우리를 젖지 않게 하기 위해 비바람을 맞으시며 살아오신 어머니의 고마운 모습이 평범하지 않고 색다르게 느껴집니다. '어머니의 사랑은 위대하다'든지, '어머니의 은혜는 하늘 같다'든지, '어머니의 희생은 가슴 아프다'라는 식의 보고, 느끼고, 생각한 것을 그대로 썼다고 생각해 봅시다. 그럼 아마 대부분의 어린이들은 '피, 나도 그렇게는 쓰겠네!' 하면서 감동을 받지 못할 것입니다.
 그러나 이처럼 보고, 느끼고, 생각한 것을 다른 것, 곧 '우산'을 빌어 표현해 냄으로써 미처 그런 생각을 해보지 못했던 여러분에게 '아, 그럴 수도 있겠는걸' 하는 감동을 선물해 주는 것입니다. 이와 같이 글은 꾸미기에 따라 그 맛도, 감동도, 깊이도 달라질 수 있습니다.

한두 개 더 살펴볼까요? 그렇다면 이번에는 '하늘'이라는 동시를 살펴보기로 합시다.

4) 동시 '하늘'을 쓰기 전에 준비할 점

마찬가지로 '하늘'도 쓰기 전에 어떤 것을 써야 누구나 쓰지 않는, 가장 인상적인 글을 쓸 수 있을지 미리 생각해 보는 것이 좋습니다. 이때 하늘의 특색을 가장 잘 드러낼 수 있는 것을 찾아냈다면 벌써 동시를 다 완성한 것과 다름없습니다.

하늘이 '푸르다', '넓다', '높다'와 같은 누구나 보고 느낄 수 있는 보통의 특성이 아닌, 아직 아무도 찾아내지 못했던 특수한 인상을 찾아내야 합니다. 그래야 동시를 읽는 사람이 깜짝 놀라며 '야, 이거 묘한 발견인데' 하면서 감탄사를 연발해 내지 않겠어요?

다음으로는 하늘을 어떤 의미로 해석해야 아직 아무도 해석해 본 적이 없는 새로운 해석이 될지 생각해 봐야 합니다. 그래야 흔한 글감이라도 그 특수한 해석으로 인해 읽는 사람이 매력과 흥미를 느끼고 감동할 것이기 때문입니다. 자 그럼, 이런 몇 가지 사전 준비를 한 다음 쓰여진 동시 '하늘'을 감상해 봅시다.

하 늘

구름이 물결레질한
하늘은
파랗습니다.

밤마다
하늘에서는
보석 전시회가
열립니다.

별들이 벌이는
잘난 뽐내기
꼴찌가 없으니
다 일등입니다.

창 밖에서
떨어져 나간
눈썹 하나가
몰래 훔쳐봅니다.

 이 시에는 누구나 똑같이 느끼고, 생각하고, 해석하는 '높다', '넓다' 와 같은 보통의 생각이나 느낌이 없습니다. 다만 '푸르다' 란 누구나 똑같이 보고 생각하고 느낀 것을 그냥 푸른 것이 아니라, '구름이 물걸레질' 로 닦았기 때문에 푸르다고 표현해 낸 것처럼 남들이 할 수 없는 해석을 하고 있습니다.
 이처럼 남들이 할 수 없는 해석을 해냈다는 것이 중요합니다. 누구나 할 수 있는 해석을 똑같이 했다면 사람들은 '피, 무슨 동시가 이래' 하면서 외면할 것입니다.

그러나 글쓴이만의 독특한 해석이라면 '아, 참 좋은 표현인데' 하면서 고개를 끄덕이게 됩니다. 이렇게 고개를 끄덕이는 것을 가리켜 느낌이나 생각을 함께 했다는 뜻으로 '공감' 이라고 합니다.

즉, 동시를 쓸 때는 쓰는 어린이와 그 동시를 읽는 어린이 사이에 공감이 이루어질 수 있도록 해야 하는 것입니다.

또한 이 시에서는 밤이 되자 별들이 다투어 반짝이는 하늘을 '보석 전시회' 라고 이름 짓고 있습니다. 게다가 그 보석들은 다 일등이라고 등수까지 매깁니다.

그러고는 그 일등 보석들을 '창 밖에서 떨어져 나간 눈썹 하나' 가 훔쳐본다고 했습니다. 이는 보석들, 즉 별들이 아름답다는 것을 더 높이기 위한 것도 됩니다.

하지만 좀더 생각해 보면 떨어져 나간 눈썹처럼 생긴 조각달이 밤하늘에 걸려 있다는 것을 그렇게 꾸몄다는 것을 알 수 있습니다. 그 떨어져 나간 눈썹 하나는 초승달이나 그믐달쯤이 되겠지요.

어때요? 이렇게 해석을 곁들여 놓고 보니 위의 동시 '하늘' 은 누구나 생각하고 느끼고 본 것을 그대로 쓴 것이 아니라는 것을 알 수 있겠죠. 파란 하늘을 구름의 물걸레질 때문으로, 별들을 보석 전시회로, 조각달은 눈썹으로 바꾸어 새로 만들어 냈기 때문에 썩 잘 꾸며진 동시가 될 수 있는 것입니다.

끝으로 한 편만 더 살펴볼까요? 이번에는 밖의 세상에서 글감을 찾아 낸 것이 아니라, 마음속에 있는, 밖으로 드러나지 않는 것 중에서 하나를 글감으로 찾아낸 것을 살펴보도록 하겠습니다. 누구나 느끼고 있는 '그리움' 이 어떨까요?

5) 동시 '그리움'을 쓰기 전에 준비할 점

'그리움'은 시집 간 누나가 보고 싶다든지, 미국으로 유학 간 오빠가 보고 싶다든지, 시골에 계신 할머니 할아버지가 보고 싶다든지 하는 누군가 멀리 떨어져 있음으로써 생기는 감정입니다.

여러분은 같은 반 짝이 멀리 시골로 전학을 갔다거나, 거꾸로 시골에서 서울로 전학을 갔을 때 보고 싶은 마음이 생겼던 적이 있었을 것입니다. 바로 그 경험이 그리움입니다. 마찬가지로 여러분이 부득이한 일로 부모 형제와 헤어져 있으면서 아빠, 엄마나 오빠, 언니가 보고 싶어 견딜 수 없었다면 그것도 역시 그리움인 것입니다.

지금 여러분은 마음으로만 느꼈던 것을 동시로 쓰고자 하고 있습니다. 여러분은 언젠가 내가 느껴보았던 그리움대로 쓰면 되겠다고 생각한다든지, 실제로 그리워해 본 적이 있는 경험을 살려 그대로 써 보면 되겠다는 생각을 할 것입니다. 좋은 생각입니다. 경험은 되살려 볼 수 있는 것이기 때문에 경험해 보지 못한 경우에 비해 훨씬 도움이 됩니다. 그러나 경험한 그대로 썼다고 해서 좋은 동시가 된다고는 할 수 없습니다.

그렇다면 왜 경험한 대로 썼는데 좋은 동시가 될 수 없을까요? 그것은 앞에서 말했던 것처럼 표현해 내고자 하는 대상을 다른 무엇에 비유하거나 아예 바꾸어 표현하는 것이 동시를 쓸 때는 필요하기 때문이죠.

동시는 보이는 것을 새롭게 볼 수 있게 쓰고, 생각한 것을 아무도 생각할 수 없었던 특별한 인상으로 써야 합니다. 이처럼 그리움이란 느낌도 아무도 느껴보지 못했던 새로운 감동으로 드러내든지, 새로운 모습으로 만들어 눈으로 볼 수 있게끔 표현해 내야 성공한 동시가 될 수 있습니다.
 그렇다면 다음의 시는 '그리움'을 얼마나 새로운 모습으로 바꾸어 놓았는지 살펴보겠습니다.

> 그리움
>
> 그와 내가 함께 있을 땐
> 너만 없다.
>
> 내가 너와 함께 있는 날엔
> 그가 없다.
>
> 그가 없어 외로운 날
> 네가 있다는 게
> 얼마나 다행한 일이냐.
>
> 너와 더불어 달래는
> 외로운 날의
> 그리움.

 이렇게 썼다면 그리움이라는, 가슴으로 느끼는 정서가 잘 표현되었다 할 수 있습니다. 그러면서도 흔히 드러내는 '아, 그립다', '보고 싶다', '외롭다' 등의 표현으로 장식하지 않고도 그리움의 정서를 새롭게 잘 표현해 내고 있습니다.
 1연에서 '그'와 '나'는 사랑하는 사이라도 좋고, 좋아하는 친구 사이라도 좋습니다. 그런데 그 둘 중 어느 한 쪽이 어디를 갔는지 없습니다. 그래서 혼자 있다는 외로움과 그립다는 느낌을 지니게 됩니다.

그렇다면 '너'는 누구일까요? 물론 사람을 지칭할 수도 있겠지만, 제목이 '그리움'이라는 것을 떠올린다면 '너'는 바로 그 그리움이라는 것을 알 수 있습니다. 이 때문에 그와 함께 있을 때는 그리움이라 할 수 있는 너는 없고, 거꾸로 너라는 그리움과 함께 있는 날엔 그라는 애인(친구)이 없게 되는 것이지요.

3·4연에서는 그라는 애인이나 친구가 없는 날, 그 대신 너라는 그리움이라도 함께 있는 것을 다행으로 여기면서 홀로 있다는 외로움을 달랜다는 말로 시를 마무리 짓고 있습니다.

다시 말해, 느낀 그대로 그립다고 표현해 내지 않고, 이것을 사람으로 대신 꾸며 너, 나, 그대 따위와 비유함으로써 시를 재미있고 생동감 있게 표현해 내고 있는 것입니다.

이쯤에서 여러분은 그 어느 것도 동시의 대상이 되고, 글감이 된다는 것을 알았을 것입니다. 그것이 자연이든, 우리의 일상 생활이든, 밖의 세상이든, 마음속의 것이든 그 어떤 것도 동시의 글감이 되는 것이지요.

이렇게 많은 글감이 주어졌다고 해도 앞의 예로 든 동시에서 볼 수 있듯이, 그 어느 것이나 쓴다고 다 동시가 되는 것은 아닙니다. 그 형식이나 틀 같은 것을 잘 지킨 후, 글로 표현해 내야 비로소 동시가 되는 것입니다. 그리고 무엇보다 순수하고 깨끗한 마음이 들어가야 합니다.

다음으로는 동시의 짜임새에 대해 설명하기로 하겠습니다.

3. 동시의 형식 갖추기

일단 시의 글감을 찾았다면 무엇을 쓰고 싶다는 것은 결정된 것입니다. 그럼 그 다음에는 어떻게 써야 더 효과적이며 더 많은 감동을 얻어낼 수 있는지에 대해 생각해 봐야 합니다. 또, 어떻게 짜맞추어 그 동시에 알맞은 틀을 만들어내야 좋은 동시가 될 수 있을지에 대해서도 생각해 봐야 합니다.

여러분은 글을 쓸 때 한번쯤 이런 경험을 해봤을 것입니다. 무엇에 대해 쓰겠다고 고민 고민하다 마침내 결정을 하고 난 후, 곧바로 어떻게 써야 더 좋은 글이 될 것인가를 고민해 본 적이 있을 것입니다.

동시도 예외는 아닙니다. 모든 글이 그러하듯 동시도 쓰기 전에 몇 가지 주의할 점을 미리 알아두어야 합니다. 주의 사항을 알아두면 그만큼 저질러서는 안 될 실수를 피해 갈 수 있기 때문입니다.

여기에 마음에 새겨 조심할 점을 몇 가지 지적해 보도록 하겠습니다. 그때그때 예를 들어 여러분이 실수하지 않고 좋은 동시를 짓는 데 도움이 되었으면 합니다.

우선 남이 한 것을 흉내내지 말아야 합니다. 자기 혼자의 힘으로 스스로 생각해 내어 그 동시를 처음으로 만들어 내야 합니다.

글쓰는 것을 모방이라고 풀이하는 이도 있습니다. 인간은 다른 사람 흉내내기를 좋아하는 천성을 타고났기 때문입니다. 또 높은 뜻을 좇는 취미를 지녔기 때문이라고 풀이하기도 합니다. 즉, 사람은 남의 것을 흉내내는 것을 좋아하고, 이를 흉내냄으로써 즐거워하는 취미를 타고났다는 것입니다. 그리고 이러한 흉내나 취미를 따라하고자 하는 인간의 특성을 태어날 때부터 타고났다 하여 본능이라 하기도 합니다.

여러분도 잘 쓴 동시를 읽고 나도 저렇게 써봤으면 하는 바람으로 그와 비슷하게 흉내를 내본 적이 있을 것입니다. 이것이 바로 흉내내기인 것입니다. 이것이 지나쳐 남의 동시를 살짝 베끼거나 낱말 몇 개만 슬쩍 바꿔서 자기가 쓴 것처럼 자랑하는 친구들도 있습니다.

그러나 이런 일은 있을 수도, 있어서도 안 되는 일로 여러분은 절대 이런 일을 저질러서는 안 됩니다. 남의 글을 베끼거나 비슷하게 쓰는 것을 한번쯤 그럴 수 있는 일이라 생각하다 보면, 한 번으로 끝나야 할 것이 두 번, 세 번 되풀이되어 습관이 되어 버릴 것입니다.

남의 글을 옮겨 쓰거나, 낱말 몇 개만 고쳐 쓰는 것은 남의 글을 훔치는 도둑질과 같은 행동입니다. 돈을 훔치는 것만이 도둑질이 아닙니다. 다른 사람이 자신의 머릿속에 들어 있는 생각을 글로 표현한 것을 훔치는 것도 일종의 도둑질과 같은 것입니다. 어디 그뿐입니까? 도둑질은 언젠가 밝혀지게 마련이고, 밝혀지면 얼마나 창피한 일이겠습니까?

한번은 이런 일도 있었습니다. 어느 한 친구가 글쓰기 대회에 나가 남의 동시를 낱말 몇 개만 바꿔 써서 상을 탔습니다. 그후 그 글이 많은 사람들에게 알려지자, 이 글이 다른 사람이 이미 써서 발표한 글이라는 것이 밝혀지게 되었습니다. 그렇게 되자 그 친구의 상은 취소되고 말았습니다.

아마 그 친구는 뒤늦게 많은 후회를 했을 것입니다. 그리고 그 친구의 부모님이나 친구들이 받은 충격도 매우 클 것입니다.

남의 글을 베낀다는 것은 절대로 있을 수 없는 일입니다. 글을 쓰기 전에는 언제나 이 사실을 명심하고 그런 짓을 하지 않겠다고 스스로에게 다짐해 두어야 합니다. 거짓은 언젠가 밝혀지게 마련이니까요.

다음 동시와 이를 모방한 시를 예를 들어 살펴보겠습니다.

    갈잎 피리

    그 누가 부는지요
    갈잎의 피리
    사람은 안 보이고
    강 건너 저편.

    이따금 파란 물결
    남실거리면
    오라구 가라군지
    갈새도 운다.

    강가엔 아지랑이
    졸고 있는데
    그 누가 부르지요.
    갈잎의 피리.

갈 피리(모방한 시)

누가 부는 걸까
갈잎 피리
사람은 안 보이고
피리 소리만 들린다.

이따금
바람 불어오면
가고 오는 이 없는데도
갈잎 손 흔들어 인사한다

강가에는 아지랑이
졸고 있는데
잠 깨 같이 놀자며
갈 피리 분다.

위의 동시 중 앞의 '갈잎 피리'는 여러분도 잘 아는 한정동 선생님의 동시입니다. 그리고 뒤의 '갈 피리'는 그와 비슷하게 흉내내어 모방해 본 작품입니다. 제목도 내용도 모두 비슷한, 누가 읽어봐도 '갈잎 피리'를 본뜬 모방품이라는 것을 금방 알아차릴 수 있을 것입니다.

물론 한 번도 동시를 써본 적이 없다면, 자신이 평소 써보고 싶었던 스타일의 작품을 흉내내 봄으로써 동시 쓰기 연습을 해볼 수 있습니다. 그렇게 하다 보면 나중에는 흉내내지 않고 스스로의 힘으로 동시를 쓸 수 있게 되는 경우도 있습니다. 여러분도 아마 이런 과정을 경험해 봤을 것입니다.

  연습하는 단계에서는 이렇게 모방해 써봄으로써 글쓰는 요령을 터득하는 것이 좋습니다. 그러나 글을 창작하는 실제에 들어서서는 남의 것을 본뜨는 것이 아니라, 스스로의 힘으로 글을 쓸 수 있도록 온갖 노력을 다 기울여야 합니다.

  흉내내지 않고 자신의 힘으로 쓰는 것, 그것이 진정한 글쓰기입니다. 동시도 다를 수는 없습니다.

  예를 들어 다음과 같이 썼다면 흉내내지 않고 스스로의 생각과 느낌으로 만들었다고 할 수 있겠지요.

    갈잎 피리(독창적으로 쓴 시)

    강변에 펼쳐진
    기다란 갈대밭.

    마디마다 구멍 뚫려
    아프다 우는
    갈잎 피리.

    바람의 손짓
    지휘봉 삼아

    악보도 없이
    노래하는
    갈잎 피리.

갈 피리 소리 밟으며
가는지 오는지 강 건너 나그네.

  썩 잘 쓴 것은 아니지만 앞의 글과는 달리 그런 대로 흉내낸 흔적이 보이지 않는 동시입니다. 아니, 글쓴이의 생각이나 느낌으로 썼다는 것을 잘 알 수 있는 글입니다.
  그렇다고 앞에서 제시한 한정동 선생님의 '갈잎 피리'에서 풍기는 분위기가 없는 것은 아닙니다. 그것은 제목이 같기 때문이기도 하지만, 한정동 선생님의 '갈잎 피리'에 그 본바탕을 두고 썼기 때문일 것입니다.
  하지만 바탕과 제목만 같을 뿐, 느낀 바나 표현 방법은 달라 또 하나의 독창적인 동시가 탄생되었습니다.

  둘째, 행과 연을 잘 나누어 시의 멋과 맛을 잘 살릴 수 있어야 합니다.
  동시도 그렇지만 시는 뭐니뭐니해도 그 형태가 줄글(산문)과 구별되는 특성을 지니고 있습니다. 그것은 시가 줄글에 비해 말이나 글자를 펼치는 데 일정한 질서나 차례를 지니고 있기 때문입니다.
  여러분에게는 어려운 말이겠지만, 이것을 운문이라고 합니다. 줄글이 글 토막이나 글자 수를 맞추지 않고 쭉 잇달아 지은 글이라면, 동시는 글자 수를 맞춘다거나, 소리 값에 따라 글자들을 보다 더 잘 어울리게 효과적으로 이어가는 글입니다.
  이를 위해서 같은 소리 값을 되풀이한다거나 경우에 따라서는 말을 맞추기 위해 줄이기도, 늘리기도 하며 행과 연을 구분해 주는 것이 필요합니다.

행과 연의 구분은 동시뿐 아니라 모든 시에서 두루 다 필요합니다. 그렇다면 행과 연의 개념은 무엇일까요?

우선 행이란 한 줄, 두 줄 하는 글의 줄을 말합니다. 글은 여러 개의 줄이 합쳐져 하나의 모습을 만들고 그 모습 속에 의미를 담습니다. 동시는 줄글이 아니기 때문에 시 한 줄로도 줄글 몇 줄의 의미를 담기도 합니다. 그것은 시가 몇 줄의 줄글로 나타낼 많은 의미들을 가장 적은 말 한두 개로 줄여 표현해 내는 글이기 때문입니다.

연은 같은 내용을 지닌 행을 한 데 합쳐 한 덩어리로 뭉쳐내는 개념을 말합니다. 마음속에 지닌 형상을 하나로 통일하기 위해 구분 짓는, 줄글로 치면 한 단락 정도라고 설명할 수 있을 것입니다.

이와 같이 비슷한 의미의 행들이 모여 연이 되고, 이 연들이 합쳐져 한 편의 시가 완성됩니다. 좋은 동시가 되기 위해서는 행과 연을 잘 나누어서 뜻과 뜻이 어울리게 해야 합니다. 아니면, 다른 뜻이 하나가 되게 하거나, 하나의 모습으로 드러나게 해야 합니다. 즉 남들이 동시를 행과 연으로 나누어 쓰니까 나도 그 흉내를 내야겠다 싶어 아무렇게나, 아니면 남이 그렇게 하니까 나도 그렇게 한다는 식으로 무턱대고 행과 연을 갈라놓아서는 안 되겠지요.

여러분의 이해를 돕기 위해 직접 동시를 통해 설명을 곁들이기로 하겠습니다.

>개나리 진달래
>산수유 다투어 피면
>새들은 불이야, 불이야
>겁에 질린 듯 우짖습니다.

사람의 마음도
새들의 마음도
봄이 되면 하나가 되는지
꽃들이 다 불길로 보입니다.

가슴에도 불이 타는지
꽃이 피는지
가지 흔드는 이런 바람에도
뜨거워집니다.

  이 동시는 총 3연 12행으로서 4행이 각각 1연을 이루고 있습니다. 1연은 개나리와 진달래 그리고 산수유 꽃이 서로 다투어 붉고 노랗게 피는 것을 새들이 불이 난 것으로 알고 '불이야, 불이야' 우짖는다는 뜻을 담고 있습니다. 다시 말하면 봄이 되자 꽃들이 다투어 피고 새들이 전에 없이 지저귄다는 것을 4행으로 펼쳐서 한 연, 즉 한 의미를 이루고 있다는 것입니다. 여기에서 1연의 1·2행과 3·4행을 각각 독립된 연으로 만들면 어떨까요? 즉,

개나리 진달래
산수유 다투어 피면

을 따로 묶어 1연으로 삼고, 그 다음

새들은 불이야, 불이야
겁에 질린 듯 우짖습니다.

를 독립시켜 또 한 연을 만들어 보는 것이죠.

그런데 1연의 2행 '산수유 다투어 피면'은 끝맺음을 하는 문장이 아니므로 다음 행으로 이어지는 것이 더 효과적입니다. 또한 1연과 2연 사이에서 숨을 돌려 쉴 만한 이유도 없습니다. 그래서 1연 4행을 굳이 2행 1연씩으로 나누어 2연으로 짤 필요가 없는 것이죠.

2연은 산에 진달래꽃이 피어 있으면 산에 불이 붙은 것처럼 보인다고 비유로 나타낸 것입니다. 그리고 이때쯤이면 유난히 새들의 지저귐이 왕성하고 그 왕성한 지저귐은 듣기에 따라서는 마치 이 가지, 저 가지로 옮겨다니면서 '불이야, 불이야' 하고 외쳐대는 것같이 들릴 수도 있습니다. 진달래가 피어 있는 것을 불길로 보듯이 말입니다.

그래서 사람들이 꽃을 보고 불로 보는 것이나 새들이 불이야, 하고 외치는 것은 사람과 새가 한 마음, 한 가슴이 되었음을 의미하는 것입니다. 이것이 곧 봄이라고 하는 자연을 받아들이는 자연 감정입니다. 꽃을 보고 사람의 가슴과 새의 가슴이 같게 되는 것, 이것이 다름 아닌 자연 감정인 셈이죠. 그래서 2연도 두 연으로 나눌 수 없는데, 그것은 하나의 의미 고리로 엮여 있기 때문입니다.

마지막 연은 꽃이 피기 때문인지, 꽃을 불로 보았듯이 불이 타기 때문인지, 꽃 피는 날에는 누구나 어리고 착한 바람에도 가슴이 뜨거워진다는 뜻입니다. 이 마지막 연도 한 의미의 단락으로 마무리되어 있습니다. 즉, 1연과 2연처럼 4행으로 하나의 연을 만들어야 한다는 것이지요.

결국 이 동시는 의미의 단위에 따라 4행씩 1연으로 묶어 각각의 의미를 담고 있기 때문에 3연으로 나누는 것이 가장 바람직합니다.

이를 무시하거나 잘못 알고 아무렇게나 행과 연을 나눈다면 우선 시의 의미가 이루어지지 않고 시의 흐름이 중간 중간 끊어져 뒤죽박죽이 되고 말 것입니다.
  예를 들어 살펴보도록 하겠습니다.

    개나리 진달래
    산수유 다투어 피면
    새들도 불이야, 불이야
    겁에 질린 듯 우짖습니다.
    사람의 마음도

    새들의 마음도
    봄이 되면 하나가 되는지
    꽃들이 다 불길로 보입니다.

    가슴에도 불이 타는지
    꽃이 피는지

    가지 흔드는 어린 바람에도
    뜨거워집니다.

  이렇게 제멋대로 행과 연을 펼쳐놓으면 앞뒤가 서로 어울리지 않아 뜻이 통하지 않을 뿐 아니라 호흡이 끊겨 제대로 된 연결을 이룰 수 없게 됩니다. 이 때문에 동시는 행과 연을 잘 구분하고, 또 잘 짜 맞추어 나눠야 합니다. 그래야만 뜻도, 호흡도 매끄럽게 이어질 수 있습니다.

셋째, 잘 고르고 다듬어 최대한 말을 아껴 써야 합니다. 흔히 시를 장사에 빗대어 말할 때 가장 적은 말을 들여 가장 많은 이익을 챙기는 예술이라고 말합니다. 다시 말해 가장 말을 적게 쓰면서도 가장 많은 감동을 불러일으키게 해야 한다는 뜻입니다.

뭐니뭐니해도 동시는 가장 적은 말로 가장 많은 효과를 얻어내야 하기 때문에 쓰고자 하는 말을 잘 골라야 합니다. 여기서 잘 고른다는 것은 꼭 필요한 말만 골라 쓴다는 뜻입니다.

여러분도 생각해 보면 알 수 있을 것입니다. 동시에서 말을 많이 썼다고 하면 그것이 시가 되겠습니까? 아마 그것은 줄글이 되어버리고 말 것입니다.

여러분은 동시가 행과 연으로 나누어 연결한 글이라고 하니까 줄글로 쓴 것을 적당히 자르고 나누어 행과 연으로 드러내면 될 것이라 생각할 수도 있을 것입니다. 그러나 이런 글 — 줄글을 적당히 자르고 나누어 행과 연으로 드러낸 글 — 은 그 겉모습은 동시와 닮았기 때문에 그럴듯하게 보일 수 있습니다. 그러나 그 속의 의미들은 줄줄이 풀린 채 늘어져 있어 동시라 부르기 어렵습니다. 왜냐하면 행과 연으로 나눈 것을 쭉 이어 보면 영락없는 줄글 그대로이기 때문입니다.

만일 동시로 쓰기에 너무 좋은 줄글이 있다면, 이러한 경우에는 여러분이 말을 잘 골라 쓸데없는 말을 버리면 자연스레 줄글을 면하게 될 수도 있습니다. 어디 그뿐입니까? 말을 아껴 꼭 쓸 말만 썼다면 그것을 줄글이라고 아무리 우겨도 사람들은 믿지 않고 동시라 여길 것입니다.

이와 같이 좋은 동시가 되기 위해서는 말을 잘 고르고 다듬고 아껴야 합니다. 또 그러기 위해서는 군더더기가 되는 말을 그때그때 버릴 줄 알아야 합니다.

여러분은 종종 버릴 말인데도 아까워 버리지 못하고 끼워 넣었다가 꼭 필요한 말까지 다치게 한다거나 뜻을 흐리게 했던 경험이 있을 것입니다. 그러나 필요한 말을 고르는 일 못지 않게 필요없는 말을 버릴 줄 아는 것도 중요합니다.

두 편의 동시를 비교해 보면서 어떻게 하는 것이 말을 잘 고르고 다듬고 아끼는 것인지 살펴보도록 하겠습니다.

화 단

우리 집 화단에는
울긋불긋 꽃들이 피었습니다.

진달래, 백목련, 산수유
개나리, 그리고 자목련

꽃들은 제마다 꽃 등처럼
불 밝히어
아침에도 대낮처럼
환합니다.

위 동시는 말도 잘 못 골랐을 뿐 아니라, 말을 아껴 쓰지도 않았습니다. 그렇다고 행과 행, 연과 연을 잘 다듬어 만들지도 않았습니다. 구체적으로 살펴보도록 하겠습니다.

우선 1연에서 그냥 '정원'이라고 해도 될 것을 '우리 집 화단에는'이라고 풀어 쓰고 있습니다. 2연에서는 '백목련'이 나왔으니 다음에 나오는 '자목련'은 생략했어도 좋았을 것을 그대로 집어넣음으로써 말을 아끼지 못하고 있습니다.

3연에서는 앞에 꽃들의 이름을 밝혔으므로 굳이 '꽃들은'이라는 말을 넣지 않아도 좋았을 것입니다. 또한 '꽃 등처럼 / 불 밝히어'를 '꽃 등 밝혀'로 말을 아꼈더라면 훨씬 좋았을 것입니다.

그래서 줄이고, 다듬고, 아낄 수 있는 대로 최대한 아껴 다시 쓰면 다음과 같아집니다. 한번 읽어보면 앞의 동시와 달리 간결하면서도 의미는 뭉쳐지고 호흡의 흐름도 한결 음악적인 효과가 난다는 것을 느낄 수 있게 될 것입니다.

화 단

정원엔 다투어 핀
울긋불긋한 꽃들

진달래 산수유
백목련 개나리

제마다 꽃 등 밝혀
대낮보다 아침이 밝다.

여러분이 보기에는 어떻습니까? 앞의 시에 비해 훨씬 더 잘 다듬어졌다는 생각이 드나요? 그것은 뒤의 동시가 말도 잘 골랐을 뿐 아니라, 앞의 동시에서 버리지 못했던 말들을 과감히 버리고 다듬었기 때문입니다. 곧 말을 아꼈기 때문이지요.

여러분은 이제 '아, 동시란 가장 말을 적게 쓰면서도 가장 많은 감동을 얻어내는 글이구나' 하는 것을 직접 눈으로 확인하고 깨달았을 것입니다.

  넷째, 말하지 않고도 대신 말해 줄 수 있는 알맞은 비유를 써야 합니다.
  비유는 읽는 이로 하여금 시의 의미를 빨리 이해할 수 있도록 도와주는 글쓰기 기술의 하나입니다. 또한 이러한 비유는 표현에 있어서도 한층 멋들어져 보다 효과적으로 시를 표현해 낼 수 있게 해줍니다.
  그렇다면 과연 비유란 무엇일까요? 별로 어려운 것은 아닙니다. 비유란 무엇을 설명하고자 했을 때 설명하고자 한 것과 비슷한 다른 어떤 것을 끌어다 대신 설명하게 하는 방법을 말합니다.
  예를 들어 사람이 살아가면서 겪어야 하는 험난하고도 힘겨운 인생길을 어른들은 가시가 돋친 밭이라고 하여 '가시밭길' 이라 합니다. 이처럼 길게 설명되어야만 이해할 수 있을 것 같은 험난하고 힘겨운 인생길을 '가시밭길' 이라는 단 한 마디 말로 그 의미를 쉽게 이해할 수 있게 됩니다. 이것이 곧 비유의 방법이 되는 것이지요.
  또한 넓은 세상 밖은 볼 줄 모르고 자신의 일에만 매달려 살면서도 세상의 모든 것을 다 아는 체하는 사람을 꼬집기 위해 '우물 안 개구리' 라고 한다면 이것 역시 비유가 되는 것입니다.
  이러한 비유에는 직유와 은유가 있습니다. 직유는 비교하는 것들이 밖으로 드러난다 해서 명유라고도 합니다. 직유의 방법은 무엇인가를 끌어들여 직접 두 개를 나란히 견주어, 말하고자 하는 것을 더 잘 드러내고자 하는 방법입니다.
  예를 들면 '반달 같은 눈썹' 한다든지, '꽃보다 붉은 입술' 이라고 하면 훌륭한 직유가 됩니다. 앞의 것은 눈썹을 우리가 쉽게 알 수 있는 반달을 빌어다가 견줌으로써 더 구체적으로 그 모습을 드러내게 도와주고 있고, 뒤의 것은 붉은 입술을 붉은 꽃에 견주어 그 모습을 더 잘 드러내고 있습니다.

여러분도 글을 쓸 때 이런 비유를 즐겨 써보세요. 시를 쓸 때뿐만 아니라, 친구와 이야기를 나눌 때도 "저 애 눈빛 좀 봐. 별처럼 반짝이지?" 한다든지, "쟤 좀 봐. 말처럼 잘도 뛰네." 했다면 이는 모두 직유를 쓴 표현이 됩니다. 어떻습니까? 그냥 '빛난다', '잘 뛴다' 했을 때보다 훨씬 그 의미가 잘 드러나는 것 같지 않나요?

직유에 비해 은유는 조금 더 어렵습니다. 왜냐하면 직유처럼 표현해 내고자 하는 것과 견주고 있는 것이 직접 밖으로 나란히 드러나 있지 않기 때문입니다. 즉 표현하고자 한 것은 밖으로 직접 나타나지 않고, 그와 견주고자 동원한 것만 대신 드러내기 때문입니다. 예를 들면 키가 큰 사람을 "우아, 저 사람 키 참 크다." 하지 않고 키 큰 다른 것을 빌어다가 대신 나타내는 표현이죠. 만약 키 큰 사람을 "저 사람 전봇대네."라고 표현했다면 이는 은유가 되는 것이죠.

은유는 매일 시만 쓰는 시인들도 쓰기 힘들어하는 방법이어서 여러분에게 일일이 설명하기에는 어려움이 있습니다. 은유는 한 마디로 감추어 비유한다는 뜻을 갖고 있습니다. 즉 드러내고자 하는 것과 견주고 있는 것 사이의 유사점이 겉으로 드러나지 않게 사용되어야 한다는 것입니다. 예를 들어 '어머니는 바다'라고 표현했다면 어머니와 바다의 유사점, 즉 그 깊이나 넓이가 직접 드러나지 않고 감추어져 있음을 알 수 있습니다. 그래서 '어머니는 바다'라고 했을 때, 비교할 수 있는 공통점이 있음을 알기는 하나 그것이 구체적으로 명료하게 드러나 있지 않아 이에 대한 해석은 사람마다 달라질 수 있는 것입니다.

직유는 이런 감춰진 은유보다는 쉽습니다. 또한 여러분도 그것이 직유인지 모른 채 즐겨 썼던 방법이기도 합니다. 직유는 직접 비유한다는 뜻으로 은유와는 달리 드러내고자 하는 것과 견주고 있는 것 사이의 유사점이 직접적으로 겉으로 제시되어 있습니다. 그래서 '~처럼', '~같이', '~보다', '~인 양' 따위를 사용하는 것입니다.

예를 들어 '바다처럼 넓은 어머니' 내지는 '바다같이 깊은 어머니'라고 했다면 드러내고자 하는 '어머니'와 견주고 있는 '바다'의 공통점인 '넓은'과 '깊은'이 겉으로 명확히 드러나 직유가 되는 것입니다. 친구들과 대화를 나눌 때에도 "저 애는 공주처럼 아름답다." 한다든지, "저 애들 연인같이 다정하지?", 또 "저 애보다 저 애가 더 예쁘잖니." 했다면 이는 일상 생활에서 직유를 사용한 훌륭한 예가 되는 것입니다.

이처럼 직유는 '~처럼', '~보다', '~같이'를 글쓴이가 본래 표현해 내고자 한 것과 이를 더 잘 드러내기 위해 빌어온 것 사이에 끼워 드러내면 됩니다.

다만 이때 삼가야 할 것이 한 가지 있습니다. '처럼'이나 '보다', '같이'를 끼워 넣는다 해서 다 직유의 효과가 있는 것은 아니라는 것입니다. 다시 말해 써서는 안 되는 비유도 있다는 뜻이죠. 예를 들어 '반달 같은 눈썹'이니, '앵두 같은 입술' 따위의 비유는 이미 너무 많이 써버려 신선함이 없습니다. 또한 읽는 사람들도 이는 너무 많이 들어보아 글쓴이의 독창적인 시라고 인정할 만한 설득력도 떨어지게 됩니다. 그래서 이런 비유를 그 효과가 죽어버렸다고 해서 '사비유'라고 합니다. 죽어버린 비유란 뜻으로 죽을 사(死)자를 비유 앞에 붙인 것이지요. 이런 비유는 절대로 써서는 안 됩니다.

이쯤에서 비유를 잘 사용한 동시를 살펴보도록 하겠습니다. 우선 직유를 적절히 사용한 예부터 살펴보도록 하겠습니다.

여 름

한나절이
엿가락처럼 늘어져
나뭇가지에 걸쳐 있다.

매미 울음이
쇠 톱날처럼
가지를 잘라낸다.

먼 산 뻐꾸기 울음이
목마름처럼
딸꾹 딸꾹
딸꾹질을 한다.

위의 '여름'이란 동시는 적절한 직유를 사용해 쓴 시입니다.
1연에서 내리쬐는 햇볕에 늘어진 여름 오후를 '엿가락처럼'이라는 직유를 써서 표현해 냈고, 2연에서는 매미 울음 소리를 '쇠 톱날처럼'이라고, 3연에서는 뻐꾸기 울음을 목말라 딸꾹 딸꾹하는 딸꾹질로 해석하여 '목마름처럼'이라는 직유로 드러내고 있습니다.
앞에서도 설명한 것처럼 직유는 글쓴이가 드러내고자 한 것을 그대로 드러내는 것이 아니라, 드러내고자 한 것과 성질이 같거나, 모양이나 빛깔이 같거나, 나아가서 그 바탕이 같거나 한 것을 끌어들여 사용하면 됩니다. 즉 '지금 내가 쓰고 싶은 것이 이것과 같다'라고 나란히 펼쳐 본래 드러내고자 한 것을 더 구체적이고도 명확히 강조해 드러내는 수법입니다. 만약 이 동시가 비유인 직유를 쓰지 않았더라면 그저 평범한 설명으로 끝나고 말았을 것입니다.

그럼 앞의 동시에서 직유를 빼버리고 썼다면 어떻게 됐을지 한번 살펴볼까요? 어떤 차이가 있는지 잘 생각해 보세요.

여 름

한나절이
엿가락으로 늘어져
나뭇가지에 걸쳐 있다.

매미 울음이
톱날 소리를 내며
가지를 잘라낸다.

먼 산 뻐꾸기 울음이
목말라하며
딸꾹 딸꾹
딸꾹질을 한다.

이렇게 직유를 빼버린다고 해서 시가 안 되는 것은 아닙니다. 하지만 같은 의미를 담고 있음에도 어딘지 모르게 몹시 내용이 싱거워졌다는 것을 느낄 수 있습니다. 왜냐하면 강조하는 힘을 지탱하고 있던 비유가 빠져버림으로써 느슨하게 풀려버렸기 때문입니다. 다시 말해

'~처럼'으로 고리와 고리를 이어주던 매듭이 빠져버림으로써 문장이 풀어지고 늘어져 버린 것이지요.

이번에는 같은 직유라도 '~처럼'이 아닌 '~보다'나 '~같이', '~듯이'를 연결 고리로 한 직유를 사용하여 쓴 동시를 살펴보도록 하겠습니다.

바 다

백사장은
새우같이
허리가 굽어 있었다.

파도는 흰 이빨 세워
고래보다 아프게
등을 물어뜯었다.

백사장 대신
갈매기가
슬픈 듯 울었다.

통통배 하나가
도망치듯
선착장을 빠져나갔다.

위의 동시 '바다'에서는 직유의 여러 가지 견줌인 '~같이', '~보다', '~듯이' 등을 적절히 섞어 사용하였습니다. '같이'를 사용하여

같음을 나타내고, '보다'를 사용하여 둘을 비교하기도 하였으며 '듯이'를 써 거의 같다는 뜻을 나타내었습니다. 그리하여 글쓴이가 드러내고자 한 것을 더 구체적으로 표현해 내는 한편 이를 강조하는 효과를 얻어내고 있는 것을 볼 수 있습니다.

직유의 효과는 이뿐만이 아닙니다. 이와 같이 직유를 썼을 때 단순히 이것과 저것의 비교가 아닌, 마음의 상태나 가슴의 상태를 비교하고자 했을 때도 사용될 수 있습니다. 마음에 담겨 있는 것들, 생각이나 느낌 같은 추상적인 것들이 '~같이'나 '~처럼', '~보다', '~듯이'의 비교에 의해 구체적인 모습으로 드러나 강한 인상으로 와 닿게 할 수 있게 되는 것입니다. 이것이 직유의 또 하나의 성과입니다.

다음에는 은유를 사용해 쓴 동시를 살펴보도록 하겠습니다. 앞에서도 말했듯이 은유는 직유에서 견주고자 하는 무엇과 견주고 있는 무엇 사이에 끼워 넣었던 '~처럼', '~같이', '~보다' 등을 빼버리고 무엇과 무엇을 하나로 합쳐 드러내는 것이 첫 번째 과제입니다. 이 때문에 말은 아껴 쓰게 되고, 의미는 강해지는 효과가 있습니다. 여러분이 쉽게 이해할 수 있도록 앞에 살펴보았던 동시 '바다'를 직유에서 은유로 바꿔 보도록 하겠습니다.

바 다

백사장은 새우등
허리가 굽어 있다.

파도는 고래 흰 이빨로

등을 아프게 물어뜯었다.

　백사장의 아픔을
　갈매기가 대신해
　까르까르 울었다.

　통통배 하나가
　몰래 선착장을 빠져나가
　도망치고 있었다.

　이렇게 되면 백사장이 새우등처럼 굽은 것이 아니라, 아예 백사장은 새우등이 되어 버립니다. 파도도 흰 고래 이빨처럼 백사장을 물어뜯는 것이 아니라, 그대로 파도가 흰 고래 이빨이 되어 물어뜯게 되는 것입니다. 또한 물어뜯기는 것을 슬퍼하며 갈매기가 우는 것이 아니라, 백사장을 대신해 우는 울음이 되는 것입니다. 끝에 가서도 통통배 하나가 도망치듯 빠져나간 것이 아니라, 아예 도망쳐 버린 것으로 표현되고 있습니다. 즉, 빗댐이나 견줌이 없이 바로 본디의 것 자체가 되어 버리는 것입니다. 이것은 무엇과 무엇 사이에 끼워 넣었던 '~처럼'이나 '~같이' 그리고 '~듯이' 따위의 글의 마디를 엮어 만들어내는 연결 고리를 없애버림으로써 무엇과 무엇이 하나로 합치되고 동일시되어 드러내고자 한 것을 더욱 크게 강조하게 되는 것입니다.

　이렇게 쓰는 은유 말고도 달리 사용되는 은유도 있습니다. 하나는 본래 드러내고자 한 것을 다른 뜻으로 옮겨 드러내 바꿔치는 것이고, 또 다른 하나는 본디 드러내고자 한 것을 다른 사물을 동원해 동시에 펼쳐 드러내 보이는 경우입니다.

여러분에게는 처음 듣는 말이 될지 모르겠지만, 앞의 것을 치환 은유라 하고, 뒤의 것을 병치 은유라 합니다. 이 둘은 각각 따로 따로 사용되기도 하지만, 함께 사용되기도 합니다. 이 둘을 함께 사용했을 때 시를 가장 빛나게 할 수 있습니다.

그러나 여러분은 이런 성질의 비유가 있다는 것 정도로만 알아주었으면 합니다. 왜냐하면 설혹 안다 해도 여러분이 실제 시를 쓰는 데 적용한다거나 활용하기에는 아직 어렵기 때문입니다. 이러한 비유법은 여러분이 대학생이 되었을 즈음 본격적으로 사용해 보는 것이 좋을 것입니다.

다섯째, 눈으로 보고, 귀로 듣고, 코로 맡아보고, 입으로 맛본 것 등은 물론 마음속에 간직한 것이나 가슴속에 맺혀 있는 것 등을 구체적 모습으로 바꾸어 내는 일입니다. 이 역시 여러분이 사용하기에는 무척 어려움이 따르지만, 지금부터 연습을 한다면 좋은 동시를 쓰는 데 있어 많은 도움이 될 것입니다.

여러분에게 여러 가지 사물이나 마음속의 생각, 그리고 가슴속의 느낌 같은 것들을 모습으로 만들어 보라고 하면 무척 힘겨워할 것입니다. 그렇다고 훗날 더 커서 하자고 미루고 살짝 제쳐두면 다음에는 더 어려워지게 마련입니다. 그래서 이런 일은 지금부터 조금씩 조금씩 연습을 해나가 몸에 배도록 하는 것이 좋습니다. 그러기 위해서는 이를 두 가지로 나누어 해보는 것이 도움이 됩니다.

하나는 눈으로 본 것, 귀로 들은 것, 코로 맡고 입으로 맛보고 피부로 느낀 것들을 모양새로 만들어 보는 일입니다. 이때 눈으로 본 것을 보인 그대로 쓰면 안 됩니다. 눈에 보인 그대로가 아니라 더 새롭게 보이기 위해 그것을 다른 모습이나 형태로 바꾸어야 합니다. 이것을 '모습 바꾸기' 혹은 '낯설게 쓰기' 라고 합니다. 눈에 보인 그대로의 것은 낯에 익은 것들입니다. 있는 그대로를 드러낸 것이 되어 새로운 것이 없죠. 그것을 새롭게 보이게 하기 위해서는 다른 모습으로 바꿔야 합니다. 이것을 변용, 즉 '모습 바꾸기' 라고 하는데 모습이 바뀌어 익숙하지 않으므로 '낯설게 쓰기' 라고도 합니다.

예를 들어 '나무가 서 있었다' 라는 평범한 표현을 '나무는 무엇을 달라는지 종일 하늘에게 손을 뻗고 있었다' 로 바꾸면 어떻습니까? '나무가 서 있다' 는 표현보다 새로운 모습이 되어 신선함을 주고 흥미를 주지 않나요? 이것이 바로 '모습 바꾸기' 혹은 '낯설게 쓰기' 의 효과입니다.

또 하나는 귀에 들리는 소리나 코로 맡은 향기, 그리고 피부로 느끼는 매끄럽다거나 껄끄럽다거나 차다거나 뜨겁다거나 하는 따위를 모습이나 형태로 바꾸는 일입니다.

이 방법에 대한 예를 나열해 보겠습니다. 먼저 코로 맡은 것을 모습으로 드러내는 경우입니다. '라일락 향기가 진했다' 를 '라일락 분을 발랐는지 화장 내가 났다' 로 표현하면 그저 막연한 향기가 아니라 분이라는 모습으로 드러나 구체적인 느낌을 받을 수 있습니다.

다음에는 귀로 들은 것, 곧 소리를 모습으로 나타내는 방법입니다. 예를 들어 '바람 소리가 들렸다' 를 '바람이 혀를 내둘러 피리를 불었다' 로 바꿀 수 있습니다. 이렇게 한다면 '바람 소리' 가 모습을 갖춘 '피리 소리' 로 그 형태를 드러내게 되는 것입니다.

끝으로 피부로 느낀 것, 그것이 껄끄럽건, 보드랍고 매끄럽건 간에 이것들을 모양새로 바꾸는 것입니다. '바위의 얼굴은 껄끄러웠다' 를 '바위의 얼굴은 거북 등처럼 갈라져 있었다' 로 바꾼다면 그저 막연히 '껄끄러웠던' 것이 '거북 등' 이라는 구체적인 사물의 모습을 빌어 느껌이 형태로 드러났기 때문에 그 느낌이 훨씬 명료해졌습니다.

　이상의 예들이 다름 아닌 본디의 것, 그것이 사물이건, 향기이건, 소리이건, 느낌이건, 추상적인 것을 구체적으로 바꾸어 드러내는 '낯설게 쓰기' 입니다. 20세기 시에서는 이러한 방법을 '모습을 만들어낸다'고 하여 '형상화'라고 합니다.

　이 경우를 한 편의 동시를 통해 살펴보도록 하겠습니다.

　　아카시아 숲에
　　바람이 불고 있었다.

　　나무들이 하도
　　빽빽이 들어차서
　　빠져나가기가 힘겨운지
　　한숨을 쉬어댔다.

　　향기가 몹시 진해
　　콜록콜록 재채기를 했지만,
　　아무런 문제는 없었다.

　　힘에 겨워
　　휜 가지를
　　움켜쥐었더니
　　꿀벌들이 도망치며
　　손등을 쏘았다.

　이 동시 속에는 눈으로 볼 수 있는 '아카시아 숲'과 '빽빽이 들어

찬 나무'가 있습니다. 그리고 귀로 들을 수 있는 '바람 소리', '한숨 소리'가 있습니다. 또한 코로 맡을 수 있는 '향기'가 있고, '벌에 쏘여' 아픔을 느끼는 표피 감각이 있습니다.

　이 때문에 이 동시는 시각·청각·후각·촉각 등의 여러 감각을 동원해서 쓴 시라고 할 수 있습니다. 이로써 이 동시는 일반적인 동시가 그렇듯, 보고 듣고 맡고 느낀 것을 제법 동시처럼 잘 꾸몄다고 할 수 있습니다.

　그러나 이 동시가 오늘날 우리가 좋은 동시라고 말하는 것처럼 되기 위해서는 본 것, 들은 것, 맡은 것, 만진 것 등을 그대로 드러내지 않고, 그것들을 새롭게 바꾸든지, 새 모양새로 만들어내든지, 새로운 형태로 태어나게 해주어야 합니다. 왜냐하면 오늘 우리가 사는 이 시대의 동시는 눈에 보이지 않는 향기나 소리, 느낌 같은 것들을 형태를 가진 모습으로 드러내 주기를 바라고 있기 때문입니다.

　그렇다면 앞의 동시에서 보고, 듣고, 맡고, 만지는 등의 직접 감각으로 체험해야 알 수 있는 것들을 눈에 보이도록 모습이나 형태로 드러내 보도록 하겠습니다.

아카시아 숲은
꽃피는 5월인데도
몹시 추운가 보다
온몸에 오돌오돌
소름이 돋아 있다.

마른 몸집으로
온 숲을 빽빽하게
채우고 있는 가지 사이를

빠져나가려다
바람들은 아프다 소리를 질러댔다.

꽃 알레르기 탓인지
콜록콜록
감기 탓인지
어느새 코에서는
코피가 흘렀다.

손을 뻗어 잡은
흰 가지에 매달려 있던,
독침에 찔린 손등에는
코에서부터 흘러 내려온
피가 묻어났다.

 이렇게 '아카시아 숲'을 눈에 보인 그대로 쓰지 않고 '아카시아 숲은 / 꽃피는 5월인데도 / 온몸에 소름이 돋아 있다'라고 앙상한 아카시아 가시를 새롭게 해석함으로써 새 모습으로 바꾸었습니다. 그런가 하면 보이지 않는 바람 소리는 앙상한 가지 사이를 빠져나가려다 '바람들은 아프다 소리를 질러댔다'라고 눈에 보이게 다시 고쳤습니다. 그리고 3연의 아카시아 향기를 더 강조하고 또 눈에 보이게 드러내기 위해 '꽃 알레르기 탓인지 / 코에서는 코피가 흘렀다'라고 표현하여 코피로 향기를 바꾸었습니다. 끝으로 벌에 쏘인 아픔을 눈으로 볼 수 있게 하기 위해 '코에서부터 흘러 내려온 / 피가 묻어났다'로 새로이 꾸몄습니다.
 이렇게 보다 새롭게 드러내고, 드러나지 않은 것은 눈에 보이도록 표현하는 것이 오늘날 동시를 쓰는 기술입니다.

여러분도 이제는 단순한 느낌이나 몸으로 체득한 것들을 눈에 보이는 모습으로 바꾸어 드러내야 합니다. 물론 어렵긴 하겠지만 그렇게 해야만 오늘날 좋은 동시로 인정받을 수 있기 때문입니다.

여섯째, 마음속에 지니고 있는 생각이나 가슴에 간직하고 있는 느낌과 같은, 눈에 보이지 않는 것들을 눈으로 볼 수 있게 만들어내야 합니다. 귀로 들은 소리, 코로 맡은 향기, 입으로 맛본 맛, 촉각으로 경험한 질감 같은, 눈으로 볼 수 없는 것들을 눈으로 볼 수 있도록 모습이나 형상으로 드러냈듯이 말입니다.

여러분은 아마 마음에 담긴 것, 가슴속에 간직하고 있는 것을 그림을 그리듯 모습이나 형태로 드러내라고 하면 '어떻게 그렇게 해' 한다든지 '왜 그렇게 해야 하는 거야' 라고 할 것입니다. 그러면서 내내 몹시 귀찮아하며 투덜투덜 불평을 할 것입니다. 그러나 이런 것들은 귀찮아할 성질의 것이 아닙니다. 왜냐하면 이런 것들은 하지 않아도 되는 부수적인 것이 아니라, 꼭 그렇게 해야 하는 일차적인 것이기 때문입니다. 단지 생각한 것을 생각한 대로, 느낀 것을 느낀 대로 쓰게 되면 시로서 인정을 받을 수 없게 되거든요.

여러분은 매일 텔레비전을 볼 것입니다. 여러분이 지금 매일 보고 있는 텔레비전이 나오기 전에는 라디오밖에 없었습니다. 그래서 라디오가 지금의 텔레비전이 하고 있는 모든 역할을 수행해 연속극도 하고 노래도 했습니다. 그러나 연속극의 주인공이나 가수의 얼굴은 볼 수 없었고, 다만 목소리만 들을 수 있었습니다. 그 목소리만 듣고서 사람들이 울고 웃고 했던 것이 겨우 30여 년 전의 일이었습니다. 그때는 귀로만 듣고도 얼마든지 이해하고 감동할 수가 있었습니다.

그러나 30여 년이 지난 오늘날은 귀로 듣는 연속극이나 노래는 구식이 되어 버렸습니다. 이제는 직접 눈으로 보는 것이 먼저이고, 그 다음이 귀로 듣는 것이 되어 버렸습니다. 이를 지적해 눈으로 보는 문명이라고 말합니다.

시대가 이렇게 변하였고, 또 그러기를 원하는데 동시라고 별수 있겠습니까. 귀로 들은 것, 코로 맡은 것, 입으로 맛본 것, 피부로 느낀 것은 물론, 마음속에 담고 있는 생각이나 가슴에 지니고 있는 느낌과 같은 것들을 모두 다 눈에 보이도록 드러낼 수밖에 없지요.

이것이 우리가 사는 시대가 요구하는 바이기에 우리는 어쩔 수 없이 따라야만 합니다. 즉 동시를 쓰는 데 있어 우리는 마음속에 있는 생각, 가슴속에 있는 느낌들을 눈에 보이게 드러내야 하는 것입니다.

이쯤 되면 여러분은 '눈에 보이게 드러내려면 어떻게 해야 하나요?'라고 묻고 싶을 것입니다. 우선 마음에 담고 있는 생각을 눈에 보이게 펼쳐 보이려면 '마음에 담고 있는 생각을 대신 드러내 줄 수 있는 그런 물건이 없을까' 하며 이리저리 궁리해 봐야 합니다.

예를 들어 '희망'을 눈에 보이게 드러내고 싶다면 희망을 대신 말해 줄 수 있는 그 무엇을 찾아내야 합니다. 그렇게 찬찬히 생각하다 보면 '그래, 무지개가 좋겠군. 희망은 아름다운 것이고, 그러면서 잡히지 않는 것이잖아. 무지개도 아름답고 잡히지 않지. 그러니까 희망을 나타내는 데는 무지개가 적격이야.' 하고 좋은 생각들이 떠오르게 될 것입니다.

또 마음속에 담고 있는 것이 고향을 그리워하는 생각이었다면 그저 막연히 '아, 고향에 가고 싶다' 한다든지, '고향이 그립다' 해서는 시가 되지 않습니다. '가고 싶다'는 바람과 '그립다'는 생각을 사실 그대로 드러냈기 때문입니다. 이 생각을 그림을 그리듯 형태, 모습, 빛깔 따위의 구체적인 것으로 드러내야 비로소 시가 되는 것입니다.

예를 든다면 '나는 마음속에 마을 하나 품고 산다' 든지, '고향으로 향하는 그리움이 한사코 코일로 풀렸다 감긴다' 든지, '코일로 풀린 그리움이 충전되면서 고향에 등불을 켠다' 등의 눈으로 볼 수 있는 것으로 바꾸어 드러내 보여주어야 합니다.

이를 동시로 써보도록 합시다.

고 향

항상 가고 싶은 고향
내가 자라던 곳
꿈을 키우던 곳
그러나 지금은 멀리 있는 마을

멀수록
아득할수록
가까이 다가가는
마음 하나
그리움

오늘도 먼 고향
가슴속에 그리며
아픈 마음
그리움으로 달래본다.

위의 시는 고향에 가고 싶은 마음과 함께 고향에 대한 그리움을 담아 고향을 노래하고 있습니다. 이 시를 읽고 여러분은 '아, 불쌍하다. 고향에 얼마나 가고 싶을까? 그 마음을 나도 느낄 수 있어' 하고 감동을 받았을 것입니다. 그러나 이는 줄글에서 주는 감동과 다를 바가 없습니다. 왜냐하면 동시에서 보여줘야 할 '마음'이나 '그리움'을 눈에 보이듯 그림으로 펼쳐주지 못했기 때문입니다.

이 동시를 보다 돋보이게 하기 위해서는 '가고 싶은 바람'과 '그리움'이란 감정이 마음 밖으로 나와 누구나 볼 수 있도록 펼쳐내야 합니다. 그럼 다음의 동시에서는 어떻게 눈에 보이도록 '마음'을 펼쳐 보였는지 살펴보겠습니다.

고 향

그리움 아는 날부터
가고 싶었던 곳
먼 마을 하나.

가슴에선 그리움으로 충전하는
전류가 흐르고
흐르는 전류 따라
감았던 코일이 풀린다.

마음과 가슴의 박동으로
돌리는 모터
먼 마음에
향수처럼 등불이 켜진다.

이렇게 바꿔놓으면 그리움은 단순한 향수를 불러일으키는 것에 그치지 않습니다. 이것은 가슴에 감겼던 코일이 되어 마음과 가슴의 박동으로 모터를 돌리면 이내 충전되어 먼 마을 고향에 등불을 밝히는 원동력이 됩니다. 바로 마음이 모터가 되기도 하고 전류가 되기도 하며, 때론 코일이 되어 등불이라는 고향 생각을 밝히는 구실을 하고 있습니다.

　이렇게 바꾸어 쓰게 되면 그 모습이나 형체, 빛깔을 알 수 없었던 마음이라고 하는 것이 구체적인 모습으로 드러나게 됩니다. 이것이 바로 구체적 형체나 모습, 그리고 빛깔로 바꾸어 표현하는 기법으로, 앞에서 말한 '모습으로 드러내기', '낯설게 쓰기'가 되는 것입니다. 곧 형상화가 되는 것이지요.

　오늘의 시는, 바로 이렇게 모습을 갖추지 못한 마음이나 가슴속의 느낌 따위들을 모습으로 드러내야 합니다. 그랬을 때에만 빛을 발하여 읽는 이로 하여금 감동을 받을 수 있게 합니다.

　이번에는 가슴속에 간직되어 있거나 가슴에서 일으키는, 눈으로 볼 수 없는 느낌을 눈으로 볼 수 있도록 펼쳐 보인 동시를 살펴보도록 하겠습니다.

　앞에서 마음을 보이게 펼쳤듯, 이 '느낌'도 같은 방법에 의해 펼쳐 보일 수 있는데, 앞의 경우와 똑같은 방법으로 하게 되면 그리 어려운 것은 아닙니다.

　　고 향

　　고이면 고이는 대로
　　퍼내는 가슴의

두레박질.

언제 바닥이 드러날지 모르는
깊이 모를 향수를 퍼내기 위해
그리움의 두레박을 드리운다.

퍼내면 퍼낼수록
넘치는
가슴의 강
고향 그리움.

　이렇게 쓰게 되면 고향을 향한 그리움인 향수가 그냥 '향수'나 '그리움', '생각'이 아닌 '가슴에 고이는 물'이라는 구체적 모습으로 드러나게 됩니다. 그래서 향수를 달래기 위해 그리움의 두레박을 드리워 한사코 퍼내는데 퍼내면 퍼낼수록 더 가득히 고여 가슴의 강이 되고 맙니다. 물론 여기에서 강은 고향을 향한 그리움인 향수로 넘치는 강입니다. 여기에서 볼 수 있듯이 '향수', '그리움'이라는, 눈으로 볼 수 없는 가슴속의 것들이 '두레박질', '가슴의 강' 등으로 구체적 사물의 모습을 빌어 눈으로 볼 수 있게 펼쳐지고 있습니다. 이것 역시 다름 아닌 '모습으로 드러내기'인 것이지요.

　이 외에도 동시를 쓰는 방법에는 여러 가지가 있을 수 있습니다. 그러나 지금까지 살펴본 이 여섯 가지만이라도 염두에 두고 유념하여 동시를 쓴다면 오늘날 우리가 요구하는 훌륭한 동시를, 그것도 아주 곱고 아름다운 동시를 쓸 수 있을 것입니다.

독서 감상문

독서 감상문은 독서의 연장이자
독서를 빛내는 작업이라 할 수 있습니다.

독서 감상문 쓰기

 책을 읽는 것은 매우 중요합니다. 특히 여러분처럼 미래 사회를 이끌어갈 사람들은 독서를 통해 사고력과 비판력을 기르는 것이 매우 중요합니다. 하지만 책을 다 읽었다고 하여 그대로 덮어두는 것으로 독서를 끝내면 안 됩니다. 항상 책을 읽은 후에는 생각과 감상을 내용과 곁들여 쓰는 습관을 갖는 것이 좋습니다. 그렇게 하면 여러분은 그 책을 통해 얻을 수 있는 효과와 함께 내용을 정리하고 글을 쓰는 능력까지 기를 수 있게 됩니다. 즉, 독서 감상문은 독서의 연장이자 독서를 빛내는 작업이라 할 수 있습니다.
 그럼 이렇게 많은 효과를 얻을 수 있는 독서 감상문을 쓰기 전에 우선 그 뜻을 짚고 넘어가는 것이 좋겠지요?
 여러분도 다 알고 있겠지만, 감상이란 '느낀 생각'을 뜻합니다. 여기에 '글'이라는 뜻을 가진 '문' 자를 붙이면 감상문이 되는 것입니다. 그러므로 감상문의 알맞은 뜻은 '느낀 생각을 적어 놓은 글'이 됩니다.
 우리는 이제 '느낀 생각'을 글로 쓰는 것이 감상문이라는 것을 알았습니다. 그렇다면 또 하나 궁금한 점이 있습니다. 그럼 과연 '느낀 생각'이라는 것은 무엇을 말하는 것일까요?
 이런 궁금증을 갖는 이유는 사람이 가질 수 있는 느낌이나 생각이 수백, 수천, 수만 가지가 있기 때문일 것입니다. 기쁠 때의 느낌이나 생각, 반대로 슬플 때의 느낌이나 생각만 해도 상황에 따라 각기 다르게 표현될 수 있으니까요. 어디 그뿐입니까. 눈이 내릴 때의 느낌이나 비 오는 날의 느낌, 맑은 날, 흐린 날, 꽃이 피는 날, 낙엽이 지는 날의 느낌과 생각 등 이루 다 헤아릴 수가 없을 정도로 많습니다.

　이렇게 그때그때 느끼거나 생각한 것을 적은 글이 감상문이라면 독서 감상문, 즉 독후감은 어떤 글일까요? 독서란 책을 읽는 행위입니다. 그러므로 독서 감상문이란 책을 읽은 후에 갖게 되는 개인의 생각이나 느낌을 문장으로 풀어 낸 글이라고 말할 수 있습니다.

　여러분은 물론 독서 감상문이 어떤 글이며, 어떻게 써야 하는지에 대해 조금은 알고 있을 것입니다. 실제로 '독서 감상문'을 여러 번 써본 경험도 있을 것이구요. 어디 그뿐입니까. 독서 감상문 공모에 어엿하게 당선되어 상장과 상품을 받고 기뻐한 적도 있었을 것입니다. 또 독서 감상문을 쓰기 위해 밤잠을 설치면서 책을 읽었던 일, 잘 못 썼다고 엄마에게 꾸중을 들었던 일, "이것도 독후감이라고 썼니." 하며 형이 창피를 주었던 일 등 여러 가지 독후감에 얽힌 이야기도 많을 것입니다.

　독서 감상문이 책을 읽은 후, 느끼고 생각한 것을 적은 글이란 사실은 누구나 알고 있습니다. 하지만 실제로 읽고 느낀 것을 글로 쓰려고 하면 뜻대로 쉽게 쓸 수 있는 사람은 많지 않을 것입니다. 그뿐 아니라 느끼고 생각한 것들이 아직 가슴에 생생히 남아 있음에도 불구하고 그것을 글로 옮기려고 하면 뜻대로 되지 않아 신경질을 냈던 사람들도 많이 있을 것입니다. 왜냐하면 독서 감상문은 어떻게 쓰고, 또 어떻게 해야 잘 쓸 수 있는지에 대해 잘 모르고 있기 때문입니다.

　이제 여러분이 독서 감상문을 쓰는 데 도움이 될 수 있도록 여러 가지 도움말들을 여기에 소개하도록 하겠습니다. 잘 읽고 참고하여 훌륭한 독서 감상문을 써보기 바랍니다.

1. 독서 감상문이란 어떤 글인가

앞에서도 말했듯이 독서 감상문은 책을 읽은 후 느끼고, 생각하고, 배우고, 깨달은 점 등을 적은 글을 말합니다. 흔히 우리는 이것을 '독후감'이라고도 하고 '독후 감상문'이라고도 합니다.

여러분은 학교에서 배우는 교과서를 비롯해 여러 가지 많은 책들을 접하고 읽습니다. 선생님이나 어머니가 권해서 읽기도 하고, 또 언니나 오빠가 재미있게 읽었던 책을 읽기도 합니다. 더러는 친구 집에 갔다가 흥미로워 보이는 책을 발견하고는 빌려다 읽기도 하지요. 이렇듯 여러분은 생활 속에서 여러 가지 책들을 읽게 됩니다.

이때, 어떤 책은 처음부터 끝까지 쉼 없이 읽어내려 가기도 하고, 어떤 책은 읽다가 흥미를 잃어 접어두기도 하며, 또 어떤 책은 한두 장 읽다가 던져 버리기도 합니다. 여기에서 읽다가 접어둔 책이나 아예 읽기를 포기해 버린 책은 읽을 만한 흥미를 얻지 못했기 때문입니다. 그렇다면 여러분은 왜 그 책들에 대한 흥미를 얻지 못했을까요? 그 이유는 아마 책의 수준이 여러분이 읽기에 너무 높아 읽어도 잘 이해가 되지 않았다든지, 별로 여러분의 흥미를 끌 만한 내용이 없었기 때문일 것입니다.

그러나 모든 책이 중간에 접어 두거나 포기할 만큼 지루하고 재미가 없었던 것은 아니었을 것입니다. 첫 장부터 책을 덮기가 아쉬워 밤샘을 해가며 끝까지 읽은 책도 분명히 있었을 것입니다. 그것은 그러한 책들이 모두 읽힐 만한 이유가 있었기 때문입니다. 재미가 있었다든지, 흥미진진했다든지, 무엇인가 새롭게 배우는 것이 있었다든지, 아니면 특별한 깨달음을 주었다든지 하는 읽을 수밖에 없게 만들었던 까닭이 있었던 것이지요.

　이렇게 읽힌 책에서는 여느 책에서와는 달리 특별한 느낌을 갖게 하고, 특별한 생각을 해보게 합니다. 또 이렇게 느끼고 생각한 것들을 기록으로 남겨 두고 싶은 충동도 일게 만듭니다. 그리하여 책을 읽고 난 후 느끼고 생각한 것을 글로 쓰면 그것이 곧 독서 감상문, 혹은 독후감, 독후 감상문이 되는 것입니다.

　그렇다고 책을 읽고 쓴 글이 다 독서 감상문으로서의 자격을 갖춘 것은 아닙니다. 모든 글이 그러하듯 독서 감상문도 일단 쓰게 되면 잘 썼느냐, 잘 못 썼느냐를 묻게 되기 때문입니다. 이는 '독서 감상문의 조건을 잘 갖추고 있는가?', '느끼고 생각한 점을 제대로 드러냈는가?', '읽는 이로 하여금 책에서 느꼈던 감동을 또 한 번 불러일으키게 할 수 있는가?', 그도 아니면 '다른 사람이 미처 찾아내지 못한 점이나, 배울 점, 깨달은 점 등을 제대로 드러내고 있는가?' 등을 묻는 것과 같습니다. 즉, 이러한 것들은 좋은 독후감이란 어떤 글인가에 대한 질문과도 같습니다.

　그런데 '독후감을 어떻게 쓸 것인가'에 앞서 선행되어야 할 것이 있습니다. 바로 '왜 독서 감상문을 쓰는가?'에 대한 답부터 먼저 찾아야 한다는 것입니다. 왜냐하면 써야 할 이유가 분명해야 비로소 쓰고자 했을 때 어떻게 쓸 것인가에 관심을 가질 수 있기 때문입니다.

2. 왜 독서 감상문을 쓰는가

　독서 감상문을 쓰는 이유는 여러 가지입니다. 그렇다면 여러분은 지금까지 왜 독서 감상문을 썼나요? 모르긴 몰라도 여러분 중의 대다수는 억지로 썼을 것입니다. 학교에서 선생님께서 숙제로 내주시니까 쓰기 싫었음에도 불구하고 할 수 없이 써야 했던 것이지요. 물론 독서 감상문 모집에 응모해 보라는 주위의 권유나 여러분 스스로가 '아, 이 책을 읽고 느낀 감동이나 생각을 꼭 써 두어야겠다'고 판단해 썼던 경우도 있었을 것입니다.
　그것은 독서 감상문이 일기나 동시와는 그 성격에 많은 차이가 있기 때문입니다. 그날그날 있었던 일을 쓰는 것도 아니고, 그렇다고 그때 그때의 느낌이나 생각을 쓰는 것도 아니기 때문입니다. 독서 감상문을 쓰려면 한 권의 책을 읽어야만 가능해집니다. 즉, 그 무엇보다 책읽기가 먼저 이루어져야 하는 것입니다.
　흔히 우리는 책을 읽고 나면 재미있었다든가 재미없었다는 사실만을 중요하게 여깁니다. 그렇기 때문에 책의 의미를 되새겨보며 읽은 후의 느낌이나 생각을 꼭 써두어야 할 필요가 없었습니다. 다시 말해 글로 써서 제출한다든지, 숙제로 써 오라 한다든지 하는, 쓰지 않아서는 안 될 이유가 없는 한 거의 쓰지 않는 것이지요.
　여러분 중의 대다수도 그러할 것입니다. 아마 여러분이 써본 독후감은 거의 대부분이 쓰지 않았을 때 불이익을 당하기 때문에 쓴, 강제적으로 쓰여진 것들일 것입니다.
　이처럼 꼭 써야 한다든지, 쓰지 않으면 불이익이 주어지기 때문에 쓰는 독후감도 물론 그 형식적인 면에서 보면 독후감인 것만은 틀림없습니다. 그러나 여러분 스스로가 쓰고 싶어 쓴 독후감과는 보이지 않는 차이를 지닐 수밖에 없습니다. 그것은 책을 읽은 후 느끼고, 생각하고, 배우고, 경험한 것을 쓰는 것도 중요하지만, 스스로 마음에서 우러나와 씀으로써 얻어지는 효과 또한 만만치 않기 때문입니다. 글을 쓰는 것 이상의 보상이 따르지요.

그렇다면 과연 여러분 스스로 독서 감상문을 씀으로써 얻어지는 효과는 무엇일까요?

여러분은 종종 좋은 책을 읽으면서 가졌던 감동이나 깊이 되새기게 하는 생각들을 글로 써둠으로써 기억하려고 했던 경험이 있을 것입니다. 그렇습니다. 독후감을 쓰는 이유 중의 하나는 바로 책을 읽고 난 후의 감동이나 느낌, 생각 따위를 잊지 않기 위해 기록해 두고자 하는 마음 때문이라 할 수 있습니다.

둘째, 한 권의 책은 그것이 이야기이건, 경험담이건 간에 그 내용이 몹시 길게 짜여져 있습니다. 그래서 그 이야기나 내용을 새겨두기 위해서는 중요한 부분만을 요약해서 간단하게 줄여 써야 합니다. 독서 감상문은 바로 이런 요약할 수 있는 힘이나 요령 따위를 기르고 습득하게 해줍니다.

끝으로 독서 감상문은 이야기를 요약할 수 있는 능력도 길러 줄 뿐 아니라, 생각을 깊게 하게 하고 또 넓게 펼쳐 보게 합니다. 그리하여 판단력이나 식별력을 기르게 할 뿐 아니라, 옳고 그름을 가릴 줄 아는 비판 능력도 함께 기르게 합니다. 바로 이러한 보상들이 글을 읽는 재미를 부추기고 즐거움을 맛보게 하는 것입니다. 또 직접 글로 씀으로써 책을 있었을 때의 느낌을 되새기고, 작가가 말하고자 하는 의미를 다시 음미하게 하여 능력 계발을 가져다주는 이중의 기쁨을 누리게 하는 것입니다.
 그렇다면 이제 독서 감상문은 어떻게 써야 하는가, 하는 문제가 남았습니다. 독서 감상문을 쓰는 요령이라고 할까요? 그 순서에 따라 독서 감상문을 어떻게 써야 할지 찬찬히 살펴보도록 하겠습니다.

3. 독서 감상문을 쓸 때 지켜야 할 순서

　독서 감상문은 한 권의 책을 읽었다고 해서, 또 읽고 어떤 감동을 받았다고 해서 아무런 형식이나 순서 없이 그 감동만을 드러내어 쓰면 되는 것이 아닙니다. 모든 글에는 갖추어야 할 형식이나 순서가 있듯이 독서 감상문에도 지켜야 할 차례가 있습니다.
　이제부터 독서 감상문을 쓰는 순서 하나 하나에 예문을 곁들여 살펴보도록 하겠습니다.

　첫째, 독서 감상문을 쓰기 위해 아무 책이나 읽어서는 안 됩니다. 사전에 권유받은 몇몇 책 중에서 하나를 고른다든지, 자신의 나이나 수준에 맞는 책을 선택해야 합니다.
　초등학생이 대학생들이나 겨우 이해할 수 있는 책을 책상 위에 올려놓고 독후감을 쓰겠다고 덤빈다면 이는 십중팔구 실패로 끝나고 말 것입니다. 우선 책에 담긴 글들이 어떤 내용인지 이해할 수 없기 때문입니다. 이해하지 못했으니 감동이나 느낌, 생각 따위가 있을 리도 없겠지요. 그렇게 된다면 느낌이나 생각 없이 무엇을 쓸 수 있겠습니까? 만일 그 상태에서 그냥 쓴다고 하면 겨우 읽게 된 동기나 읽는 과정에서 경험했던 어려움 등 책의 내용과는 관련 없는, 시시콜콜한 이야기들만을 쓰게 될 것입니다. 그렇다면 이것이 그냥 잡문이지 어디 독서 감상문이 될 수 있겠습니까. 이런 이유로 책을 선택할 때에는 읽고 이해할 수 있는, 스스로의 능력이나 분수에 맞는 책을 골라야 합니다.

그렇다고 읽고 난 후에 아무런 감동도 없는, 그저 읽기 편한 우스개 이야기나 읽어서는 안 됩니다. '보기 좋은 떡이 먹기도 좋다'는 속담처럼 내용이 좋은 책을 읽어야 좋은 내용의 글, 즉 훌륭한 독서 감상문이 나올 수 있지 않겠습니까?

둘째, 일단 읽을 책을 선택했다면 다음에는 책을 읽어야 합니다. 우리는 흔히 책을 읽을 때 그냥 눈으로 읽으면 된다고 생각합니다. 그러나 책을 읽을 때도 지켜야 할 것이 있습니다. 건성으로 겉으로 드러난 이야기를 따라 훑어간다든지, 내용도 이해하지 못하고 뜻도 새기지 못하면서 책장만 넘긴다든지, 그도 아니면 첫 부분에서 중간 부분으로, 그리고 끝 부분으로 듬성듬성 뛰어넘어 읽어가며 그 내용을 대충 넘겨짚는다든지 하면 안 됩니다. 이렇게 되면 책을 읽고 난 후 머릿속에 느끼고 생각한 바가 남아 있을 리 없겠지요. 느끼고 생각한 바가 남아 있지 않으니 글로 쓸 수 없으며 설혹 썼다 하더라도 엉터리가 되고 마는 것이지요.

그래서 책을 읽을 때는 처음부터 끝까지 의미를 파악해 가며 그 의미를 좇아 읽어야 합니다. 찬찬히 이야기를 머릿속에 그려가며 하나 하나 빠뜨리지 않고 꼼꼼히 짚어가며 읽어야 하는 것입니다. 그래야 마음에 남는 것이 있어 그것을 엮어 독후감을 쓸 수 있게 되는 것입니다.

셋째, 글의 제목은 먼저 붙일 수도 있고, 다 쓴 다음에 붙일 수도 있습니다. 제목을 붙이는 데 있어 반드시 먼저 붙인다, 뒤에 붙인다는 공식은 없습니다. 다만 제목을 먼저 붙이게 되면 글을 쓰는 동안 제목에 잘 어울리도록 써가게 됩니다. 이 때문에 글의 줄거리가 흐트러짐 없이 중심이 잘 잡히고 처음에서 끝까지 글의 질서가 유지되어 짜임새가 돋보이게 됩니다.

  그러나 다른 한편으로는 먼저 붙인 제목을 살리고, 그 제목에 맞게 쓰는 것이 불이익을 가져다 줄 수도 있습니다. 제목에 신경을 쓰다 보면 제목 밖의 중요한 의미나 줄거리, 느낌이나 생각을 놓쳐 버릴 수도 있으니까요. 또한 글의 내용이 빈약해질 수도 있습니다. 모든 것에는 장단점이 있듯이 제목을 먼저 정하고 쓰는 것이 반드시 좋다고 할 수는 없습니다.

  글을 다 쓴 다음에 제목을 붙이는 경우는 글을 쓰는데 제한 요소가 없다는 장점이 있습니다. 제한 요소가 없다는 것은 글의 흐름이 자유롭고 한쪽으로 흘러갈 염려가 없다는 것이 될 테니까요. 그러나 이 때문에 글이 산만하게 흐트러지기 쉽고, 중심을 놓치기도 쉽습니다. 또한 글의 내용에 있어서도 우왕좌왕할 수도 있습니다.

  이 두 가지 경우는 글을 써본 친구라면 누구나 한 번쯤 경험한 일일 것입니다. 이런 예도 있습니다. 어느 시인 한 분이 '시는 제목을 먼저 붙여야 한다'고 말했습니다. 그랬더니 다른 시인 한 분이 '그 시가 아들일지 딸일지 어떻게 알아서 먼저 이름을 붙이냐'며 반대했습니다. 그 말도 일리가 있습니다. 태어날 아이에게 '윤지'라는 이름을 미리 붙였는데 정작 아들이 태어났다면 '윤호'로 바꿔야 하지 않겠습니까? 그러나 이는 꼭 그렇게 해야 한다는 것이 아닙니다. 그런 경우도 있다는 것을 말하는 것뿐이니까요.

  제목을 미리 붙이건 나중에 붙이건 중요한 것은 머릿속에 제목을 생각해 놓고 써야 한다는 것입니다. 그래야만 대강이라도 생각을 정리해 볼 수 있을 테니까요. 그 정리된 생각들이 쓰는 과정에서 변한다 하여도 아무 상관 없습니다. 임시 제목이므로 글의 내용이나 성격에 따라 다시 제목을 고치면 그만이니까요.

 일상적으로 우리가 제목을 붙일 때 사용하는 방법은 두 가지가 있습니다. 그 하나는 책이름을 그대로 따다가 쓰는 방법입니다. 나머지 하나는, 책을 읽고 난 후 자신의 느낌이나 생각을 잘 드러낼 수 있는 것으로 큰 제목을 붙이고, 그 밑에 책의 이름을 딴 작은 제목을 붙이는 방법입니다. 예를 들면 다음과 같습니다.

· 첫 번째 경우
〈이솝 우화〉를 읽고

· 두 번째 경우
동물의 세계를 통해 들여다 본 인간의 모습
―〈이솝 우화〉를 읽고

 첫 번째 경우는 읽은 책의 이름을 그대로 써서 제목을 붙였습니다. 두 번째의 경우는 그 책의 내용이나 읽고 난 후의 느낌과 생각을 대표할 수 있도록 제목을 붙였습니다. 여러분은 아마 '어떤 제목이 더 좋나요?' 라고 묻고 싶을 것입니다. 이에 대한 답은 '둘 다 좋습니다' 입니다.

 넷째, 책을 고르게 된 동기와 함께 책, 지은이 등을 간단히 소개하는 것이 다음 순서에 해당됩니다. 책을 고르게 된 동기나 경위도 없이 무턱대고 책 내용만을 소개한다든지, 이야기의 줄거리나 읽고 난 후에 느낀 생각과 감상만 나열한다면, 그것도 물론 읽은 느낌이나 생각을 썼기 때문에 독서 감상문임에는 틀림없습니다. 하지만 이러한 글들은 읽는 이로 하여금 어딘지 이가 하나 빠진 것처럼 빈틈을 느끼게 합니다. 그것은 글을 쓸 때 지켜야 할 차례 하나를 빠뜨렸거나 건너뛰었기 때문입니다.

그 빠뜨린 부분이 바로 다름 아닌 책을 읽게 된 동기, 그리고 그 책과 책을 쓴 지은이 소개입니다. 실제로 여러분이 보내 준 독후감을 보면 읽은 동기나 글쓴이의 소개 없이 대뜸 책의 내용으로 넘어가는 경우가 종종 있습니다. 사실은 종종 그러한 것이 아니라, 대부분의 친구들이 다 그렇다고 봐야 합니다. 지금부터라도 이 책을 읽는 여러분은 독서 감상문을 쓰는 데 있어 이러한 부분을 빠뜨리지 않도록 주의하시기 바랍니다.

그렇다면 다른 친구들은 책을 고르게 된 동기나 읽게 된 동기, 그리고 책과 글쓴이에 대한 소개를 어떻게 했는지 한번 살펴볼까요?

1) 책을 고르게 된 동기 쓰기

몇 달 전 우리 학교가 '에너지 절약 시범 학교'로 지정되었다. 그러자 학교에서는 '학교 은행'을 만들어 저축을 장려하였고, '알뜰 시장'을 열어 우리에게 물자 절약의 필요성을 깨닫게 해주었다.

지금도 가정 통신문을 통해 에너지 절약을 강조하고 있다. 이렇게 에너지란 말을 자주 듣다 보니 자연히 관심을 갖게 되었다. 지난 일요일에는 도서관에 갔다가 눈에 띄어 빌려 와 읽은 책도 있다. 그것이 바로 〈에너지란 무엇일까〉이다.

(인왕 초등학교 5학년 임대근)

나는 가끔씩 궁금증이 돌발할 때가 있다. 이번에는 몇 달 전

본 연극 '어린 왕자'의 내용과 책의 내용이 같을까 하는 궁금증이 일었다. 나는 마침내 〈어린 왕자〉라는 책을 찾아 첫 머리를 펼치게 되었다.

(혜화 초등학교 6학년 곽시명)

현대를 '정보화 시대'라고 한다. 그래서인지 사람들은 새로운 것만을 좋아하는 것 같다. 우리가 읽는 책도 마찬가지이다. 전래 동화나 고전, 명작보다는 쉽고 재미있는 것만을 골라서 읽는다.
 그러나 '온고지신'이라는 옛말처럼 옛 것에서 새로운 것을 배워야 할 것이다. 내가 많은 고전 중에서 〈박씨부인전〉을 택한 이유는 같은 여자로서 느끼는 점이 많을 것 같았기 때문이다.

(사대부속 초등학교 5학년 박혜지)

 위의 예문에서 볼 수 있듯이 책을 고르거나 선택하여 읽게 된 동기가 읽는 이의 입장, 상황에 따라 각기 다르게 나타나고 있습니다. 여러분도 책을 고를 때 여러 가지 이유가 있었을 것입니다. 책제목이 마음에 들어서일 수도 있고, 표지 그림이 와 닿아서일 수도 있습니다. 또는 언니나 오빠, 부모님이 추천해 주셔서 읽게 된 경우도 있었을 것입니다.
 이렇듯 여러 가지 이유로 여러분은 책을 골라 읽습니다. 이처럼 여러분이 독후감을 쓸 때는 제일 먼저 책을 고르게 된 동기를 여러분 각자의 입장이나 상황에 따라 쓰면 됩니다.

2) 읽게 된 동기 쓰기

　몇 년 전의 일이다. 집 안에서 장난을 치다가 넘어져 머리가 많이 찢어졌었다. 급히 병원으로 달려가 머리를 꿰맸다. 병원에서의 치료 덕분으로 난 지금 머리에 흉터 하나 없다.
　그 뒤 난 하얀 가운을 입고 병든 사람을 치료해 주는 의사라는 직업이 너무 훌륭하게 느껴졌다. 그와 함께 내가 6년 동안 꿈꾸어 온 '대학 교수'가 되겠다는 희망은 점점 내 머릿속에서 지워져 갔다.
　의사를 좋아하고 의사가 되고 싶어하는 나에게 어머니께서 〈슈바이처〉라는 책을 선물해 주셨다.
(매동 초등학교 6학년 최유미)

　나는 땅을 좋아한다. 언제나 고요하고 온유하며 겸손한 듯하면서도, 그 내부는 풍요롭고 모든 것이 풍부하기 때문이다. 그래서였을 것이다. 내가 〈대지〉라는 책을 펼쳐든 이유는…….
(경기 초등학교 6학년 김민선)

　지난 번 엄마와 함께 서점에 갔을 때 한눈에 딱 들어오는 책이 있었다. 바로 〈거미의 일기〉라는 책이었다. 남의 일기를 보는 것이 왠지 재미있을 것 같아 책을 사들고 집에 돌아왔다.
　집에 와서 책을 펼쳐 들고 읽기 시작했다.
(운현 초등학교 5학년 하나아)

　위의 글들에는 책을 읽게 된 동기가 상세하게 기록되어 있습니다. 맨 처음의 글은 의사가 되고 싶은 꿈을 알고 엄마가 사다 주셔서, 두 번째의 글은 땅을 좋아하기 때문에, 세 번째의 글은 재미있을 것 같아 읽게 되었다고 책을 읽게 된 동기를 밝히고 있습니다.

　이와 같이 책을 읽게 된 동기는 다양할 수 있습니다. 위의 글들에서처럼, 어머니가 사다 주셔서, 땅을 사랑해서, 재미있을 것 같아서, 라는 것도 책을 읽게 된 동기가 될 수 있지만, 이 외에도 모험심이 강해서, 호기심 때문에, 나무를 사랑해서, 위인을 존경해서, 바다가 좋아서, 산이 좋아서 등 책을 고르는 이유는 다양합니다.

　여러분도 책을 읽게 된 동기가 다양할 것입니다. 삼촌이 선물로 사다 주셔서, 아빠가 생일 선물로 주셔서, 친구가 권해서, 선생님이 소개해 주셔서 등등 많은 동기에 의해 책을 읽었을 것입니다. 독서 감상문에서 책을 읽게 된 동기를 쓰는 것은 그리 어려울 것이 없습니다. 여러분이 겪은 대로 솔직히 쓰면 됩니다.

3) 간단한 책 소개 쓰기

　이 책은 내 예상대로 땅의 소중함과 함께 중국 국민의 움직임을 표현하는 듯한 소설이었다.
(경기 초등학교 6학년 김민선)

　〈박씨부인전〉은 지은이도 정확하게 알려지지 않은 채 전해 내려온 고전이다. 그러나 흔히 '여자' 하면 힘없고 연약한 존재로 알고 있는 사람들에게 여자에 대해 새롭게 볼 수 있는 기회를 제공해 준 것만은 분명하다.
　〈박씨부인전〉은 한마디로 얼굴이 못생겼다고 구박을 받던 여인이 허물을 벗으며 청나라에 복수를 하는 과정을 그린 이야기이다.
(사대부속 초등학교 5학년 박혜지)

내가 읽은 〈오른손이 하는 일을 왼손이 모르게 하라〉라는 이 책은 여러 가지 선행에 관해 얽힌 이야기를 엮은 책으로 건전한 선행 윤리를 깨닫게 해주는 책이다.

(금양 초등학교 3학년 임공주)

위에 예시된 글은 모두 읽은 책에 대한 간략한 소개 부분입니다. 처음 예시는 펄벅의 〈대지〉를, 두 번째는 조선조 군담소설인 작자 미상의 〈박씨부인전〉을, 그리고 세 번째는 〈오른손이 하는 일을 왼손이 모르게 하라〉라는 선행에 관한 책을 소개한 글입니다.

이렇게 책 소개에 이어 책을 쓴 저자의 소개를 곁들이면 더욱 좋습니다. 저자를 알 수 없으면 앞의 〈박씨부인전〉처럼 '작자를 알 수 없다'고 밝히면 되고, 작자가 분명한 경우에는 그 책의 지은이를 간략히 소개하는 것이 예의입니다. 책과 그 책의 지은이는 바늘과 실 같아서 뗄래야 뗄 수가 없기 때문입니다.

4) 지은이 소개 쓰기

〈나의 라임 오렌지 나무〉는 브라질의 문학 작가 바스콘셀로스의 작품으로 꼬마 주인공 제제를 통해 꾸밈없는 인간의 세계를 보여준다.

(숭신 초등학교 5학년 하소희)

〈레미제라블〉은 빅토르 위고가 쓴 장편소설로 장발장의 생애를 그린 이야기이다.

(창신 초등학교 6학년 이샘나)

나는 이 책을 읽은 뒤 정말 놀랐다. 이 일기를 책으로 엮어 낸 지은이(조승구)는 불의의 교통사고로 머리를 다쳐 뇌수술을 두 번이나 받았다고 한다.

(서원 초등학교 4학년 오채은)

위의 글들은 독후감 속에 지은이를 간략하게 소개한 대목들을 뽑아 모은 것들입니다. 대부분의 경우 몇 줄 더 자상하게 썼더라면 하는 아쉬움이 남기는 하지만, 독후감에서는 책의 내용이 지은이보다 더 중요하기 때문에 짧게 소개해도 무방합니다. 단, 빠뜨리는 것보다는 짧게라도 소개하는 것이 좋으며, 이것 또한 순서의 하나라는 점을 잊지 말아야 합니다. 대부분의 친구들이 독서 감상문을 쓸 때 이 점을 빠뜨리고는 하는데 절대 그래서는 안 됩니다.

필자는 여러 해 동안 초·중등학교 독서 감상문 심사를 해왔습니다. 그래서 한 번에 많은 독서 감상문을 읽을 기회가 많았습니다. 그때마다 항상 아쉽게 생각한 점은 책과 글쓴이에 대한 소개가 빠져 있다는 점이었습니다. 그리고 내용은 잘 지도했으면서 왜 책 소개와 저자 소개를 빠뜨리지 않도록 하는 지도를 소홀히 했는지, 선생님들이 이 부분에 관심을 가져 주셨으면 좋겠다고 생각했었습니다.

위와 같이 책 소개와 지은이 소개가 끝나면 다음에는 책 속의 이야기를 간략히 줄여 보여주어야 합니다.

5) 이야기나 담긴 내용 간략히 줄여 쓰기

책 속의 이야기나 담고 있는 내용들을 간략하게 간추려 쓰면 책에서 느낀 감동이나 책을 통해 받은 인상, 생각 등을 짜임새 있게 엮어

가는 데 큰 도움이 됩니다. 그것은 생각 따로, 느낌 따로 쓰는 데서 오는 혼란을 사전에 막아줄 수 있기 때문입니다. 곧 이야기의 진행에 따라, 내용의 전개에 따라 보고 느끼고 생각한 것을 질서 있게 엮어 갈 수 있다는 것입니다.

옛말에 '구슬이 서 말이라도 꿰어야 보배'란 말이 있습니다. 흩어져 있는 것이 아무리 많다 해도 그것을 한 데 엮어 묶지 않으면 별 소용이 없다는 뜻입니다. 이를 독서 감상문에 빗대어 말하자면 널려 있는 이야기를 하나의 틀에 맞춰 질서화해야 한다는 뜻이 됩니다.

이 요약한 줄거리 속에는 책 전체의 느낌을 담을 수도 있고, 책의 내용을 한 데 모아놓을 수도 있습니다. 또한 줄인 이야기에, 읽으면서 느꼈던 것과 마음속에서 일어났던 생각들을 적어도 됩니다.

책의 이야기를 정리하여 쓸 때는 먼저 이야기 줄거리를 요약한 후, 그 이야기 속에서 느낀 감동이나 생각을 쓰면 더욱 좋습니다. 그럼 먼저 이야기를 줄여 나타낸 글들을 살펴보도록 하겠습니다.

> 이 책에서는 우리에게 두 가지 선택이 남아 있다고 말하고 있다. 환경을 살려 살아남든가, 아니면 현대 문명과 함께 서서히 죽어 가든가…….
> (성산 초등학교 6학년 이상예의 독후감 '〈지구의 위기〉를 읽고' 중에서)

> 그 중 가장 재미있고 콧등이 시큰한 이야기는 6·25 전쟁 때 남쪽으로 넘어오신 할머니의 이야기였다. 할머니는 남쪽으로 피해 오다 식구들을 모두 잃고 자신만 살아남아 어렵게 사셨다고 한다. 그러면서도 남모르게 어려운 아이들을 도와 학비며 먹을 것까지 마련해 주셨다고 했다.

(금양 초등학교 3학년 임공주의 독후감 '〈오른손이 하는 일을 왼손이 모르게 하라〉를 읽고' 중에서)

　이 책에 대한 느낌은 읽어보지 않은 사람은 알 수 없다. 장면, 아니 이야기 하나 하나가 놓치기 아쉬운, 뭐랄까 가슴에 와 닿는 그 무언가가 있는 내용들이었기 때문이다.
　(고은 초등학교 6학년 윤미란의 독후감 '〈꿈을 잃지 않는 천사〉를 읽고' 중에서)

　위의 세 예문은 읽은 책에 담긴 이야기의 줄거리를 잘 제시하고 있습니다. 이러한 이야기의 줄거리는 독후감을 쓰기 위해 책을 고른 이유나 읽게 된 동기, 그리고 책의 소개나 지은이 소개 다음 차례에 놓는 것이 좋습니다. 이어서 책 속의 이야기에 자신의 처지나 입장, 생활을 견주어 보면서 책 속의 주인공과 스스로를 비교해 보는 것도 좋습니다. 또는 책에 대한 생각이나 느낌을 곁들이면서 나아가 자기 자신을 비판해 보는 것도 좋습니다.

　6) 책 속의 경우와 자기 자신의 경우를 견주어 쓰기

　여러분의 독서 감상문을 보면 대부분 책 속의 내용만 간추려 쓰고는 자신의 느낌이나 와 닿는 감동, 그리고 스스로의 생각을 겨우 한두 줄 쓰고 마는 경우가 많습니다. 그러나 이렇게 쓰면 이것은 독서 감상문이 아니라, 독서 내용 간추리기 정도에 그치고 맙니다. 왜냐하면 감상문이란 느낀 생각이나 읽고 난 후의 소감을 쓴 글인데 정작 중요한 느낌이나 생각을 빼 먹고 내용만 고스란히 펼쳐 놓았으니 의미가 없게 되는 것이지요.

그래서 독서 감상문을 쓸 때는 반드시 읽고 난 후의 느낌과 소감, 곧 스스로가 생각한 것을 빠뜨리지 않고 써야 합니다.

다음에 예로 든 독후감을 통해 이 부분을 살펴보도록 하겠습니다.

　　어머니께서 사 주신 〈슈바이처〉란 책은 내가 바른 길로 나갈 수 있고 착한 마음씨를 가질 수 있게 해준 좋은 길잡이였다. 책을 좋아하지 않던 나도 그 책을 손에 쥐고서 놓지 못했다. 그리고 책을 읽고 좋아하는 모습을 보며 새로운 나를 발견할 수 있었다.

　　한장 한장 넘길 때마다 여러 가지 새로운 이야기를 알게 해 주고 일깨워 준 이 책에 큰 고마움을 느낀다.

　　'슈바이처는 왜 이렇게 마음이 고왔을까? 부유한 집에서 자랐다던데 남을 배려하는 마음이 어찌 그렇게 클까?' 내 머리로는 도저히 이해가 안 가는 얘기였다.

　　슈바이처가 어렸을 때 몸집이 큰 아이와 싸웠는데 그 몸집 큰 아이가 지자, 그 아이는 "너는 고기를 많이 먹어서 나한테 이긴 거야."라고 말했었다. 슈바이처는 이 말을 듣고 불우한 사람을 위하는 마음이 더욱 두터워졌다. 어린 나이에 어떻게 그런 생각을 했을까? 역시 따뜻한 마음씨는 한 사람의 삶을 성공적으로 이어 주는 가장 큰 기반이다. 따뜻한 마음씨는 힘보다 강하며 어떠한 힘도 막을 수 있다. 자기를 희생하며 끝까지 남에게 도움을 주는 촛불과 같은 것이다.

　　슈바이처는 촛불과 같이 자기를 희생하여 남을 도울 수 있는 일만 했다. 아무것도 바라지 않고……. 난 아무것도 바라지 않고 남을 위해 희생할 수 있는 건 부모가 자식을 위할 때뿐인 줄 알았다. 하지만 이제 확실히 알 수 있다. 남을 위해 희생할 수 있는 사람이 또 있었다는 것을. 그리고 그 이름은 바로 슈바이처라는 것을.

　슈바이처가 이해 타산적인 사람들과는 달리 자신의 이익을 생각하지 않고 남을 위한 일을 했다는 점에서 나는 그의 모든 것을 존경하게 되었다. 음악을 그렇게 좋아했음에도 불구하고 음악을 포기하고 힘없고 가난한 사람들을 건강하게 해주기 위해 아프리카로 떠나다니. 아프리카에서 사람들이 슈바이처의 마음을 몰라줄 때도 있었지만 슈바이처는 참고 견디며 사람들이 건강해지는 모습을 보면서 보람을 느꼈다.

　이 책을 읽으며 스스로를 반성하게 되었다. 난 학교에서 매일 매일 친구와 말다툼을 하고 친구를 시기하고 미워했는데……. 하지만 이제 절실히 깨달았다. 친구를 시기하고 미워하지 않겠다고. 그리고 슈바이처처럼 남을 도움으로써 보람을 느끼고 싶다고.

　내가 잘 해낼지는 모르겠지만 내일 당장 가서 친구들에게 말해야겠다.

　"애들아 〈슈바이처〉라는 책 한번 읽어 봐. 나 자신에게 얼마나 도움이 되는지 한번 읽어보면 너희들도 알게 될 거야."

　내가 커서도, 아니 죽을 때까지 나는 슈바이처를 잊지 못할 것이다. 그리고 〈슈바이처〉 책에 대한 고마움을 매일 생각하며 하루하루를 보낼 것이다. 그리고 모든 사람들에게 이 책을 권하고 싶다. 바로 〈슈바이처〉라는 책을…….

　(매동 초등학교 6학년 최유미의 독후감 '〈슈바이처〉를 읽고' 중에서)

　위의 글은 〈슈바이처〉라는 책을 읽고 그 느낌과 소감을 진솔하게 담고 있습니다. 그뿐만이 아니라 글을 통해 스스로를 발견하고 반성하며 일깨우는 '자기 찾기'까지 하고 있습니다. 이는 한마디로 글을 쓴 이가 책을 읽고 무척 감명을 받았다는 뜻이겠죠. 그런데 글쓴이는 이 감명을 감명으로 끝내지 않았습니다. 글쓴이는 책 속의 주인공 슈바이처와 스스로를 비교하면서 슈바이처의 희생과 인류애에 깊이 감동하여 자기 자신이 친구들을 미워하고 시기했던 것 등을 부끄러워하는 자기 반성까지 하고 있습니다.

　이는 한마디로 〈슈바이처〉라는 책이 준 감동과 함께 이 책 속에서 보여주고자 했던 진실을 올바르게 받아들였다는 뜻이 됩니다. 독서 감상문을 쓰는 이유에서 말했듯이 이는 스스로의 생각을 넓히고 깊이 있게 채울 줄 알게 된 결과입니다. 위의 예문은 모 독후감 모집에서 금상을 탔던 글로서 두 번쯤 읽어보아도 손해보지 않을 것입니다.

　다음에는 책에서 받은 전체적인 느낌을 요약해서 제시해야 합니다.

7) 전체적 느낌 요약하여 쓰기

　앞에서 말했듯이 독후감, 곧 독서 감상문은 책을 읽고 난 후의 느낌을 적은 글입니다. 그래서 감동이 크면 큰 만큼 좋은 글을 쓸 수 있는 바탕이 됩니다. 감동이 없는 독서 감상문은 생각해 볼 수 없습니다. 이 말은 독서 감상문을 쓸 때는 반드시 책을 읽고 난 후의 감동을 적어야 하며 그 감동을 읽는 사람도 같이 느낄 수 있어야 한다는 뜻입니다. 좋은 독서 감상문이란 쓴 사람이 책을 통해 받은 감동의 기록이면서, 동시에 그 글을 읽는 이에게도 똑같은 감동을 줄 수 있어야 합니다.

　우리 친구들이 쓴 글을 몇 개 예로 들어 살펴보도록 하겠습니다.

어린 왕자 이야기를 읽으면서 제일 많이 느낀 점은 어른들의 사고방식이다. 어른들은 항상 우리들에게 무엇을 물어볼 때 너 몇 살이니? 그거 몇 개니? 등으로 물어보신다. 즉, 어른들이 하는 모든 말에는 숫자가 들어간다. 그것은 어른들이 순수한 마음을 가지고 있지 않다는 뜻이다.
(연희 초등학교 6학년 하지윤의 독후감 '〈어린 왕자〉를 읽고' 중에서)

이 책을 읽으며 느낀 감동을 인물에 따라 나누어 보니 공통점을 발견할 수 있었다. 그것은 참다운 사랑이었다. 비만과 수가 참다운 사랑을 갖고 있었기 때문에 존시가 살아날 수 있었다고 나는 생각한다.
(경기 초등학교 5학년 이수정의 독후감 '〈참다운 사랑〉을 읽고' 중에서)

나는 이 책을 읽고 느낀 점이 많습니다.
첫째, 자신이 계획한 일은 반드시 실행하는 뤼팽의 용기와 지혜에 감탄하였습니다.
둘째, 무슨 일을 할 때에는 반드시 먼저 빈틈없는 계획을 세워야 합니다. 그리고 나서 그 계획에 따라 자신의 머리를 최대한 발휘해 온갖 지혜를 짜내어 일을 진행했을 때 비로소 성공할 수 있다는 사실을 절실히 깨달았습니다.
(고은 초등학교 6학년 유성근의 독후감 '〈괴도 뤼팽〉을 읽고' 중에서)

이상 예문에서 볼 수 있듯이 독서 감상문은 읽은 책의 전체적인 느낌을 간략하고 감동적으로, 그리고 설득력 있게 써야 합니다. 그래야 읽는 이로 하여금 똑같은 감동을 느끼게 할 수 있습니다.
　마지막으로 책을 읽고 스스로에게 다짐한 결심이나 스스로의 희망 사항을 쓰는 일입니다.

8) 책을 읽고 스스로에게 다짐한 결심과 희망 사항 쓰기

　독서 감상문은 지금까지 보여드린 7단계를 거쳐 마지막 8단계에서는 책을 읽은 후 느끼고 생각한 점 이외에도 깨달은 점, 배운 점은 물론 스스로 다짐한 결심, 그리고 희망 사항 등을 쓰면 좋습니다.
　좀더 쉽게 이해할 수 있도록 예를 들어 살펴보기로 하겠습니다. 먼저 결심이나 다짐을 보여준 예부터 볼까요?

　결심이나 다짐을 보여주는 경우

> 　나는 이 책을 통해 누구보다도 많은 것을 깨달았고 새삼 알게 되었다. 어부들의 삶이 얼마나 힘들고 어려운지를 노인을 통해 알게 되었다. 그리고 우리가 맛있게 먹는 생선이 어부들의 정성어린 땀방울이 맺은 결실이라는 것도 느꼈다. 또한 다시 한 번 사람들의 마음을 보게 됐다. 그 노인처럼 남을 이해하며 사랑하고 누구보다도 자신의 일을 사랑하는 사람이 과연 이 동네, 아니 이 책을 읽은 사람 가운데 몇이나 있을까? 어쨌든 난 이 노인처럼 아름다운 마음을 갖고 실천해야겠다는 것을 새삼 깨달았고, 이 생각을 언제나, 내가 커서 내 꿈을 이루고 늙을 때까지 가슴 깊은 곳에 파릇파릇 돋아나는 새싹처럼 키워 나갈 거라고 굳게 다짐했다.
> 　(청운 초등학교 6학년 진주현의 독후감 〈노인과 바다〉를 읽

고' 중에서)

　나는 이 책을 읽고 다시 한 번 자연의 소중함을 생각해 본다.
　어린 우리들은 폐수로 바다를 오염시키는 공장을 벌 줄 수도 없고 매연을 뿜으며 달리는 자동차도 막을 수 없다.
　하지만 우리가 할 수 있는 일도 많다. 가까운 거리는 걸어다니고 나무를 사랑하고 쓰레기를 줄여 착한 녹색 어린이가 되는 것이다.
　말로만 하는 환경 보호, 남이 시켜서 하는 환경 보호보다는 우리 스스로 앞장서야겠다. 그래야만 하루 빨리 아름다운 금수 강산과 맑은 공기를 되찾을 수 있기 때문이다.
　(청운 초등학교 4학년 신현지의 독후감 '〈나무도 시를 좋아하지요〉를 읽고' 중에서)

　난 이 책을 읽으면서 곤충의 모정과 비정을 알게 되었다. 어쩌면 곤충들이 인간들보다 사랑이 더 깊은지도 모른다. 흔히 우리들은 곤충을 관찰하기보다는 그냥 보는 데 흥미가 더 있다. 하지만 이 과학책을 통해 곤충의 특징 하나 하나가 우리들이 살아가고 있는 것과 다를 게 없다는 것을 알게 되었다. 자연의 세계는 정말 복잡하고 신비롭다. 마치 인간 세계가 아닌 다른 세계를 여행한 기분이었다. 이 책을 통해 작은 곤충 하나라도 함부로 다루지 말아야겠다고 생각하였다. 또한 복잡한 자연 세계를 들여다봄으로써 정말 재미있고 감동적인 여행을 마칠 수 있었다.
　(홍익 초등학교 4학년 서지애의 독후감 '〈독거미의 모정〉을 읽고' 중에서)

바람이나 희망 사항을 보여주는 경우

　책을 읽고 나니 궁금증은 다소 풀렸으나 오히려 없던 걱정이 생겼다. 바로 핵 물질의 위험, 각종 공해, 산성비, 지구 환경 파괴, 우리 경제의 어려움 등에 대한 걱정이었다.
　지구는 우리만이 살다 갈 곳이 아니라 우리 후손에게 깨끗이 물려주어야 할 곳이다.
　새로운 에너지가 만들어질 때까지만이라도 에너지의 소비를 줄여 지구를 살리고 우리 경제도 살렸으면 좋겠다.
　(인왕 초등학교 5학년 임대근의 독후감 '〈에너지란 무엇인가〉를 읽고' 중에서)

　이 책은 우리에게 아무리 환경이 좋지 않더라도 인내를 갖고 꾸준히 노력하면 어떤 어려움도 이겨낼 수 있다는 교훈을 주고 있다. 나도 장영실처럼 인내를 갖고 꾸준히 노력해서 사회에 꼭 필요한 훌륭한 사람이 되고 싶다.
　(안산 초등학교 6학년 손재익의 독후감 '〈장영실 전기〉를 읽고' 중에서)

　이 책을 읽고 과학은 우연히 발견되기도 하겠지만, 이렇듯 책과 실험을 통하여 발견될 수도 있음을 알게 된 것이 무엇보다 보람있었다. 과학을 좋아하는 나에게 과학자의 꿈을 더욱 굳게 하는 기회가 되었다.
　(홍대부속 초등학교 2학년 조은지의 독후감 '〈전기는 어떻게 만들어질까〉를 읽고' 중에서)

　이상 살펴본 여러 본보기를 통해 여러분은 독서 감상문은 어떻게 써야 하고, 그 순서는 어떠해야 하며, 또 어떻게 하면 좋은 독서 감상문이 되어 감동을 줄 수 있는지 충분히 알았을 것입니다. 그럼 이제 일상적으로 우리가 쓰는 독서 감상문 말고 다른 형식의 독서 감상문에 대해 살펴보도록 하겠습니다.

4. 독서 감상문의 또 다른 형식

독서 감상문을 쓰는 형식에는 앞에서 말한 여덟 가지 순서를 거쳐 쓰는 본래의 방법이 있는가 하면, 이와는 달리 책의 주인공이나 이 책의 내용을 알리고 싶은 다른 사람에게 편지를 쓰는 형식을 취하는 방법도 있습니다.

실제로 독서 감상문 모집에 보내 온 독후감을 보면 대개 본래의 방법을 좇아 쓰는 경우가 대부분이나, 때로는 책 속의 주인공에게 편지를 쓰는 형식을 취하는 경우도 많이 있습니다. 이는 이 두 가지 형식이 독서 감상문을 쓰는 형식을 대표하기 때문입니다.

물론 이 외에도 책의 내용이나 줄거리, 그리고 느낀 점이나 생각을 누군가와 말로 나누어 기록하는 대화 형식도 있을 수 있고, 책을 읽은 느낌과 생각을 말로 주고받는 대담 형식으로 꾸밀 수도 있을 것입니다. 그러나 여기에서는 장을 달리하여 '독서 감상문의 본보기'란을 따로 두었으므로 또 하나의 대표적 형식인 편지 형식의 독서 감상문 예문을 곁들이는 것으로 마무리하겠습니다.

　　톰 소여에게

　안녕, 톰. 나는 이 독후감 대회가 있다는 말을 듣고 나서 계속 네 생각만 해 왔단다. 다른 아이들 중에는 네가 나오는 책을 읽었다고 너를 너무 시시하게 생각하는 아이들이 많았어. 아이들의 말을 듣고 '그건 그래' 하는 생각도 했어. 그렇지만 너의 생활에 대해 써야겠다는 나의 생각은 변함이 없더구나. 결국 나는 너를 선택하여 지금 너에게 이 글을 보내고 있는 거야. 네가 내 옆에 있었더라면 내가 더 잘 할 수 있을 것 같은데 참 아쉽구나.

네가 나오는 책을 읽고 나는 배꼽이 빠지도록 웃었단다. 특히 담장에 페인트칠을 할 때, 어쩌면 그렇게 기막힌 생각을 하였니? 페인트칠을 하다가 은근히 하기 싫고 짜증이 나니까 너는 지나가는 아이들에게 아주 재미있다고 하며 페인트칠을 해 보는 대가로 그들의 과일을 받아 챙겼지. 너는 과일을 먹으면서 쉬고 너의 친구들은 먹을 것을 가져다주면서까지 페인트칠을 하고.

내가 너였다면 그런 생각은 하지도 못했을 거야. 그래서 하루 종일 땀을 뻘뻘 흘리며 페인트칠을 하고 그날 씻지도 못하고 바로 축 처져서 잠이 들었을 거야.

너와 나는 전혀 성격이 다른 것 같지? 톰, 하지만 나는 너를 좋아하는, 너의 엄청난 팬이란다. 네가 나오는 책을 여섯 번이나 읽고도 KBS에서 하는 '톰 소여의 모험'이라는 만화를 한 번도 빠짐 없이 다 보았거든.

아 참, 나는 너에게 참 부러운 점이 있단다. 너는 공부도 안 하고 놀기만 하잖아. 나는 그것이 참 부러웠어. 또 누구의 간섭도 받지 않고 돌아다니는 자유로운 너의 생활과 진정한 너의 친구 짐은 너무 좋아 보여. 요즈음에는 그렇게 우정이 두터운 친구가 없거든.

마지막으로 네게 가장 부러운 점이 있다면 자유롭게 맨발로 보드라운 흙 위를 다닌다는 것이야. 지금 나는 양말과 신발을 신고 다녀서 매우 발이 답답하단다. 물론 우리 나라에서 맨발로 거리를 다닌다는 것은 예절에 어긋나는 일이지만.

아무튼 자유롭게 생활하는 톰, 네가 부러워. 배가 고프면 나무 열매나 강에 사는 물고기를 잡아 먹고 더운 여름에는 선풍기나, 에어컨의 바람을 쐬는 나와는 달리 미시시피 강이나 주위 연못에 가서 수영을 하지 않니. 나는 그 내용을 볼 때마다 책 속으로 들어가서 너와 함께 수영하고 싶었어. 또 공부라는 생활에서도 벗어나고 싶고 말이야.

톰! 너와 내가 서로 생활을 바꾸어서 생활한다면 어떻게 될까? 궁금하지 않니? 이건 내 생각인데, 나에게는 좋고 너에게는 지옥 같은 생활이 될 것 같아. 나는 네 생활을 아주 좋아하거든. 하지만 자유를 좋아하던 네가 나의 생활로 온다면 너는 아주 병이 심하게 들 거야.

학교에 가면 전과목을 배워야 하고 다시 학원에 가야 하거든. 또 학원을 끝내고 집에 오면 이번에는 영어 학원을 가야 되고, 또 구몬 학습이라는 학습지를 풀어야 돼. 또 이것만으로 끝나는 것은 아냐. 학교 숙제도 하고, 또 그후에는 학원 숙제도 해야 되거든.

이렇게 힘들게 생활하는데 만약 미술 숙제가 어려운 날이면 너는 곧 쓰러지고 말걸? 공부는 누가 해주는 것이 아니거든.

자! 이제 너와의 이야기를 마쳐야 되겠구나. 너는 우리 집 책장에 고이 간직되어 있듯이 내 마음속에도 고이 간직될 거야. 영원히 말이야.

자! 그럼 이만 연필을 놓을게. 내가 다시 책 속에서 너를 볼 때까지 안녕, 톰. 잘 있어. 너의 팬 양선이가.

(매동 초등학교 6학년 김양선)

심청이 언니에게

안녕하세요? 저는 현대를 살고 있는 강은경이라고 합니다. 심청이 언니가 나오는 〈효녀 심청〉을 읽고 많은 반성을 하게 되었어요. 어머니께서 〈효녀 심청〉이라는 책을 선물로 주셨을 때, 저는 무척 투정을 부렸답니다. 왜 이런 책을 사왔냐고 하면서요. 그런데 지금 생각해 보면 그때 제가 왜 그랬는지 모르겠어요. 언니처럼 훌륭한 사람이 나오는데 말이에요.

어렸을 때 어머니를 여의고, 앞을 못 보는 아버지를 모시며 살아가는 심청이 언니. 수없이 많은 고생을 했겠죠?

내가 심청이 언니였더라면 얼마 못 가서 어머니를 만났을 거라고 생각해요. 전 언제나 부모님만을 의지하고 살아왔거든요. 갑자기 부모님이 돌아가신다면 전 정말 세상 살기가 무서울 거예요.

그렇게 부모님이 중요하다는 것을 알면서도 전 여태까지 부모님 말씀도 잘 안 듣고 부모님 속만 썩였어요. 심청이 언니! 절 정말 못된 아이라고 생각하시죠?

하지만 지금은 예전보다는 많이 착해졌어요. 그것을 어떻게 아냐구요? 학교에서 효도를 잘 하는 효행왕으로 뽑히기도 했구요, 요즈음엔 부모님이 저 때문에 싱글벙글 웃으며 지내신답니다. 이유는 저도 잘 모르겠지만요.

심청이 언니! 저는 언니의 결단력 있는 자세를 본받고 싶어요. 공양미 삼백 석에 몸을 팔아 아버지의 눈을 뜨게 하려고 했던 일은 정말 훌륭하다는 생각이 들어요. 언니도 그 결정을 하기 위해 많은 생각을 했겠죠? 제가 만약 똑같은 상황을 겪게 되었더라면 전 아마 그런 생각은 꿈에도 하지 못했을 거예요. 어린 나이에 아버지를 위해 자신을 희생하다니 정말 훌륭해요.

심청이 언니! 저도 언니처럼 부모님을 위해서라면 자기 자신을 아끼지 않는 효녀가 될 수 있을까요? 전 그렇게 되기 위해 열심히 노력하고 있는데 마음대로 안 될 때가 더 많아요. 심청이 언니처럼 매일 아침, 점심, 저녁 부모님의 식사를 챙겨드리지도 못하고요. 어느 때는 더러 화를 내 부모님께 반항을 하기도 했답니다. 그런데 요즘은 그럴 때마다 자꾸 심청이 언니가 생각나요. '왜 난 심청이 언니처럼 할 수 없는 것일까?' 하면서 말예요.

심청이 언니! 제가 지금 심청이 언니를 만나볼 수 있다면 언니의 그 백합꽃같이 하얀 마음과 솜털같이 포근한 마음을 모두 빼앗아 저의 마음과 바꾸어 놓고 싶어요. 심청이 언니한테는 미안하지만요. 하지만 언니는 제 마음 아시죠? 제가 진정한 효녀가 되길 바라는 마음을요.

심청이 언니에게 약속드려요. 제가 꼭 진정한 효녀가 되어 현대의 심청이가 될 것을 말이에요. 언니도 하늘에서 내려다보시며 응원해 주세요. 언니의 뒤를 잇는 저를 말이에요. 열심히 노력할게요. 진정한 효녀라는 이름을 걸고……. 말로만 효녀, 효녀 하지 않고 꼭 실천에 옮겨 약속을 지키겠어요. 지켜봐 주세요.

그럼 이만 줄입니다. 안녕히 계세요.

1997년 강은경 올림

(매동 초등학교 6학년 강은경)

5. 독서 감상문의 본보기

다음에는 여러분에게 한번 읽어보기를 권하고 싶은 여러 독서 감상문을 소개해 드리겠습니다. 여기에 소개한 독서 감상문들은 전국 초·중등학교 학생들을 대상으로 한 현상 모집에서 금상·은상·동상 등을 받은 우수한 작품들입니다. 읽고 또 읽어 여러분들이 독후감을 쓰는 데 여러 가지로 도움이 되기 바랍니다. 또한 독후감 쓰기의 요령도 터득할 수 있는 계기가 되기 바랍니다.

〈위기의 지구〉를 읽고

우주에서 본 지구의 모습은 참으로 아름답다고 한다. 암갈색의 육지와 파란색의 대양, 흰색의 구름과 극지방의 얼음들. 이 모든 것들이 잘 조화를 이루어 저절로 감탄을 자아낼 정도니까 말이다.
그러나 요즘 우리의 지구가 위기를 맞고 있다.
이 책의 첫 장을 보면 지구가 밧줄로 꽁꽁 묶여 있는 것을 볼 수 있다. 보기만 해도 굉장히 답답하게 느껴졌다. 정말 내가 보는 것과 같이 지구는 숨도 못 쉴 정도로 답답할까?
산업 혁명의 시작으로 약 200여 년 전부터 대기와 물, 그리고 토양까지 썩어 가고, 요즈음은 인구·식량·기아 문제까지 일어나고 있다.
이러한 환경 오염은 인간의 이기주의에서 비롯되었다고 생각한다. 인간은 개발과 이용이라는 미명하에 공공연히 지구를 파괴시켜 온 것이다. 나 혼자만 편하고, 잘 살면 된다는 이기주의로 인하여 정말 많은 환경이 파괴되었다.
　기업이나 소규모 공장에서는 폐수나 공해 물질 등을 그냥 내버려 수질을 오염시키고 있다. 이것도 바로 이윤을 많이 남기기 위한 이기적인 생각이 아닐까? 그래서 물고기가 죽어 떠다니고 더러운 물질이 녹아드는 등의 현상이 일어났다. 이런 것을 읽으니, 마음이 아팠다. 더구나 이러한 물고기를 먹고 병에 걸린 사람들을 보니 안타까운 마음을 누를 수가 없었다.
　수질 오염 이외에도 토양 오염이 있었다. 이것도 생산만 많이 하면 좋다는 식의 생각에서 나온 것일 것이다. 토양은 식물에 필요한 조건 중 햇빛을 제외하고는 모든 조건을 다 갖추고 있다. 그렇다면 모든 조건이 충분하지 않은가? 벌레나 해충을 죽이기 위해 농약을 써야 한다면, 그 벌레들의 천적인 산새를 많이 기르면 환경 오염이 줄고, 생태계도 조화를 이룰 것이다.
　인간들의 이기적인 생각과 행동은 여기에서 그치지 않았다.
　가난한 나라에서는 당장 먹고사는 것이 바쁜 관계로 환경 오염에 신경을 쓸 여력이 없다는 것을 안 선진국들은 이 점을 이용하여 폐기물을 떠맡기는 일까지 일어나고 있다. 정말 나로서는 믿기 어려운 일이다. 우리 나라도 70년대에 일본으로부터 돈을 받고 산업 폐기물을 들여온 적이 있었다. 다른 나라의 약점을 이용하여 자신의 이익만 앞세우며 자국에 대해서는 굉장히 철저한 일본을 보니 미운 감정이 나도 모르게 솟았다.
　그러나 이렇게 이기적인 일본이지만 어떤 점에서는 우리도 그 나라를 본받을 필요가 있다. 바로 쓰레기의 재활용이 80%를 넘고 있다는 점이다. 우리 나라는 과연 쓰레기의 얼마 정도가 재활용이 되고 있을까? 일본을 규탄하는 우리의 자세부터 되돌아 봐야 한다고 생각한다.

현대 문명의 발달로 우리의 생활은 편리해지고 윤택해졌다. 반면 깨끗한 공기, 물, 흙을 비롯하여 쾌적한 환경과 이웃간의 인정 등, 우리는 더 많은 것을 잃어가고 있다. 이것이 진정한 문명의 발전이라 할 수 있을까?

환경 문제는 참으로 여러 가지로 나타나지만 어떤 문제든 공통점이 있다면 환경 문제에도 공통점이 있다. 바로 이것이다. 인간들로 인해 생긴 문제가 인간에게 피해를 주고 있다는 사실이다. 즉, 우리 인간은 그 과정에서 스스로를 파멸시키고 있다는 것 말이다.

이 책에서는 우리에게 두 가지 선이 남아 있다고 말한다. 환경을 살려 살아남든지, 아니면 현대 문명과 함께 서서히 죽어가든지……

환경 문제는 바로 우리 자신과 나아가서 우리 후손들의 문제이므로 매우 중요하다고 생각한다. 그러므로 마땅히 그 해결과 대안은 우리가 찾아야 하는 것이다.

우선 정부나 기업들은 전쟁을 벌이거나 무기 만드는 돈을 줄여서 환경 문제를 해결하는 데 쓰면 어떨까 싶다. 그러면 돈도 절약되고, 환경도 깨끗해져 한마디로 '일석이조'가 되는 셈이다.

그리고 더욱 중요한 것은 우리 모두의 노력이다. 전기를 아껴 쓰거나 합성 세제를 쓰지 않는 등의 쓸데없는 소비생활을 줄이는 것이다. 그리고 우리 모두가 환경 감시자가 되어 우리 주변의 환경부터 깨끗이 해 나가는 일이다.

이러한 우리 모두의 노력이 이루어질 때, 지구에 꽁꽁 묶여 있던 밧줄도 하나씩 하나씩 풀어질 수 있다고 생각한다.

초록빛 별인 우리 지구, 언제까지 우리는 지구를 초록빛으로 지켜 나갈 수 있을까?

이 책을 통해 우리 지구의 문제점과 해결 방법을 내 나름대로 생각해 볼 수 있는 좋은 기회가 되었다.
밝은 초록빛처럼 내 맘에도 밝은 전망이 비춰진다.

(성산 초등학교 6학년 이상예)

초록별 소녀의 꿈
〈어린 왕자〉를 읽고

푸르름이 싱그러운 오월에 나는 〈어린 왕자〉를 만났다.
교과서에 실린 어린 왕자의 이야기가 너무 재미있고 그 뒷이야기가 궁금하여 집에 돌아오자마자 곧 책을 구입해 읽었다.
어린 왕자는 자기의 별인 B612호 소혹성에서 꽃과 다투고 여행길에 오르게 되었다. 명령을 내리기 좋아하는 왕의 별, 술만 마시는 사람의 별, 지리학자의 별 등 일곱 개의 별을 여행했다.
그 중 제일 재미있었고 감명 깊었던 대목은 어린 왕자가 지구에 도착하여 겪은 내용이었다. 아무래도 제일 익숙하고 친근감이 가서였을 것이다.
어린 왕자는 지구의 아프리카에 도착해 맨 먼저 뱀을 만났다. 어린 왕자는 뱀을 손가락처럼 긴 이상한 동물로 보았다. 독이 있어 무서운 동물인 줄 모르고 마냥 웃는 어린 왕자가 순수해 보였다. 어린 왕자는 지구를 뾰족뾰족하고 거칠고 기분 나쁘며, 게다가 인간을 바보라고 생각했다. 그것은 당연했다. 어린 왕자가 서 있는 곳은 사막이고 메아리 소리만 들렸으니…….
그러나 어린 왕자는 곧 여우를 만났다. 왕자는 여우에게서 '길들인다'라는 말을 배웠고 둘은 서로 길들여지게 되었다. 어린 왕자는 여우에게 단 하나뿐인 사람이 되었고 여우는 어린 왕자에게 단 하나뿐인 여우가 되었다. 어느덧 어린 왕자가 떠날 때가 가까워졌다. 어린 왕자와 여우는 울먹이며 헤어졌고 서로 잊지 못할 관계가 되었다.

　지금까지도 여우의 가르침이 귀에 쟁쟁하다. 중요한 것은 겉으로는 보이지 않고 마음으로 보아야 볼 수 있다는 것과 자기가 길들인 것에는 끝까지 책임을 져야 한다는 것이었다. 여우의 교훈으로 어린 왕자는 자기 별의 꽃과 여우를 책임져야 한다는 것을 깨달았을 것이다. 나도 친한 친구와 잘 지내다가도 토라지고 사소한 일로 싸울 때가 많다. 그러나 곧 나에게 길들여진 친구는 내가 끝까지 책임을 져야겠다는 생각을 했다. 또 그 작은 싸움을 후회하며 더 양보하는 맘을 가지면 좋은 친구 관계를 맺을 것이라 믿는다. 그리고 언젠가는 내가 길들인 나의 친구들도 여우의 가르침을 깨달을 수 있을 것이다.

　지구는 우주의 초록별이다. 꼭 어린 왕자가 생각한 것만큼 그렇지는 않다. 갖가지 짐승과 사람이 어우러져 생태계를 이루고 거듭나고 있으며 고도의 과학기술을 이룩한 별이기도 하다. 가끔 인류, 세계가 전쟁으로 인한 식량난에 시달리고 환경 파괴로 큰 어려움을 겪고 있지만 각 나라끼리 친선 도모에 힘쓰고 있는 가운데 세계는 평화로워질 것이다.

　그렇게 평화롭게 된다면 먼 훗날에는 마음과 마음이 하나되어 세계는 발맞추어 나아가리라고 생각한다. 그러면 어린 왕자도 우리의 지구를 아름다운 별로 기억할 것이다.

　따사로운 햇빛으로 화창한 이날. 푸르른 하늘을 보며, 나는 어린 왕자처럼 꿈을 가진 소녀로 자라나겠다고, 그래서 지구를 아름다운 별로 가꾸어 나가겠다고 다짐한다.

(동교 초등학교 6학년 신유영)

나에게도 희망을
〈꽃들에게 희망을〉을 읽고

어머니께서 책을 구해 오셨다. 이모 댁에서 가지고 오신 책의 제목은 트리나 폴러스 작의 〈꽃들에게 희망을〉이라는 책이었다. 그리고 책표지에는 꽃과 나비, 그리고 두 마리의 애벌레가 나의 마음을 뺏기라도 하듯 뽐내고 있었다. 두 마리의 애벌레—줄무늬 애벌레와 노랑 애벌레—의 삶에 대한 이야기를 쓴 이 책은 나에게 매우 흥미로웠다.

줄무늬 애벌레가 삶이란 그냥 먹고 자라는 것 외에 오묘한 무엇인가가 따로 있을 것이라고 생각하며 여행을 떠나면서 이야기는 시작되었다. 줄무늬 애벌레는 여행을 하면서 수많은 애벌레들로 이루어진 기둥을 발견하게 된다. 애벌레들은 자신들이 찾고 있는 무엇인가가 그 기둥에 있을 것 같아서 오르고, 또 오르고, 그러다가 떨어져 다치기도 하며 죽기도 했다.

줄무늬 애벌레는 그 속에서 노랑 애벌레를 만난다. 둘은 전쟁 같은 상황 속에서 빠져 나와 풀밭에서 먹고, 쉬고, 행복하게 지낸다.

그러나 줄무늬 애벌레는 기둥에 대한 호기심을 참지 못해 또 기둥을 오르겠다고 도전한다. 그래서 노랑 애벌레의 만류에도 불구하고 혼자 꼭대기까지 힘들게 올라가게 된다. 그런데 어렵게 올라간 기둥의 꼭대기에는 아무것도 없다. 다만 아름답게 기둥 위를 날아다니는 나비만 있을 뿐…….

줄무늬 애벌레는 자기 속에도 나비가 들어 있다는 기쁨을 알게 되고, 아름다운 나비는 다만 애벌레가 고통을 견뎌낸 후의 모습이라는 것을 깨닫게 된다. 그리고 자유롭게 날고 꽃들에게 희망을 주는 아름다운 나비가 되기 위해서는 용기를 내서 자기 내부에 들어 있는 고치를 만들 수 있는 재료를 뽑아내야 함을 깨닫게 된다.
　노랑 애벌레는 노랑나비가 되었다. 줄무늬 애벌레도 마침내 '고치'라는 고통을 견디며 줄무늬 나비가 되었다. 나는 그들이 오르고 오른 '기둥'에 대해 생각하였고 또 '고치'를 만들 수 있는 재료가 다 자신의 마음속에 있다는 이야기를 곰곰이 생각해 보았다.
　그렇다면 나도 내 속에 모든 것을 가지고 있는 것이 아닐까? 내가 애벌레처럼 도전하고 또 도전하면 나에게 있는 가능성을 마음껏 계발할 수 있다는 희망을 갖게 되었다. 그래서 내가 되고 싶은 그 이상의 모습으로 만들 수 있다는 애벌레의 가르침을 난 배우게 되었다.
　'그래, 내 속에 있는 무한한 가능성을 계발하자. 그러기 위해서는 최선을 다하는 거야. 그래서 꽃들에게 희망을 주는 나비처럼, 많은 사람들에게 희망을 주는 그런 사람이 되자.'
　난 어느새 이렇게 다짐해 본다.
(갈현 초등학교 5학년 박초롱)

〈철조망에 피운 꽃〉을 읽고

　이 이야기는 〈쥐라기 아저씨와 구두〉라는 이야기집에 실린 단편소설이다. 특히 주인공 동진이는 예전에 내가 경험했던 것과 똑같은 경험을 했기 때문에 더 친근감이 느껴지고 감명도 많이 받았다. 그리고 이제까지 읽은 단편소설 중에서도 가장 깊이 가슴속에 남아 있다.
　동진이네 가족이 낯선 곳으로 이사를 했을 때 매서운 눈총을 받았다는 내용을 읽고 안타깝기도 했고, 유치원 시절 우리 집이 이사했던 곳이 생각났다. 그때 우리 집은 무척 높았는데 그곳에는 어린아이들부터 어른들까지 여러 사람들이 살고 있었다. 처음에 내 또래였던 많은 친구들이 수없이 나를 비웃고 따돌려서 얼마나 많이 울었는지 모른다. 지금 생각하면 웃음이 나오지만……

 동진이네 가족이 이러한 따돌림을 무릅쓰고 낯선 그곳으로 이사 간 것은 그 동네에 한 줄기의 빛을 주기 위해서였다는 생각이 든다. 언제나 어둡고 침침하며 그늘졌던 동네가 동진이네 가족으로 인해 밝게 될 수 있는 가능성이 생겼고 실제로 그렇게 되었으니 말이다.

 동진이네 가족이 마당에 꽃과 나무를 심으며 즐겁게 사는 모습을 보며 얼마나 부러웠는지 모른다. 나도 이런 집을 좋아하기 때문이다. 그런데 요즈음에는 왜 우리 집을 비롯해 많은 사람들이 개성 없는 성냥갑 같은 집에서 살기를 좋아하는지 모르겠다. 맑고 깨끗한 자연을 저버리고……

 꽃과 나무를 꾸미며 사는 동진이네 가족이 문에 걸어놓은 '빛 마당'이라는 간판은 그럴싸했고 멋있었다. 만약 우리 모두가 문에 아름다운 간판을 건다면 동네가 더 아름답게 보이지 않을까?

 새로 이사 가게 된 동네에 집집마다 철조망이 쳐져 있는 것을 보고 동진이네 가족처럼 나도 놀랐다. 또 집집마다의 철조망뿐 아니라 사람들 사이의 철조망이 곳곳에 많이 있다는 것에 더더욱 놀랐다. 그 철조망에 장미꽃을 심은 동진이네 가족의 기발한 생각이 무척 훌륭하게 느껴졌다.

 그 장미꽃 철조망은 드디어 마을 사람들이 마음의 문을 여는 데 큰 일을 했다. 장미꽃을 보며 자신들이 무척 이웃에 대해 무신경했음을 알게 되고 웃음을 되찾게 된 것이다. 나도 같이 기뻐했고 나도 모르게 미소를 지었다.

　동진이네 가족의 웃음이 동네의 침울함을 내쫓은 것이다. 앞으로 동진이네 가족이 더 밝은 미소를 가져다주었으면 하는 바람이다.

　이 책을 읽으며 사람들의 웃는 얼굴, 밝은 얼굴이 얼마나 소중한지 알게 되었고 이웃간의 따뜻한 정도 느끼게 되었다. 동진이네 가족 덕분에 웃음을 되찾고 이웃간에 웃음 지으며 인사하는 그 동네처럼 우리가 사는 세상도 그렇게 되었으면 좋겠다.

　'나만이 최고'라는 생각이 아닌 '우리 모두가 최고'라는 생각을 갖고 서로서로 도와주며 상부상조하는 세상이 되었으면 좋겠다. 그러기 위해서는 이사 온 지 얼마 안 되는 우리 집부터 먼저 모르는 이웃에게 인사하여 밝고 아름다운 동네를 만들어 나가야겠다.

　거리마다 웃는 얼굴, 밝은 얼굴, 싸움 없는 나라가 되어 선진국을 향해 한걸음 한걸음 발돋움해 나가는 아름답게 웃는 한국, 밝은 KOREA가 되었으면 하는 바람을 가지며 이 책의 깊고 아름다운 뜻을 다시 한 번 되새겨 본다. 진정한 아름다움이란 어떠한 것인지…….

(인왕 초등학교 6학년 이미정)

〈박씨부인전〉을 읽고

　현대를 '정보화 시대'라고 한다. 그래서인지 사람들은 새로운 것만을 좋아하는 것 같다. 우리가 읽는 책도 마찬가지이다. 전래 동화나 고전, 명작보다는 쉽고 재미있는 것만을 골라서 읽는다.

그러나 '온고지신'이라는 옛말처럼 옛 것에서 우린 새로운 것을 배워야 할 것이다.

내가 많은 고전들 중에서 〈박씨부인전〉을 택한 이유는 같은 여자로서 느끼는 점이 많을 것 같기 때문이었다.

〈박씨부인전〉은 지은이도 정확하게 알려지지 않은 채 전해 내려온 고전이다. 그러나 흔히 '여자' 하면 힘없고 연약한 존재로 알고 있는 사람들에게 여자에 대해 새롭게 볼 수 있는 기회를 제공해 준 것만은 분명하다.

〈박씨부인전〉은 한마디로 얼굴이 못생겼다고 구박을 받던 여인이 허물을 벗으며 청나라에 복수를 하는 과정을 그린 이야기이다. 청나라는 그 당시 병자호란과 정묘호란 등을 일으켜 우리 나라 조선을 무척이나 괴롭혔다.

박씨부인은 어렸을 때부터 못생겨서 동생이 먼저 시집을 갔다. 박씨부인은 결국 늦게 시집을 갔으나 역시 얼굴이 못생겼다는 이유로 시어머니와 남편에게 심한 구박을 받는다. 하지만 불평 한 마디 하지 않고 묵묵히 자신의 자리를 지켰다. 남편이 자신의 얼굴이 보기 싫어서 집에 들어오지 않고 별당 작은방으로 들어가는 것을 보고 박씨부인만큼 나 역시 가슴이 무척 아팠다.

나라면 너무 자존심이 상해서 울고불고 난리가 났을 텐데…….

그러나 시아버지의 따뜻한 사랑이 있었기에 박씨부인은 그토록 초연할 수 있었는지도 모른다. 남편의 끝없는 무시에도 옳다고 생각하면 어떤 일이 있어도 굽히지 않으며 지냈기에 3년 후에는 흉한 얼굴을 면할 수 있었다. 그때부터는 남편도 박씨부인을 사랑했다.

그때 조선에서는 눈앞에 닥친 위기도 모르고 흥청거리며 살았다. 박씨부인은 위험을 경고했다. 그러나 아무도 그녀의 말을 듣지 않았다. 박씨부인은 '금년 12월 28일 호병이 쳐들어오니 임금님을 남한산성으로 피신시키라'고 했다. 그래서 임금님은 피신하려 했으나 신하들이 말렸다. 그러면서 신하들은 싸움질까지 했다.

나는 박씨부인의 나라 사랑하는 마음과 용기를 알 수 있었다. '웬만한 남자도 옳다고 생각하는 것을 감히 임금님께 건의하지 못할 텐데……' 결국 박씨부인의 지혜로 적군을 통쾌하게 물리치는 장면은 지금 생각해도 신이 난다.

이 글을 읽고, 나는 우리 나라가 오랜 세월 동안 잘 버티어 올 수 있었던 것은 이런 숨은 의인이 많았기 때문이라는 생각을 하게 되었다.

앞으로도 많은 고전을 읽어야겠다. 이런 고전들 속에서 삶의 지혜와 슬기를 배운다면 먼 훗날 내가 이 나라의 주인이 되었을 때 아름다운 나라를 만들 수 있을 것이다.

새롭고 흥미로운 것만이 좋은 것은 아니라는 생각이 든다. 고전은 숨겨진 보물과도 같은 것이다. 나는 앞으로 숨겨진 보물을 캐는 마음으로 고전을 읽을 것이다.

(사대부속 초등학교 5학년 박혜지)

〈대지〉를 읽고

나는 땅을 좋아한다. 언제나 고요하고 온유하며 겸손한 듯하면서도, 그 내부는 풍요롭고 모든 것이 풍부하기 때문이다.

그래서였을 것이다. 내가 〈대지〉라는 책을 읽게 된 이유는…….

이 책은 내 예상대로 땅의 소중함과 함께 중국 국민의 움직임을 표현하는 듯한 소설이었다. 왕룽이라는 전형적인 농민의 삶을 통해서 나는 많은 것을 배우게 되었다.

왕룽은 어디서나 볼 수 있는 순박한 농민이다. 그는 다른 농민들처럼 땅을 일구고 살았으며, 대지의 숨소리를 들을 줄 알았다. 홍수나 가뭄은 노한 지신님의 벌이라 생각하는 약간 어리숙해 보이는 왕룽의 성격에 나는 푹 빠져들고 말았다. 무엇보다 내가 왕룽에게서 배운 것은 땅을 아끼는 마음이다.

그리고 왕룽의 아내 오란. 오란은 몸과 마음 모두를 바치는 헌신적인 아내였다. 나는 너무나도 희생적인 오란의 성격이 바보 같다 못해 불쌍하다는 생각마저 들었다. 그렇게까지는 하지 않아도 좋았을 텐데. 나 같으면 부잣집 여주인답게 차리고 손 하나 까딱 안 했을 텐데 말이다. 하지만 나는 오란에게서 소박한 아름다움을 느낄 수 있었다. 현대의 여자들은 세련되고 영리하지만 나는 오란의 너무나도 착한 마음이 그런 여자들보다 훨씬 낫다고 생각한다.

그런데 왕룽은 재산이 늘어나자, 점차 오란에게 싫증을 느끼게 된다. 사람들이란 모두 편해지면 그러는 건지……. 왕룽의 짜증은 급기야 새 첩을 들이는 것으로까지 번진다. 그녀가 바로 렌화다. 모든 면에서 오란과 정반대의 미인이었으니 오란에 대한 왕룽의 구박은 심해만 갔다. 급기야는 오란이 가장 아끼던 두 개의 진주를 렌화에게 줘 버리고 만다.

아, 그때 오란의 눈에서 흐르던 눈물은 내 마음속에 깊이 박히어, 내 눈에서도 눈물이 주르르 흐르게 만들었다.

걷잡을 수 없이 타락해 버린 왕룽이었으나 세월이 흘러 소중한 이들이 모두 떠나버리자 지난날의 그로 되돌아간다. 땅을 아끼고 사랑하는 농민으로…….

그의 집안에는 불화가 끊일 날이 없고 세상은 혁명으로 떠들

썩거린다. 왕룽은 세월의 덧없음을 느끼고 자신이 다시 땅으로 돌아갈 날이 멀지 않았음을 느낀다. 나는 '그걸 이제야 깨달았어!' 하고 외쳐 주고 싶었지만 꾹 참았다. 왕룽이 마지막으로 한 말 때문이었다.

"우리는 땅과 함께 살아왔고 이젠 땅으로 돌아가야 한다. 누구라도 땅만 가지면 살 수 있다. 땅을 파는 날엔 그것이 마지막이야……."

왕룽이 땅을 얼마나 사랑하는가를 보여주는 이야기이다. 이 '땅'은 복잡하고 어지러운 도시의 땅을 말하는 게 아니리라. 소박하면서도 풍요로운 땅, 생명의 근원이 되는 흙이 있는 땅을 말하는 것이리라.

대지는 우리에게 많은 것을 베풀어 왔다. 맑은 공기와 목재, 삶의 터전이 되어 온 것이다. 그런데 우리는 그런 땅을 파괴하고 있다. 이름 난 명승지는 쓰레기로 가득 차고, 계곡과 산마다 비닐 봉지·깡통 등이 없는 데가 없을 정도다. 거기에다 오염된 하수까지……. 땅은 이때까지 잘 참아 왔다, 많은 것들을. 그러나 우리는 대지의 고마움을 느끼지 못하고 살아온 것이다. 이때까지.

이대로 가다가는 대지가 언제까지 참을지 모른다. 자연은 중요한 것이므로 이렇게 파괴만 일삼을 순 없다. 우리의 후손들도 대지를 느껴야 하지 않을까?

우리의 미래는 우리의 것이다. 우리가 어른이 아니더라도 땅의 고동 소리를 한번 정도는 들어봐야 한다. 나는, 아니 우리는 이제부터라도 땅을 지켜 주어야 한다. 우리에게 많은 것을 베풀어 준 대지, 그 어머니 같은 땅을 위해…….

(경기 초등학교 6학년 김민선)

윤호에게
〈하늘나라로 떠난 친구〉를 읽고

윤호야, 안녕? 나는 너와 같은 학년인 박주현이라고 해. 난 너의 장난스럽지만 착한 마음씨에 감동받아 이 편지를 쓰게 되었단다.

윤호야, 너는 어떻게 그렇게도 장난이 심하니? 도시락을 바꾸어 놓기도 하고, 교장실에 닭을 풀어놓기도 하고 말이야. 하지만 나는 너의 행동에서 자유로움을 느꼈단다. 나로서는 상상도 못할 일이거든.

하지만 착한 일도 많이 했더구나. 다친 아저씨 대신 신문도 배달해 주고, 친구의 가족도 찾아 주고 말이야. 나는 이기적인 면이 있어 준비물 같은 것도 잘 안 빌려주는데……. 너무 부끄러웠단다.

윤호야, 넌 어떻게 그리도 고운 마음씨를 가졌니? 어쩌면 너의 그런 행동들이 다 너의 부모님의 이혼을 잊으려고 그랬는지도 모른다는 생각이 든다. 이렇게 생각하니까 네가 참 가엾으면서도 대견하다. 그때 너의 기분은 어땠니? 나는 이해할 수 없었어. 만약 네가 행복한 가정에서 태어났다면 어떻게 되었을까?

나는 네가 간암 선고를 받는 대목에서 가슴이 철렁 내려앉는 것 같았단다. 착한 일도 많이 하고 친구들에게도 웃음을 준 네가 그런 큰 병에 걸리다니……. 믿을 수가 없었어. 또 초등학교 졸업장이 네가 받는 처음이자 마지막 졸업장이 되다니. 너같이 착한 아이는 우리 곁에 좀더 머물러야 된다고 책 속으로 들어가서 외치고 싶었단다.

윤호야, 너는 간암이라는 병으로 우리의 곁을 떠났지만, 네가 살아 있을 때의 하루하루는 보람되고 활기가 넘쳤단다. 사람의 삶은 길고 짧은 것을 떠나 그가 얼마나 가치 있고 성실하게 살았는가 하는 것이 더 중요하지 않겠니?

윤호야, 나는 너의 짧지만 가치 있는 삶에 감동을 받았단다. 느껴서 실천한 것이 있냐구? 물론이지. 나는 요즘 매일 일기를 쓰며 나의 하루하루를 반성하고 있단다. 또 부모님 말씀도 잘 들으려고 노력하고 있어.

윤호야, 너는 하늘나라에 가서도 말썽 부리고, 장난도 치겠지? 눈앞에 너의 그런 모습이 비치는 것 같아. 너의 천진한 모습에 그곳 사람들도 기뻐하겠지?

요즘 사람들은 부정 부패다 뭐다 해서 많이 잡혀 간단다. 나는 이런 사람들을 보며 윤호 네가 존경스러워졌단다. 너는 무척이나 맑고 투명한 삶을 살았기에……

윤호야, 너는 언젠가 구름에 걸터앉아 이 글을 읽겠지? 나는 너에게서 투명하고 활기차게 살아가는 씩씩한 어린이의 모습을 보았어. 후회하지 않도록 나도 너처럼 아름답게 나의 삶을 일궈 나갈게. 너는 나의 기억 속에 영원히 남아 있을 거야. 아주 오래도록 말이야.

너의 짧지만 고귀한 삶은 그 무엇과도 바꿀 수 없단다. 너의 아름다운 얼굴을 생각하며 나는 앞으로 너보다 더 고귀한 삶을 살도록 노력할 거야. 하늘나라에서 지켜 봐. 그럼 이만 줄일게. 안녕.

하늘 아래에서 너의 친구 주현 씀

(매동 초등학교 6학년 박주현)

극한 상황에서도 똘똘한 똘이에게
〈똘이 파이팅〉을 읽고

똘이야, 안녕? 나는 너의 글을 자주 보는 최일우라는 아이란다.

처음 너의 글을 볼 때에는 나의 관심이 만화에만 쏠려 있어서 그런지 솔직히 너에겐 별 관심 없었어. 처음에는 그냥 조금씩 조금씩 보기만 하다가 나중에야 너의 글에 흥미가 생겨 몇 번이고 보게 되었단다.

똘이 네가 빈 병을 모아서 조금씩 조금씩 저축해 나가는 모습을 보고는 어머니께 용돈을 달라고 끝까지 조르던 나 자신이 부끄럽게 생각되었어. 그래서 나도 빈 병을 모아 보려고 했지만, 빈 병을 모으는 일이 쉽지 않아 결국 며칠 가지 못하고 그만 두어 버렸어. 그런 점에서 너 똘이의 끈기는 아주 높이 평가하고 싶어.

똘이 네 아버지께서 돌아가셨을 때에는 눈물이 나올 정도로 아주 슬펐어. 그때의 심정은 아버지가 안 계시는 나도 이해가 돼. 하지만 그 회사 사장 아저씨가 잘못했다고 손이 발이 되도록 비는데도 화를 내며 뛰쳐나간 행동은 별로 좋지 못한 행동이라고 생각한다. 만일 내가 그런 상황이었다면 그 사장 아저씨를 용서해 주고 다시는 그런 일이 일어나지 않도록 부탁했을 거야.

그런 와중에 어머니께서 교통사고를 당하신 것은 너로서는 큰 불운이었겠지. 하지만 어머니께서 입원하신 병원에서 난동을 부리는 것도 좋지 못한 행동이었다고 생각해. 그 병원에는 너희 어머니 말고도 다른 환자들이 입원해 계셨는데 네가 그렇게 난동을 부리면 너희 어머니를 포함하여 다른 환자들도 회복에 좋지 않은 영향을 끼치게 되잖니. 그러니까 그때의 상황에서는 차분히 병실 밖에서 어머니의 회복을 기다리는 것이 네가 할 수 있는 행동 중에서 가장 좋은 행동이었을 거라고 생각해.

어머니, 아버지 모두 돌아가신 상황에서 사진 뒤에 써 있는 주소만 보고 너의 외할아버지 주소로 생각하며 외할아버지 댁을 찾아 나서는 너의 용기를 나는 본받고 싶다.

특히 너의 용기가 뛰어났던 곳은 너를 쫓아다니는 도둑 아저씨들을 따돌리는 장면이었지. 결국 다시 잡혀 돈을 털리긴 했지만 돈 일부를 양말 속에 넣어둔 너의 지혜도 함께 배우고 싶다. 그리고 안전한 잠자리를 사람들에게 물어봐서 여인숙에 들어가는 너의 똑똑함도 배우고 싶어.

결국엔 너의 여러 재주 덕분에 외할아버지를 만나게 되었지. 그 순간은 너무 감동적이었어. 나 같으면 엄두도 못 낼 긴 여행을 해낸 네가 자랑스러웠어.

그리고 그 여행을 마치고 돌아와 엄청난 금액의 유산을 물려받고 똘이 너는 은행장으로, 외할아버지는 학교 수위로 취직되어 함께 행복하게 잘 사는 모습을 보고 나는 책을 덮었어.

나는 그 책을 다 읽고 나서 너에게 배울 점이 많다는 것을 알게 되었어. 똘이 너의 용기, 담력, 똑똑함, 끈기 등을 배우고 싶어. 그리고 너의 좋은 점만 배우기 위해 노력할 것을 다짐하며 이 글을 마칠게. 앞으로 계속 행복한 나날들이 이어지기를 빈다. 안녕.

(매동 초등학교 6학년 최일우)

빵 한 조각으로 바뀐 삶
〈장발장〉을 읽고

어렸을 때 텔레비전으로 '장발장'이라는 만화를 본 적이 있었다. 울기도 하고, 웃기도 할 정도로 내 마음을 사로잡았던 〈장발장〉을 6학년이 되어 다시 읽게 되었다. 어렸을 때의 감동과는 달리 내 마음이 자랐는지 사람의 인생은 장담하기 어렵다는 것을 새삼 느끼게 되었다. 어렸을 때는 '불쌍하다'라는 생각이 앞섰는데 지금은 본받을 인물이라는 생각이 든다.

장발장은 참 가엾은 사람인 것 같다. 배가 고파 빵 한 조각을 훔친 죄로 젊은 세월을 19년 동안이나 감옥에서 보내다니! 한 번의 실수로 인생을 망쳐버린 것이다. 내가 만일 장발장이었더라도 배고픔에 빵을 훔쳤을 것이다. 그렇다고 빵 한 조각으로 감옥에 가야 하다니……. 세상은 참 차가운 것 같다.

장발장이 감옥에서 나와 밝은 빛을 보았을 때 사람들은 죄인이라는 이유로 차갑게 대했다. 그러나 마리엘 신부만은 달랐다. 인내와 사랑으로 그를 구원해 주었던 것이다. 용기를 얻은 장발장은 마들렌이란 이름으로 시장이 되었다. 과거를 모두 잊고 봉사하는 마음으로 새 삶을 살고 있는 장발장에게 그를 끝까지 쫓아다니는 자벨 경감이 나타난다. 자벨 경감은 인정이라고는 하나도 없고, 자기 임무만 생각하는 사람이었다.

숨바꼭질을 하듯 자벨 경감에게서 도망 다니면서도 양딸 코제트와 마뤼스의 행복을 위해 목숨을 바치는 장발장의 모습은 눈물겨웠다. 장발장은 자신이 죽을 때 빛이 보인다고 하면서 죽었다고 한다.

〈레미제라블〉. 이것이 장발장의 원래 제목인데 '비참한 사람'이라는 뜻이라고 한다. '죄는 미워해도 사람은 미워하지 말라' 는 말이 떠오른다. 죄를 지은 사람이라고 해서, 설사 그 죄가 대단하다 해도 그 죄를 지은 사람이 악해서 그런 것만은 아닐 것이다. 장발장처럼 너무 배가 고파서, 즉 상황이 그랬기 때문에 어쩔 수 없이 죄를 짓는 사람들이 훨씬 많으리라.

　장발장의 삶을 통해 또 하나 느낀 것이 있다면, 감옥에 갔다 온 사람들을 전과자라고 하면서 색안경을 끼고 보는 것에 대한 문제점이다. 감옥에 갔다 왔다는 이유만으로 불평등하게 대한다면 우리 사회는 영원히 범죄 없는 사회가 될 수 없을 것이다. 마리엘 신부님같이 죄인을 따뜻하게 감싸주고 사회에서 활동할 수 있게 해준다면 밝고 명랑한 사회가 될 수 있다는 생각을 가져본다.

(숭신 초등학교 6학년 김은영)

〈어린 왕자〉를 읽고

　착하고 순수한 마음을 가진 어린 왕자! 나는 어린 왕자의 이야기를 읽고, 많은 것을 느끼게 되었다. 아주 작은 별에서 지내다가 자신의 장미꽃과 다툰 후 여행을 시작하게 된 어린 왕자는 여행 도중에 많은 것을 겪고, 느끼게 된다.

　어린 왕자가 비행사를 처음으로 만났을 때 어린 왕자는 갑자기 양 한 마리를 그려 달라고 부탁하였다. 어린 왕자가 바랐던 것은 바로 큰 상자였다. 그 상자 안에 자기가 좋아하는 양이 있다고 말한 어린 왕자. 나는 이 부분을 읽고 어린 왕자의 순수함을 느낄 수 있었다. 어린 왕자가 순수한 마음을 가지지 않았더라면, 분명히 진짜처럼 생긴 양의 그림을 바라고 있었을 것이다.

　어린 왕자가 우주에 있는 작은 별을 여행하다가 도착한 일곱 번째 별 '지구'. 어린 왕자는 지구에서 많은 것을 배우고 느낀다. 어린 왕자가 도착한 곳은 사하라 사막이다.

그곳에서 어린 왕자가 처음으로 만난 동물은 뱀이다. 뱀은 어린 왕자를 보고 덤벼들었다. 그러나 뱀은 어린 왕자를 죽이지는 않았다. 어린 왕자가 사하라 사막에 도착한 지 얼마 되지 않았기 때문이기도 하겠지만 어린 왕자의 때묻지 않은 순수하고 착한 마음을 알아보았기 때문일 것이다.

어린 왕자가 뱀 다음으로 만난 동물은 여우이다. 여우를 만난 어린 왕자는 여우와 이야기를 하다 금방 친해져서 친구가 되었다. 서로가 없어서는 안 될 친구가 된 것이다. 여우의 표현대로 서로에게 길들여진 것이다.

어린 왕자는 여우와 사이 좋게 지내다가 어느 날, 여우의 중요한 가르침을 깨달았다. 바로 자신이 사랑했고 아껴주었던 것은 끝까지 책임을 져야 한다는 것이다. 어린 왕자는 이 여우의 가르침을 받고 깊은 뜻을 느꼈다.

그 뒤, 어린 왕자는 여우와 아쉬운 작별을 하고 비행사를 만났다. 비행사는 처음엔 어린 왕자를 이상하게 여겼으나 차차 그의 순수한 마음을 알게 되었고 많은 것을 배우기도 하였다.

어린 왕자는 비행사와 함께 사막을 헤매다가 끝내는 사막에 쓰러져 사라지게 된다.

아마도 어린 왕자는 사막에 쓰러진 뒤에 자기의 작은 별로 올라갔을 것이다. 그리고 여우의 가르침을 생각하며 자신의 장미꽃에게 사과를 했을 것이다. 그러고는 항상 그래 왔던 것처럼 작은 분화구 두 개를 청소하면서 행복하게 지내고 있을 것이다.

내가 어린 왕자 이야기를 읽으면서 제일 많이 느낀 것이 어른들의 사고방식이다. 어른들은 항상 우리들에게 무엇을 물어

볼 때, '너 몇 살이니?', '그거 몇 개니?' 등으로 물어보신다. 즉, 어른들이 하는 모든 말에는 숫자가 들어간다. 그것은 어른들이 순수한 마음을 가지고 있지 않다는 뜻이다. 그러나 어린 왕자 이야기를 읽었다면 어른이라도 어느 정도의 순수함은 갖고 계시리라 믿는다.

 나도 어린 왕자처럼 순진하고, 순수한 마음을 갖고 싶다. 그러나 그게 그렇게 쉬운 것이 아닌 것 같다.

 이 세상의 모든 어린이들과 어른들이 순수한 마음을 갖고, 서로 마음을 맞추어 이해해 준다면, 이 세상은 참으로 아름다운 세상이 될 것이다. 하지만 서로가 마음을 맞추기란 어려운 일이다. 어려운 만큼 우리는 더욱더 많은 노력을 해야 할 것이다. 그렇게만 되면 세상이 밝아지고 아름다워진다는 것을 알아야 할 것이다.

(연희 초등학교 6학년 하지윤)

 〈갈매기의 꿈〉을 읽고

 저는 평소에 참을성이 없고, 남을 위하는 마음이 부족하다는 말을 자주 듣습니다. 저도 그런 점을 알고 있지만 왠지 고쳐지지가 않았습니다

 하루는 어머니께서 책을 한 권 사들고 오시며, "이 책을 읽으면 너의 성격 변화에 좋을 거야."라고 말씀하셨습니다. 그 책이 바로 〈갈매기의 꿈〉이었습니다. 나는 곧 그 책을 읽기 시작했는데, 처음에는 지루하게만 보이던 많은 글자들이 한줄 한줄 읽어 나갈수록 흥미로운 이야기로 변해 제 머릿속을 채워 주었습니다. 결국 나는 누가 소리쳐도 모를 지경이 되고 말았습니다.

여느 갈매기들과는 다르게, 먹는 것보다 나는 것을 더 좋아하는 갈매기 조나단 리빙스턴. 저는 조나단이 더 나은 기술을 익히고, 우수한 제자들을 길러내는 모습을 보면서 마음속으로 계속 박수를 쳐주었습니다.

물론 처음에는 책을 읽으면서 의문점이 많았습니다. 그 중 하나가 작가 리처드 버크가 이 글로 무엇을 알려 주려고 했을까 하는 것이었습니다. 그러나 그 의문은 곧 풀렸습니다. 이 책에서는 보다 높이, 빠르게 날려는 꿈을 가진 조나단이라는 갈매기를 통하여 사람들에게 배움에는 한계가 없음을 알게 해 주고 배움과 꿈을 목표로 삼는 삶이 얼마나 가치 있는가를 제시해 준 것입니다. 다른 세계로 떠날 수 있는 용기와 도전 의식이 있다는 것, 얼마나 멋진 삶이겠습니까.

꿈을 가진 갈매기 조나단은 다른 갈매기들은 엄두도 못 내는 '날기'를 시도하고, 거듭되는 실패 끝에 성공의 기쁨을 맛봅니다. 그러나 그것도 잠깐, 갈매기의 법률을 어긴 죄로 추방당하는 조나단을 보며 저는 '그렇게 어려운 일을 시도한 것부터가 잘못이지……' 하는 생각마저 들었습니다. 그러나 저의 성급한 판단과 달리 조나단은 굽힘 없이 반대의 뜻을 밝혔습니다. 갈매기 사회의 잘못됨과 날아야 한다는 주장을 함께 담은 조나단의 외침에 저도 모르게 고개를 끄덕였습니다. 조나단의 말이 옳았기 때문입니다. 그러나 꽉 닫힌 갈매기들은 조나단을 이해하지 못하고 영원히 내쫓아 버렸습니다.

쫓겨난 조나단이 가엾기도 했으나 다른 세계에 사는 금빛 갈매기들이 그를 데리러 왔을 때는 오히려 잘 됐다는 생각도 들었습니다. 또 조나단이 천상 세계로 가서 더 훌륭한 것을 익히고, 마침내 공간 이동을 익히게 되었을 때, 전 마치 조나단이 된 것처럼 성취감에 가슴이 뛰었습니다. 또한 저에겐 아래 세계에서 아직도 먹이 싸움에만 열중하는 다른 갈매기들을 업신여기는 마음도 생겨났습니다. 그러나 유난히 인정이 많고, 동료에 대한 사랑이 강했던 조나단은 다시 아래 세계로 내려왔습니다.

나로서는 그 살기 좋은 천상 세계를 두고 어째서 아래로, 자신을 놀리고 내쫓은 갈매기 떼가 사는 세계로 돌아왔는지 이해가 되지 않았지만, 그것은 조나단의 넓은 마음속에 담긴 무한한 사랑 때문이었음을 책을 덮은 순간 깨닫게 되었습니다.

하계에서 날 수 없는 갈매기에게 용기를 주고 꿈을 주는 조나단은 내 마음속에서 잠자던 사랑을 불러일으켰습니다. 또 악마라는 놀림을 받으면서도 여전히 제자 기르기, 갈매기 사회 바꾸기에 온 힘을 기울인 조나단에게 나는 진심에서 우러나오는 박수를 쳐주고 싶습니다. 조나단이 떠나가며 남긴 '배움에는 한계가 없다'는 한 마디는 영원히 내 마음속에 남을 것입니다.

그리고 '가장 높이 나는 갈매기가 가장 멀리 본다'는 말도……. 저는 조나단의 그 마음을 가져야 하겠다고 생각합니다. 적을 위하고, 모두를 사랑하며 꿈을 향해 나아가는 조나단과 같은 미선이가 되어 더욱 이 사회를 발전시키겠다고 다짐해 봅니다.

끝으로 내게 꿈을 심어준 조나단에게 '고마워, 꼭 너의 꿈을 이루길 바래.'라고 말해 주고 싶습니다.

(경기 초등학교 5학년 김미선)

동 화

동화란 어린이들이 지니고 있는 마음을 바탕으로
실제 있었거나, 있을 수 있는 것들을
아름답게 꾸며 쓴 글을 말합니다.

동화 쓰기

　동화란 어린이들이 지니고 있는 마음을 바탕으로 실제 있었거나, 있을 수 있는 것들을 아름답게 꾸며 쓴 글을 말합니다. 이 때문에 대개의 경우 실제로 있었던 이야기를 꾸미기도 하나, 사실이나 현실에 얽매이지 않고 없는 것을 마치 있는 것같이 아름답게 꾸며내기도 합니다.
　동시가 어린이의 마음이나 생각, 느낌을 리듬이 느껴지는 운문으로 표현한 것이라면, 동화는 이를 이야기로 엮은 산문인 셈입니다.
　한 가지 예를 들어보겠습니다. 여러분도 잘 알고 있는 안데르센의 동화 〈그림 없는 그림책〉을 생각해 보세요. 달이 구경하고 온 것을 쓴 〈그림 없는 그림책〉은 실제로 일어날 수 있는 이야기가 아닙니다. 그것은 환상적이고도 공상적인 것을 여러분이 읽고 즐거워할 수 있도록 꾸며서 만든 이야기입니다.
　여러분은 종종 '저 하늘을 훨훨 날아다닐 수 없을까'라고 생각한다든지, '왕자가 되어 공주와 함께 비밀 궁전을 빠져나와 보았으면' 하고 생각해 본 적이 있을 것입니다. 또는 '바다 속 깊은 곳에서 멋진 용궁을 발견해 용왕님의 성대한 대접을 받아보았으면' 하는 현실에서 이룰 수 없는 것들을 상상해 보았을 것입니다.
　이처럼 여러분은 현실적으로 불가능한 세상을 꿈꾼다거나, 여행하고픈 소망을 종종 마음속으로 가져보았을 것입니다.
　또한 여러분은 그것이 비록 꿈이라는 것을, 그래서 이룰 수 없다는 것을 뻔히 알고 있으면서도 그것을 상상하면서 즐거워하고 오래오래 마음에 간직하고 싶어합니다.

왜 그럴까요? 그것은 현실에서는 경험할 수 없는 어떤 황홀한 기쁨이 상상 속에 들어 있기 때문입니다. 이 황홀한 기쁨은 곧 공상에서만 경험할 수 있는 것으로, 현실 세계에서는 절대로 맛볼 수 없는 느낌입니다.

동화는 바로 이렇게 실제로 있었던 일이나 사건이 아닌, 있지 않으면서도 있을 수 있음직한 이야기를 그럴듯하게 꾸며 여러분을 즐겁게 해주는 이야기입니다. 또한 그 즐거움을 통해 여러분이 미처 경험하지 못했던 것을 경험하게 해줍니다. 물론 동화는 그 과정을 통해 여러분에게 또 한 번의 즐거움을 주기 위해 만들어낸 이야기인 것입니다.

이쯤에서 여러분은 '아, 동화란 우리들을 즐겁게 해주기 위해서 없는 이야기를 있는 것처럼 꾸며서 만든 이야기구나' 하고 쉽게 생각해 버리기 쉽습니다. 그러나 진짜 동화가 되기 위해서는 그저 아무것이나 꾸며서 만들어서는 안 됩니다. 동화가 단순한 거짓말에 그치는 것이 아니라, 동심의 나래를 펼쳐 여러분에게 감동을 주기 위해서는 동화로서 갖추어야 할 몇 가지 조건이 있습니다. 이것은 바로 동화의 생명과도 같은 것이지요.

그럼 동화를 쓰기 전에 동화의 특성부터 하나하나 살펴보도록 하겠습니다.

1. 동화는 어떤 것인가요?

동화를 동화답게 쓰기 위해서는 우선 동화가 과연 무엇인가에 대해 알아야 할 필요가 있습니다. 동화의 생명이라고도 할 수 있는 동화의 본 바탕으로서의 특성 몇 가지를 이해한다면 동화가 어떤 것인가에 대한 답을 찾을 수 있을 테니까요.

첫째, 동화는 옛날부터 있어 왔던 이야기의 형식으로 문학의 한 종류라 할 수 있습니다. 여기에서 옛날부터 있어 왔던 이야기란, 오래 전부터 사람들 사이에서 서로 들려주고, 들어 왔던 이야기란 뜻입니다. 어려운 말로는 민담이라고 하기도 합니다.

민담에는 세 가지 형식이 있습니다. 우화, 신화, 전설이 그것입니다. 우화는 동물들의 이야기라 할 수 있습니다. 이 동물들의 이야기를 인간에 빗대어 인간의 잘못된 모습을 비판하고자 하는 것이지요. 여러분이 잘 알고 있는 〈이솝 우화〉가 그 대표적인 예라 할 수 있습니다.

신화는 신이나 신과 유사한, 신비롭고 존귀한 인물이 나와 비현실적인 사건을 들려주는 이야기입니다. 단군 신화나 그리스 신화를 생각해 보면 이해가 잘 될 것입니다.

전설은 특정 지역에서 입에서 입으로 전해 내려온 이야기를 말합니다. 때때로 이것은 그 지역의 특성이자 자랑으로 여겨지기도 합니다. 여러분이 무섭게 본 '전설의 고향'은 이러한 전설을 바탕으로 한 것입니다.

위에서 살펴본 것과 같이 예부터 일반 사람들 사이에 있어 왔던 여러 가지 이야기 형식이 곧 민담입니다. 어린이를 상대로 해서 꾸며진 동화는 바로 이러한 민담에서 시작되었다 할 수 있습니다.

둘째, 동화는 분명히 이야기로 풀어 쓴 줄글이면서도 시의 문장인 운문에 가까운, 곧 시에 가까운 글이라고 할 수 있습니다. 그것은 동화의 문장이 특별히 아름답다거나 매끄럽다거나, 또는 고와서 그런 것은 아닙니다. 동화는 단지 우리의 상상력을 자극할 뿐입니다. 그러나 이 자극이 여러 감각 기관에까지 전이됩니다. 그리하여 읽는 이에게 호소력으로 작용해 환상이나 공상에서 맛보는 달콤한 느낌을 불러일으키는 것입니다.

셋째, 동화는 현실 저쪽의 먼 세계를 꿈꾸고 그리워하며 쓴 이야기로 공상의 공간에서 펼쳐집니다. 그러므로 현실에는 없는, 실재하지 않는 것을 마치 있는 것같이 느끼며 생각하게 하는 환상적인 요소를 지니고 있습니다. 이 때문에 말로는 설명하기 힘든 것을 구체적인 것을 빌어 나타내는 형식을 취하게 됩니다.

넷째, 동화는 시간이나 장소의 제약을 받지 않습니다. 앞에서도 몇 차례 얘기했던 것처럼 동화는 현실에 없는 것이나 공상, 환상적인 것을 다룹니다. 그렇기에 시간이나 장소를 뛰어넘어 현실 밖의 것을 다루는 자유로움이 있습니다.

마지막으로 동화는 여러분이 누구나 읽고 소화할 수 있도록 소박하게 꾸미고 풀어 줍니다. 물론 그 내용에 있어서는 여러분이 감동을 받을 수 있도록 인간들이 두루 지니고 있는 참된 삶을 그리고 있지요.

위에서 설명한 동화의 바탕은 여러분의 입장에서는 다소 이해하기 어려울 수 있을 것입니다. 그래서 이를 더 쉽게 간추려 보도록 하겠습니다. 아마 아래 내용들을 읽게 되면 조금 더 쉽게 동화를 이해할 수 있게 될 것입니다.

　동화란 첫째, 옛날부터 있어 왔던 이야기 형식으로 어린이를 위해 꾸며 쓴 이야기입니다. 둘째, 풀어 쓴 글이면서도 시와 같은 아름다움이 있고 낭만이 있는 글입니다. 셋째, 꿈이나 공상과 같은 현실과는 다른 세계를 지니고 있습니다. 넷째, 우리가 살고 있는 세계 저쪽의 세계에까지 상상의 날개를 펼쳐주는 글입니다. 끝으로 다섯째, 어린이가 쉽게 이해할 수 있도록 누구나 알고 있는 진실에 대해 아름답게 꾸민 글입니다.

　이제 여러분은 동화가 단순히 어린이들이 읽기 쉽게 쓰기만 하면 되는 것이라는 생각을 버리게 되었을 것입니다. 그러면서 동화만이 가질 수 있는 여러 가지 특성이 있다는 사실을 깨달았을 것입니다.

2. 동화의 문학적 가치

모든 글에는 그 속에 글쓴이가 말하고자 하는 바가 들어 있으며 가르침이 묻어 있습니다. 그래서 무엇인가를 배우게 하기도 하고 깨닫게도 하면서 동시에 아름다움까지 맛보게 해줍니다. 동화도 마찬가지입니다. 비록 실제 있었던 이야기는 아니지만, 있을 수 있는 가능성을 토대로 펼쳐내는 이야기이기 때문에 읽는 어린이들이 상상력을 기를 수 있게 해줍니다. 또한 현실 세계만을 알고 살아가는 어린이들에게 꿈의 세계나 환상의 세계까지 펼쳐 보여줌으로써 생각을 넓혀주고, 세상 밖의 세상을 만나볼 수 있는 상상의 눈을 갖게 하기도 합니다. 그뿐만이 아닙니다. 아름다운 동심을 만나게 하여 스스로를 찾게도 하고 동화 속의 주인공이 되어 보게도 하는 등, 여러 가지 즐거움을 만끽하도록 합니다.

실제로 여러분은 동화를 읽으며 동화 속의 주인공인 왕자나 공주가 되기도 하고, 슈퍼맨이나 투명 인간이 되어 보기도 합니다. 얼마나 신나는 일입니까? 이러한 즐거움은 동화가 아니면 맛볼 수 없는, 현실에서는 찾아볼 수 없는 즐거움인 것입니다. 그래서 동화는 그 어느 글보다도 예술적이고 문학적 가치를 지니게 됩니다. 이 점 여러분도 잊지 말기 바랍니다.

동화의 예술적, 문학적 가치는 다음과 같습니다.
첫째, 앞에서 지적한 바 있듯이 동화는 현실 저쪽의 환상, 공상의 세계를 펼쳐 보여줍니다. 이로써 읽는 이의 상상력을 자극하여 달콤

한 세계를 즐기게 해주는 아름다운 글이지요.

둘째, 시가 아니면서도 마치 시처럼 풍부한 정서를 맛보게 합니다. 또한 글 속에 빗대거나 견주어 볼 수 있는 인간 모습의 이모저모를 보여줍니다.

셋째, 사실이 아닌 상상력으로 이끌어내는 다양한 활동을 통해 인간의 여러 가지 진실된 모습들과 만나게 해줍니다.

이상의 풀이는 동화가 지니고 있는 문학적 특성이자 가치입니다. 동화는 현실에서는 찾아볼 수 없는 세계를 제공하여 시적 감동을 느끼게 합니다. 또한 감동을 넘어 인간의 여러 진실과 만날 수 있는 계기를 이야기로서 만들어냅니다. 이처럼 동화는 문학만이 할 수 있는 여러 역할들을 맡고 있는 것입니다.

여러분은 이제 동화란 어떤 글인가, 어떤 성질을 지니고 있는 글인가, 어떤 감동과 진실을 만나게 하는 글인가, 하는 점들을 알게 되었을 것입니다. 이제 동화가 어떤 글이란 걸 알았으니 실제로 동화를 써보는 일만 남았습니다. 여러분도 여러 가지 글을 통해 경험했던 것처럼 알고 있어도 막상 직접 쓰려고 하면 제대로 되지 않는 것이 글입니다. 그래서 여러분은 짜증 섞인 말로 '나는 글쓰는 재주가 없어'라고 탓한다든지, '뭘 알아야 쓰지. 어떻게 쓰라는 거야' 하며 머리만 긁적인 적이 많이 있었을 것입니다.

그러나 글은 선천적인 재능보다는 끊임없는 노력으로 잘 쓸 수 있게 되는 것입니다. 그렇다고 노력이 모든 것을 좌우하는 것은 아닙니다. 노력 이전에 어떻게 써야 잘 쓸 수 있는가에 대한 방법이나 요령을 터득한 후에 쓰는 연습을 되풀이했을 때, 즉 터득한 요령으로 부지런히 글쓰기 연습을 해 나갔을 때, 여러분은 나무랄 데 없는 작가가 될 수 있습니다.

여러분은 '천재란 1퍼센트의 재능과 99퍼센트의 노력에 의해 이루어진다'라는 에디슨의 명언을 잘 알고 있을 것입니다. 이 명언은 그냥 만들어진 말이 아닙니다. 실제로 글을 잘 썼던 천재 작가 치고 99퍼센트 이상의 노력을 하지 않은 사람은 없습니다. 재능보다 더 중요한 것은 노력입니다.

더구나 요즘은 글쓰는 방법이나 요령이 발달되어 재능은 부족하더라도 스스로 공부하고 연습하면 충분히 좋은 글을 쓸 수 있습니다. 어떤가요? 이제 용기가 생기는 것 같나요?

그렇다면 이젠 동화 쓰기의 요령을 알아보아야 할 차례가 된 것 같습니다.

3. 동화를 쓸 때 새겨두어야 할 점

 동화 쓰기에 들어가기 전에 동화를 쓸 때 마음에 새겨두어야 할 몇 가지를 먼저 말씀드리겠습니다. 열심히 써야겠다는 욕심을 갖고 글에 집중하는 것도 물론 중요합니다. 그러나 쓰기 전에 새길 것은 새겨 마음의 다짐이나 글쓰는 태도에 보탬이 되게 하는 것도 중요합니다.

 첫째, 동화가 어린이를 위한 이야기라는 것은 여러분도 잘 알고 있는 바입니다. 그러나 이야기만 늘어놓는다고 다 동화가 되는 것은 아닙니다. 글의 바탕에 어린이들의 마음의 움직임을 담아, 그 움직임이 나타나도록 해야 합니다. 동화는 어린이의 정서나 감각에 맞게 시작하여 어린이에게 호기심을 갖게 하고 끝까지 기대하며 읽을 수 있도록 끌고 나가야 합니다. 또한 끝에 가서는 아름다움과 놀라움, 안도감 등을 주도록 꾸며가야 한다는 점도 명심해야 합니다. 이때 교훈적인 내용을 늘어놓는 것은 금물입니다.
 둘째, 표현에 특별히 관심을 가져야 합니다. 동화는 어린이를 대상으로 한 글인 만큼 문장이 너무 길다거나, 이야기가 산만하게 여기저기 흩어지면 안 됩니다. 항상 짧고 간결해야 하며 여기에 시적인 운율적 문체가 곁들여진다면 더할 나위 없이 좋습니다. 어린이를 위한 글인 만큼 리듬을 타는 것이 어린이 정서에도 알맞고, 또 감동을 불러일으키는 데 도움을 주기 때문입니다.
 셋째, 뭐니뭐니해도 동화는 어린이가 주인공이기 때문에 이상적으로 창조된 어린이 상이 제시되어야 합니다. 흐리멍덩한 주인공의 행동이나 사건에는 그 누구도 관심을 가져주지 않기 때문입니다.

　이로써 여러분은 동화를 쓰기 전에 알고 있어야 할 몇 가지 요령에 관해 알았을 것입니다. 동화는 어린이 정서나 감각에 맞게 시작해서, 기대와 호기심을 갖도록 전개시켜 계속해서 글을 읽도록 유도해야 하며, 마지막에는 아름다움과 놀라움 그리고 안도감을 줄 수 있도록 꾸미는 것이 좋습니다.
　또한 표현이 아름다워야 하는 것은 물론이고, 음악적 리듬이 있어야 합니다. 동시에 느슨하게 풀어지지 않는 간결한 표현도 중요합니다. 마지막으로 어린이들이 함께 공감하고 친근감을 가질 수 있는 어린이 상을 제시해야 한다는 점을 마음속에 새겨 두시기 바랍니다.
　그러면 이제 실제로 동화를 쓰는 일로 넘어가도록 하겠습니다.

4. 동화의 짜임새 또는 꾸밈 순서

모든 이야기가 그러하듯, 특히 꾸며서 만든 소설이나 동화의 경우에는 순서가 있습니다. 사건에는 시작과 끝이 있으며, 이 시작에서 끝에 이르는 과정에는 여러 가지 사건이 있기 때문입니다. 이야기란 사건을 글로 꾸민 것입니다. 그러므로 이 세상의 모든 사건처럼 이야기의 한 형식인 동화도 역시 시작과 끝이, 즉 짜임이 필요합니다. 이 짜임이란 어떤 과정에 의해 이루어지는 것으로서 동화의 짜임에도 그러한 과정이 필요합니다.

이것을 소설에서는 이야깃거리를 짜맞추었다는 뜻으로 구성이라고 합니다. 여기에서 짜맞춘다는 것은 무엇과 무엇을 연결시켜 하나가 되게 한다는 뜻입니다. 즉 하나의 이야기를 만들기 위해 여러 가지 아기자기한 이야깃거리를 모아 재미있는 줄거리가 되도록 짜맞추는 것입니다.

소설이 어른이 읽는 이야기책이라면 동화는 어린이가 읽는 이야기책입니다. 그래서 소설과 동화는 읽는 사람들이 어른과 어린이라는 사실만 다를 뿐, 짜맞춘 이야기라는 점에서는 같다고 할 수 있습니다.

짜맞추기나 꾸밈에는 몇 가지 단계, 또는 순서가 있습니다. 동화에서는 그 순서가 세 단계로 이루어집니다. 이야기의 시작인 발단, 이야기 속의 사건이 얽히고 설킨 후 해결의 실마리를 찾게 되는 전개, 그리고 이야기를 끝맺는 결말의 세 단계가 그것입니다.

이제 발단·전개·결말의 세 단계를 동화를 통해 살펴보도록 하겠습니다.

1) 발단

　발단은 이야기의 시작 부분입니다. 대부분의 경우 발단에서는 동화 속에 등장하는 인물, 시간, 장소와 같은 배경을 소개하고, 앞으로 전개될 사건의 실마리를 제시합니다.
　그렇다고 해서 언제, 어디서, 누가, 무엇을 했다는 식으로 이야기의 서두만을 드러내라는 것은 아닙니다. 발단은 이야기의 시작으로서 사람들로 하여금 끝까지 읽을 수 있도록 흥미를 제공해 주어야 합니다. 또한 궁금증을 유발케 하여 읽는 이로 하여금 계속해서 책장을 넘길 수 있게 해야 하는 매우 중요한 부분이기도 합니다.
　예문을 들어 살펴보도록 하겠습니다.

　　"깍깍깍, 깍깍깍……."
　　보미네 집 앞의 밤나무에서 까치가 힘차게 우짖었다.
　　"반가운 소식이 오려나?"
　　아침밥을 짓던 할머니가 까치 소리를 듣고 혼자 말씀하셨다.
　　그러나 보미의 귀에는 그 까치 소리가 선생님이 자기에게 꾸중
　　하시는 소리로 들렸다.

　김태화님의 동화 '까치 소리'의 발단 부분입니다. 위의 글에서 볼 수 있듯이 발단 부분에서 먼저 동화 속 주요 인물인 보미, 할머니, 선생님 세 사람이 등장하고 있습니다. 또한 앞으로 중요하게 다루어질 까치가 소개되고 있습니다. 그뿐 아니라 보미네 집 앞 밤나무라는 장소가 나오는 등 배경이 설명되고 있습니다. 또한 읽는 이로 하여금 과연 할머니가 기대하는 '반가운 소식'과 보미가 걱정하는 '선생님의

꾸중'이 어떤 것일까 하는 궁금증도 갖게 합니다.

이렇게 발단은 사건의 시작 부분으로서 이야기 속의 등장 인물, 배경 등을 설정합니다. 그리고 읽는 이로 하여금 앞으로 이야기가 어떻게 펼쳐질 것인가에 대한 궁금증을 갖게 해 흥미를 유발하는 역할을 하고 있습니다.

여기에서 여러분이 관심을 가져야 할 점은 이야기의 시작과 함께 이야기 속으로 읽는 이를 끌고 들어갈 수 있어야 한다는 것입니다. 그렇게 하기 위해서는 읽는 이에게 기대나 흥미를 가질 수 있게 하며, 원인에서 결과에 관심이 가게끔 꾸며야 합니다.

다음 예문을 다시 한 번 보세요.

"까치가 울면 반가운 손님이 온다고 했지."
보미는 할머니의 말을 떠올렸다. 그러자 공연히 가슴이 설레었다.
"그래, 오늘도 한번 기다려 보자. 우리 학교에 반가운 손님이 올까, 아니면 전학 간 영아한테서 편지가 올려나……?"
보미는 이런 생각을 떠올리며 생긋 웃었다. 그때 소곤소곤거리는 소리가 조용히 보미를 따라왔다. 어머니와 아이가 나누는 나지막한 속삭임 같았다.
"누굴까?"

위의 글 역시 '까치 소리'의 발단 부분으로서 까치 소리와 보미의 생각만 있을 뿐 구체적인 사건이나 이야기가 아직 드러나 있지 않습니다.

이는 여기까지의 글이 등장 인물이나 배경만 제시한, 동화의 발단 단계에 해당된다는 것을 말해 줍니다. 구체적인 사건이 발생하기 전 단계라고 할 수 있겠지요.

그렇다고 이 글이 단순히 등장 인물과 배경만을 소개한 것은 아닙니다. 뒤따라오는 소곤거리는 속삭임이 "누굴까?" 하는 호기심을 일으키게 했으니까요. 이 이야기는 바로 이 호기심을 시작으로 앞으로 등장할 그 누구를 중심으로 사건이 이어지고 진행될 테니까요.

이렇게 발단을 꾸몄으면 다음은 전개로 넘어가야 합니다. 전개 부분의 특성과 예를 살펴보도록 하겠습니다.

2) 전 개

발단에서 동화 속에 등장하는 인물과 배경, 그리고 사건의 실마리가 일단 정해졌습니다. 그렇다면 이제 이것을 기반으로 사건이 발생하고 진행되어 해결에 이르러야 합니다.

여기에서 사건의 발생은 그것이 어떤 사건이었건, 어떤 동기에서였건, 일단 시작되어야 합니다. 그래야만 이야기를 시작할 수 있으니까요. 또한 사건과 사건은 어떤 관계를 맺고 계속해서 이어져야 합니다. 사건이 이어져야 이야기도 이어지게 되니까요.

이와 같이 사건이 시작되어 다른 사건으로 이어진다든지, 단순한 사건이 복잡하게 얽힌다든지, 또는 의외의 돌발 사건과 만난다든지 하여 여러 사건들이 관계지어지면, 그 이야기 또한 그렇게 복잡하게 얽히게 됩니다. 그것이 곧 사건의 진행을 의미하는 것입니다.

이러한 예를 한 편의 동화를 통해 직접 살펴보도록 하겠습니다.

빈 의자!
보미는 영아가 떠난 후 빈 의자를 볼 때마다 간절히 기도했다. 좋은 짝꿍이 오게 해 달라고. 그런데 어쩐지 뒤따라오는 남자아이 때문에 불안했다.

'설마……. 아니야. 설마가 사람 잡는다는데. 그렇다면……?'

상상할수록 보미의 머리는 복잡해졌다. 보미가 이런 걱정을 하며 현관에 들어설 무렵 보미의 등을 향해 한차례 까치가 요란스러이 울어댔다. 보미는 신발을 벗다 말고 교문 옆 플라타너스로 또 한 번 눈길을 주었다.

'그래. 까치 넌 언제나 반가운 소식만 주었으니까.'

이렇게 생각하니 보미의 마음은 한결 가벼웠다. 그러나 알 수 없는 일이었다.

교무실에 도착한 아주머니는 대뜸 이렇게 말했다.

"선생님, 우리 아는 특수반에서 와서 글도 잘 못 읽습니다."

가장 가까운 자리에 있던 보미네 선생님이 살짝 웃으며 대답했다.

"걱정 마세요. 저희 학교에 오면 다 읽게 됩니다. 그런데 넌 몇 학년이니? 그리고 이름은?"

선생님이 아이에게 물었다. 아이는 머리를 긁적거리며 히죽 웃더니 모기만한 목소리로 말했다.

"4학년 최영식요."

여러분은 앞의 발단에서 '누굴까'라고 궁금해 했던 아이가 최영식이란 것을 알게 되었을 것입니다. 나아가 최영식이라는 아이가 보미네 학교로 전학을 왔다는 사실로 이야기는 이어집니다. 그러면서 최영식의 전학은 단순한 전학으로 끝나지 않고 보미에게 불안을 안겨다 주며 보미로 하여금 마음의 갈등을 겪게 합니다.

보미는 옛 짝꿍 영아가 전학 간 후, 빈 자리를 보며 좋은 아이가

와 주기를 기대하고 있었기 때문입니다. 그런데 막상 전학 온 최영식은 글도 제대로 못 읽는 아이이니 얼마나 실망을 했겠습니까. 게다가 이 아이가, 글도 모르는 최영식이 짝꿍이 되어 영아가 떠난 빈 의자에 앉지 않을까, 몹시 불안했던 것입니다.

그러면서도 보미는 '좋은 소식을 전해 준다는 까치가 울었잖아. 나쁜 일은 없을 거야'라고 스스로를 위로해 보기도 합니다. 불안한 가운데 자신을 위로한다는 것은 마음속에서 이미 많은 생각들이 왔다 갔다하는 마음의 갈등을 겪고 있다는 것을 의미합니다. 보미는 바로 지금 마음의 갈등을 겪기 시작한 것입니다.

여기까지는 사건의 발생입니다. 까치가 울어서 기쁜 소식을 기대한 보미는 최영식의 전학으로 불안해 합니다. 바로 사건이 진행되고 있는 것이지요.

이러한 진행은 앞으로 나아가면서 심한 갈등을 일으켜야 합니다. 그래야 더욱더 흥미진진해질 테니까요. 또 갈등이 심각하면 심각할수록 그 갈등이 해결되었을 때의 후련함은 더욱 크겠지요.

다시 갈등으로 이어지는 전개를 살펴보도록 하겠습니다.

"그래? 영식이 축하한다. 마침 우리 교실에는 빈 의자도 있고……."

순간 교무실 바닥을 쓸며 그 모습을 지켜보고 있던 보미는 가슴이 철렁 내려앉았다.

'맙소사, 4학년이 돼서 글도 못 읽는 못난이. 거기다가 아프리카 새깜둥이하고 짝꿍을 하게 되다니.'

빗자루를 쥔 보미의 손에 힘이 스르르 풀렸다. 보미는 자신도 모르게 하얀 이마를 일그러뜨렸다.

여기에서 영식이란 아이의 전학이라는 사건은 그 절정에 이르게 됩니다. 좋은 짝꿍을 기대했던 보미로선 글도 못 읽는 못난이, 그것도 아프리카 새깜둥이하고 짝꿍을 하게 되었으니 그 실망은 극에 달할 것입니다. 게다가 어떻게 피해 볼 여지도 없이 꼼짝없이 짝꿍이 되어야 하는, 어쩔 수 없는 지경에 이르고 말았습니다. 다시 말해 기대했던 것이 완전히 거꾸로 실행된 것입니다.

이처럼 의도했던 것과는 다르게 사건이 진행되다가 더 이상 어찌 해 볼 수 없는 지경에 이르게 되었을 때 사건의 진행이 절정에 달했다고 합니다.

자, 이제 극에 이른 사건이 어떻게든 해결이 되어야 사건의 마무리와 함께 이야기를 마무리지을 수 있겠지요? 이것을 해결이라고 합니다. 역시 글을 통해 살펴보도록 하겠습니다.

"영식아, 이리 와. 넌 글을 잘 모르니까 선생님 곁에 앉아서 공부하자."

선생님은 다정하게 말씀하시며 영아가 앉던 책상과 의자를 선생님 바로 옆으로 가져갔다. 그러자 보미도 혼자, 영식이도 혼자가 되었다. 그런데 이상한 일이었다. 처음부터 그토록 못난이로 보였던 영식이였지만, 보미는 은근히 안타까운 마음이 들었다. 또 쉬는 시간마다 아이들이 몰려 영식이에게 모르는 글을 가르쳐주는 모습이 너무 착하고 아름답게 보였다. 문득 지난 어린이날 교장 선생님으로부터 받았던 선행상이 떠올랐다. 왠지 부끄럽게 여겨졌다. 정말 선행상을 받았어야 할 아이는 보미 자신이 아니라, 누가 시키지 않았음에도 영식이에게 다가가 글을 가르쳐주고 있는 아이들이란 생각이 들었다. 보미의 마음은 차츰 바뀌고 있었다.

어때요? 이쯤 되면 꼬여 가던 사건이 뭔가 풀리고 있다는 생각이 들지 않나요? 보미는 지금 영식이를 짝꿍으로 받아들이지 못한 것이 잘못이었다는 것을 스스로 깨닫고 마음을 바꾸려고 하고 있습니다. 그런 마음은 보미가 영식이를 짝꿍으로 받아들이는 쪽으로 사건이 흘러가도록 해결의 실마리를 찾게 하고 있습니다. 이러한 것이 바로 사건의 해결입니다.

사건이 해결되었으면 사건이 끝난 거나 다름이 없습니다. 더 이야기를 끌고 싶어도 이미 끝난 사건이니 이야기가 이루어질 수 없게 되는 것입니다. 이야기 자체를 마무리해야 할 때가 온 것입니다.

이렇게 이야기를 마무리하는 단계를 결말이라고 합니다.

3) 결 말

결말은 사건이 해결됨으로써 모든 이야기를 마무리하는 단계로, 지금까지 전개되었던 이야기를 끝맺음하는 부분에 해당됩니다. 모든 사건에는 시작과 끝이 있듯, 마무리를 해야 하는 것은 동화도 똑같습니다.

마무리는 슬프게 끝나는 경우도 있고, 행복하게 끝이 나는 경우도 있습니다. 그것은 다 지은이에 의해 결정됩니다. 이 때문에 결말은 지은이의 생각이 가장 많이 드러나게 됩니다.

이 부분도 좀더 자세히 살펴보도록 하겠습니다.

'선생님, 제 짝으로 영식이를 앉혀 주세요. 제가 모르는 글을 가르칠게요.'
보미는 짧은 편지를 선생님 책상 위에 올려놓고 집으로 갔다. 글 모르는 영식이로 인해 착한 일을 할 수 있다고 생각하니 오히려 영식이에게 고마웠다.
　교문을 나서는 발걸음이 가볍기만 했다. 선생님께 칭찬을 받을 때처럼 괜스레 가슴이 뛰었다. 보미는 교문을 나서며 장승처럼 우뚝 서 있는 플라타너스를 올려다보았다. 아침에 요란히 울던 까치는 어디로 갔는지 반가운 소리만이 가지에 걸려 보미의 작은 가슴을 흔들었다.

　행복한 결말로 이야기를 끝낸 이 부분에서는 글쓴이의 생각이 선명하게 드러나 있다는 것을 알 수 있습니다. 즉, 서로 아끼고 사랑하는 착한 마음만이 선행을 베풀 수 있게 한다는 것을 글쓴이는 여러 사람들에게 알려주고 싶었을 것입니다. 그래서 지은이는 책 속의 주인공인 보미에게 이를 말하지 않고도 느낄 수 있게끔 행동하게 했던 것입니다.
　지금까지 예문으로 보았던 글은 김태화 님의 '까치 소리'라는 동화입니다. 여러분은 이 동화를 통해 한 편의 동화가 시작에서 진행, 진행에서 결론에 이르는 과정을 지켜보았습니다. 또한 동화의 구성 단계가 어떻게 이루어지는지, 동화는 어떤 순서에 따라야 좋은 글이 될 수 있는지를 알았을 것입니다.
　즉, 여러분은 이 동화를 통해 동화의 짜임새, 어떻게 이것저것을 짜맞추어 한 편의 동화로 완성하는가를 순서별로 공부한 셈이 되는 것입니다.
　그러나 이것으로 다 끝난 것은 아닙니다. 여기에서 빠뜨릴 수 없는 것이 또 하나 있습니다. 바로 동화를 비롯한 꾸며 쓴 글의 요소입니다. 그럼 이제 이 요소들에 대해 살펴보도록 하겠습니다.

5. 동화의 세 요소

　모든 글은 빠져서는 안 될 여러 요소들을 지니고 있습니다. 지은이의 상상에 의해 만들어지는 소설에는 주제, 문체, 구성의 요소가 필요합니다. 즉, 지은이가 드러내고자 하는 기본 생각(주제)과 이 생각을 단계별로 자연스레 이어 가는 짜맞추기(구성), 그리고 지은이의 특이하고 독창적인 문장(문체)이 필요한 것입니다. 또한 구성에는 다시 세 가지 요소가 있어야 하는데, 이야기 속에서 일어나는 사건, 그리고 그 사건을 이끌어 가는 인물, 마지막으로 그 사건이 발생하는 시간과 장소인 배경이 그것입니다. 이러한 여러 요소들이 만족스럽게 조화를 이루어야 소설이 되는 것입니다.
　시도 마찬가지입니다. 시 속에는 몸소 겪은 경험이 있어야 하고, 그 경험에서 얻은 마음속의 그림이 있어야 합니다. 또한 그것들을 이끌어내어 짜맞추는 상상력이 있어야 합니다. 이 모든 것이 완벽하게 갖추어졌을 때 한 폭의 그림과 같은 마음이나 생각, 느낌 등을 언어로 그려낸 시가 탄생되는 것입니다.
　한 편의 동화도 이야기가 되기 위해서는 몇 가지 요소가 필요합니다. 동화 역시 소설처럼 지은이가 상상에 의해 지어낸 이야기입니다. 그렇기에 소설과 유사한 요소들을 많이 가지고 있습니다. 그러나 동화는 어린이를 대상으로 꾸며진 것이므로 소설처럼 복잡하거나 다양하지는 않습니다.
　동화도 소설처럼 지은이가 드러내고자 하는 주제와 사건을 엮어 가는 구성, 그리고 독창적인 문체가 필요합니다. 다만 동화의 주제와 문체는 특별하게 강조될 필요가 없습니다. 동화는 어린이의 동심만을 제한적으로 보여줘야 하기 때문에 소설처럼 인간의 다양한 모습을 담아낼 필요는 없습니다. 다만 아름답고 순수한 것으로 어린이들의 세계를 보여주기만 하면 됩니다. 문장 또한 어린이가 쉽게 이해할 수 있는 것으로 평이하고 간결한 것이 좋습니다. 그러므로 동화는 아름답고 순수한 어린이의 세계를 명쾌하고 쉬운 문장을 통해 동심의 나래를 맘껏 펼칠 수 있도록 그려내면 되는 것입니다.

그러나 동화 역시 대체로 지은이가 꾸며 쓴 글이기에 읽는 이가 이야기를 믿을 수 있게끔 그 구성이 소설처럼 탄탄해야 합니다. 구성을 위해서는, 첫째 이야기 속의 인물이 필요합니다. 곧 사건을 일으키고 해결해 가는 누군가가 필요한 것입니다. 둘째 그 사건이 언제 어디서 일어났고, 사건에 따라 장소는 어떻게 옮겨지고 있는가를 제시해 주는 배경이 있어야 합니다. 끝으로 책 속에서 전개될 그 무엇, 곧 사건이 있어야만 합니다.

이 인물·사건·배경을 일컬어 우리는 흔히 동화의 세 요소라고 합니다.

동화에서 이러한 세 요소는 짜임새 있게 들어가야 합니다. 그러나 이 세 요소가 모두 들어갔다고 해서 좋은 동화라고는 할 수 없습니다. 세 요소가 들어가되 서로 긴밀하게 연결되어야 동화를 더욱 빛낼 수 있는 것입니다.

즉 인물에 맞는 사건이 일어나야 하고, 사건에 어울리는 배경이 준비되어야 한다는 것입니다. 어린이를 주인공으로 했는데 어른스러운 사랑 싸움을 사건으로 한다든지, 학교에서 일어난 사건들을 다루면서 집 얘기가 너무 많이 나온다면 이는 동화의 요소가 긴밀하게 연결되지 못했음을 보여주는 것이라 할 수 있습니다.

지금까지 동화 쓰는 방법에 대해 살펴보았습니다. 이제 여러분은 동화 쓰기에 대한 이론적 지식을 완벽히 알았다고 해도 과언이 아닙니다. 하지만 아무리 잘 알고 있다 해도 실제로 써보지 않으면 아무 소용이 없습니다.

다음에 제시하는 몇 가지 좋은 동화를 읽고 용기를 내어 동화 쓰기에 도전해 보십시오. 여러분은 여러분이 갖고 있는 순수한 그 마음 하나로도 충분히 좋은 동화를 쓸 수 있으니까요.

6. 동화의 본보기

크리스마스 이브

김 승 원

　크리스마스 이브 겨울입니다. 올해 겨울은 유난히 흰눈이 많았습니다.
　수지는 아침부터 바빴습니다. 내일이 크리스마스인데 트리를 치장하느라 정신이 없었습니다.
　제일 먼저 아주 큰 양말을 트리에 걸었습니다.
　"산타 할아버지께서 나한테 예쁜 인형을 선물해 주셨으면 좋겠어."
　"나는 자전거를 갖고 싶어."
　수지와 동생은 마음이 들떠 얼른 산타클로스 할아버지가 오시기를 기다립니다.
　밖에는 함박눈이 펄펄 내리고 있습니다.
　수지는 가족들과 함께 트리 앞에서 맛있는 저녁을 먹었습니다. 하얀 눈이 창밖으로 쏟아지고, 아름다운 트리가 거실에서 반짝거리고, 정말 멋있는 크리스마스 이브입니다.
　"아빠, 우리 산책 나가요. 하얀 눈을 밟으면 정말 행복할 거예요."
　수지가 말했습니다.
　"그러자. 밖에 나가서 아름다운 크리스마스 이브를 보내자꾸나."

"야, 신난다."

수지와 동생은 만세를 불렀습니다.

밖으로 나오니 하얀 눈이 더 펑펑 쏟아지고 있었습니다. 징글벨 노랫소리가 거리를 휩쓸고 있었습니다. 수지는 노래를 따라 부르며 미끄럼도 타고 눈을 작게 뭉쳐 눈사람도 만들었습니다.

"이것 좀 사주세요."

어떤 소녀 한 명이 다가와 작은 손을 내밀었습니다. 얇은 옷을 입고 있는 소녀는 덜덜 떨고 있었습니다. 소녀가 내민 것은 껌이었습니다. 수지는 문득 성냥팔이 소녀를 떠올렸습니다. 아빠가 돈을 꺼내 소녀 손에 쥐어 주었습니다.

"정말 춥겠구나."

아빠의 말에 소녀는 빙긋 웃기만 했습니다. 그리고 절을 꾸벅하고 멀어져 갔습니다. 그때에야 수지는 정신을 차렸습니다. 그리고 뛰어가 소녀를 붙잡았습니다.

"이거 가져."

수지는 예쁘게 싼 선물 꾸러미를 내밀었습니다. 그것은 동생을 주려고 준비한 장갑입니다.

"고마워."

소녀는 정말로 고마워했습니다. 그러나 수지는 아무 말도 할 수 없었습니다. 크리스마스 이브 날, 혼자서만 행복해 한 것 같아서 너무도 미안했기 때문입니다.

소녀가 멀어지자 수지는 하늘을 보았습니다. 눈은 아직도 펑펑 쏟아지고 있습니다.

문득 소녀가 얼마나 추울까, 그런 걱정이 앞섰습니다.

설명문

설명문은 새로운 지식을 전달하고 정보를 제공할 목적으로 어떤 사실이나 현상에 대해 알기 쉽게 쓴 글입니다.

설명문 쓰기

앞의 글들이 대부분 보고 느끼고 생각하고 겪은 일들을 쓴 것이었다면, 설명문은 이와는 조금 다릅니다. 설명문은 다른 글들과는 달리 글쓴이의 느낌, 생각과 같은 주관적인 것들이 들어가서는 안 됩니다. 설명문은 사실을 바탕으로, 사실 그대로 써야 하는 글입니다.

이와 같이 설명문은 사실을 바탕으로, 사실에 충실하게 써야 합니다. 설명문은 무엇보다 의미 전달이 정확해야 합니다. 이를 위해서는 의미와 의미가 서로 잘 어울릴 수 있도록 정확한 낱말을 써야 합니다. 이런 까닭에 설명문에는 꾸밈이나 과장, 그리고 거짓이 없어야 합니다.

그렇다면 글쓴이의 의견이나 주장이 들어가도 좋은가. 그렇지 않습니다. 글쓴이의 느낌이나 생각을 끌어들여 예쁘게 치장하려 하거나, 글쓴이의 주장이나 의견을 넣어서도 안 됩니다. 설명문은 눈에 보이는 것 그대로만 쓴 객관적인 글이 되어야 합니다. 이와 함께 새로운 지식이나 정보를 전달해야 합니다. 이것이 바로 설명문의 목적입니다.

이러한 설명문의 목적을 충실히 이행하기 위해서는 쉬운 말로 정확하게 써야 합니다. 그리고 글의 중심이 사실에서 벗어나 한쪽으로 기울어서는 안 됩니다.

이처럼 글이 한쪽으로 치우치지 않게 하기 위해서나, 글의 짜임새를 위해서나 설명문도 논설문의 경우처럼 서론, 본론, 결론으로 나누어 사실과 사실이 잘 어울리게 하는 것이 좋습니다. 다만 이때 주의할 것은 논설문처럼 글쓴이의 의견이나 주장이 들어가면 안 된다는 것입니다.

따라서 설명문은 새로운 지식을 전달하고 정보를 제공할 목적으로 어떤 사실이나 현상에 대해 알기 쉽게 쓴 글입니다. 설명문은 글을 쉽게 이해하고 잘 파악하게 하기 위해 예를 곁들인다거나, 성질에 따라 분류하고, 과학적인 분석을 하기도 합니다. 또는 이해하기 쉽게 이것과 저것을 비교하거나, 같은 것이 어떻게 달라지고, 다른 것이 어떻게 같아지는지 보여주기 위해 대조나 대비 등을 곁들이기도 합니다. 이것은 모두 내용을 더 효과적으로 전달하기 위한 수단입니다.

설명문에서 가장 중요한 것은 앞에서도 얘기했듯이 글쓴이의 감정이나 생각, 의견이나 주장이 들어가지 않아야 한다는 것입니다. 그리고 논설문처럼 서론이나 본론, 결론으로 짜임새를 갖추어야 하는데, 이렇게 되면 글이 다소 딱딱한 느낌을 줄 수밖에 없게 됩니다. 때문에 글을 부드럽게 해주기 위해 쉬운 말과 뜻이 분명하고 정확한 말을 사용하는 것이 설명문의 또 다른 특징입니다.

설명문의 특징을 보다 구체적으로 살펴보도록 하겠습니다.

1. 설명문의 특징

　설명문의 특징에는 앞에서 말한 몇 가지 외에도 여러 가지가 있습니다. 설명하는 대상에 따라 글의 내용이 달라질 수 있기 때문입니다. 즉, 지식에 대한 설명일 때, 경험에 대한 설명일 때, 실험에 대한 설명일 때 등 설명하는 대상에 따라 그 성질이 달라질 수 있습니다.
　이 모든 것들의 공통적인 특징을 통해 설명문을 살펴보면, 설명문은 사실에 근거한 글이라는 것을 알 수 있습니다. 또한, 이 사실을 설명할 때는 객관적이고 쉽게, 그리고 간결하게 해야 합니다. 글의 짜임새에 있어서는 한쪽으로 치우치지 않고 흐트러짐이 없어야 합니다.
　이러한 특성을 잘 이해해야 설명문이 어떤 글인지 이해할 수 있습니다. 그리고 설명문이 어떤 글인지 이해해야 그 성질을 잘 드러내는 좋은 글을 쓸 수 있게 됩니다. 여러분은 이 점을 꼭 기억해 두었다가 설명문을 쓸 때 참고하기 바랍니다.
　여러분의 이해를 돕기 위해 위의 네 가지 특성을 보다 구체적인 설명을 곁들여 설명하도록 하겠습니다.

1) 설명문은 사실에 근거한 글입니다

　앞에서도 말했듯이 설명문은 사실을 바탕으로 사실에서 어긋나지 않도록 사실을 충실하게 쓰는 글입니다. 따라서 글쓴이의 느낌이나 생각, 의견이나 주장이 허락되지 않습니다. 사실과 상관없는 사사로운 것들이 끼어들면 사실이 바뀔 수도 있고, 또 그 본래의 것이 변질

될 수 있기 때문입니다. 또한 어떤 사실을 느낌이나 생각으로 표현해 내면 사실이 느낌으로 바뀌어 본래의 바탕이 흐려지게 마련입니다. 여기에 의견이나 주장을 곁들이면 더욱 그러하게 되겠지요. 예를 들어 하얗게 백목련이 피었다면 이것을 사실 그대로 설명해야 설명문이 되는 것입니다.

> 봄에 제일 먼저 피는 꽃으로 진달래를 꼽기도 하고, 목련을 꼽기도 하며, 개나리나 산수유를 꼽기도 한다. 사실 이 꽃들은 서로 다투듯 비슷한 시기에 꽃잎을 터뜨리기 때문에 어느 것이 먼저이고 어느 것이 나중이라고 정확히 구분하기가 어렵다.
> 우리 집 정원에도 진달래, 목련, 산수유 꽃이 피고, 담장에는 개나리가 휘청휘청 걸쳐 있는 듯이 늘어뜨려져 있다.
> 이것들 가운데 제일 먼저 꽃망울을 맺는 것은 목련이다. 붓 끝을 세운 듯이 보송보송한 털로 감싼 꽃망울을 하루에 한 눈금씩 틔우는데 빠를 때는 2월말 무렵에, 며칠 늑장을 부릴 때는 3월초에 서서히 꽃잎을 드러낸다.
> 그런 틈을 타 산수유가 노릇노릇 망울을 풀고, 이에 뒤질세라 진달래도 봉오리 가득 바람을 머금고 있다. 개나리 또한 그 무렵에 병아리 부리같이 한 이파리씩 꽃잎을 내밀기 시작한다. 서로 먼저 피려고 다투고 있음이 분명한데 역시 맨 먼저 꽃잎을 내미는 것은 목련이다.

이렇게 썼다면 사실에 입각해 쓴 것이 됩니다. 여기에는 꽃이 다투어 피니 아름답다고 감탄사를 터뜨리는 느낌도 없고, 글쓴이가 생각하기에는 목련보다 산수유가 먼저 필 것 같다는 식의 의견이나 주장도 없습니다. 그저 정원의 꽃나무들이 꽃봉오리를 터뜨리는 순서에 따라 사실대로 썼을 뿐입니다.
 그러나 여기에 감정을 집어넣고 주장이나 개인적 의견을 집어넣게 되면, 사실이 개인적 느낌이나 의견에 이끌려 그 중심을 잃게 됩니다. 이때 글의 중심이 한쪽으로 기울게 되는데 그렇게 되면 사실에서 벗어나게 되어 설명문이 아닌 감상문이나 논설문으로 바뀌게 됩니다.
 예를 들어 살펴보도록 하겠습니다.

 개인적 느낌을 곁들였을 때

  봄이 되자 다투어 꽃들이 피고 있다. 마치 천사들의 잔치같이……
  마치 순결의 살갗같이 흰 백목련, 바람도 간지러운지 얼굴 붉힌 진달래며 삐약삐약 봄 소풍 나온 노란 병아리를 시샘하듯 다투어 핀 산수유와 개나리. 이 꽃 잔치 앞에서 터뜨리는 '아, 아!' 한마디 감탄사.

 이렇게 썼다면 이 글에서는 꽃이 피었다는 사실은 있으나마나한 것이 되어버리고 맙니다. 글쓴이의 주체하지 못하는 감정만 밖으로 드러내 사실을 외면하고 꽃에 대한 느낌만 나타낸 것이 되어 감상문에 가까운 글이 되어버렸습니다.
 자신의 생각만을 중히 여겼을 때도 마찬가지입니다.

 개인적 생각을 중히 여겼을 때

  내 생각으로는 산수유가 제일 먼저 피고, 그 다음이 개나리,

그리고 목련과 진달래는 거의 같은 시기에 피는 것 같다. 어떨 때는 목련이 더 먼저 피고 그 다음으로 산수유, 개나리, 진달래가 피기도 하지만, 대체적으로 산수유, 개나리, 목련과 진달래 순으로 피는 것 같다.

꽃이 피는 순서가 사실에서 벗어나 '그렇게 생각된다' 는 식의 개인적 의견에 의해 판단되고 있습니다. 그 때문에 설명문이 요구하는 객관성이 결여되어 있습니다. 즉, '생각' 이라는 주관적인 것에 의해 글이 쓰여짐으로써 사실과 다르지 않나 하는 의심을 하게 합니다. 설명문이 사실을 바탕으로, 사실에 입각해 써야 한다는 점에서 보면 이는 잘못된 것이라 할 수 있습니다.

느낌이나 생각이 그러하듯 의견이나 주장도 그럴 위험을 안고 있습니다. 사실이란 이쪽 저쪽으로 왔다갔다 하는 것이 아니라, 오직 사실 그 자체로만 남아 있어야 합니다. 그런데 여기에 개인적 의견이나 주장을 끼워 넣으면 사실은 바뀌거나 가려지게 마련입니다.

의견이나 주장을 곁들였을 때

누가 뭐라고 해도 봄에 피는 꽃 중에서 제일 먼저 피는 꽃은 개나리이다. 그 다음이 산수유, 그 뒤를 따라 목련, 진달래가 핀다. 이 사실은 내 개인적 주장이기에 앞서 자연이 말해 주는 자연의 순서이다.

개나리가 제일 먼저 피는 것에 대한 내 견해는 개나리가 햇볕이 잘 드는 담장이나 울타리에 심어져 있어 그 어느 꽃나무보다 햇볕을 많이 받는다는 것을 바탕으로 하고 있다.

이 글의 앞 단락에서는 글쓴이의 주장을, 뒤의 단락에서는 견해를 드러내고 있습니다. 그러나 이러한 주장이나 견해는 글쓴이의 개인적인 것이고, 자연은 개인의 주장과는 달리 목련, 산수유, 개나리, 진달래 순서로 꽃망울을 터뜨립니다. 이런 사실을 개인의 주장이나 의견으로 바꾸어 놓았으니 자연히 사실이 주장에 밀려 주장이나 의견 쪽으로 치우치게 됩니다. 설명문이 사실을 바탕으로 사실대로 써야 한다는 점에서 보면 이런 주장이나 의견은 설명문과는 어울리지 않습니다.

그래서 설명문에서는 글쓴이의 느낌, 생각, 의견, 주장 따위를 피해야 하는 것입니다.

2) 설명문은 객관성이 있어야 합니다

앞에서 지적했듯이 설명문은 개인적 생각이나 느낌, 견해나 주장은 금물입니다. 추측이나 억지는 더 말할 나위가 없겠지요.

객관성이란 개인적 입장을 앞세운 자기 나름의 생각을 버리고, 제3자의 입장에서 보고 생각하는 것을 말합니다. 개인적 생각이나 판단을 앞세우는 주관적인 것과는 대립되는 개념이지요. 이처럼 개인적인 생각을 벗어났기 때문에 설명문은 당연히 어느 누가 보더라도 사리에 어긋나지 않고 사실에 맞는, 보편 타당성을 갖게 되는 것입니다.

모든 사람들이 '그렇다'고 인정하는 것, 모든 사람들이 보고 생각하기에 사실에 어긋나지 않고 상식적이라고 생각되는 것이 보편 타당성입니다.

설명문은 누가 읽더라도 사리, 곧 이치에 어긋나지 않고 합당하다고 받아들여졌을 때 그 역할을 다하게 됩니다. 그것은 읽는 이에게 사실이 사실대로 전달되었다는 것을 말해 줍니다.
  예를 들어 살펴보도록 하겠습니다.

> 흔히 사람들은 시를 쓰는 것을 쉽게 생각한다. 그러한 생각은 시가 소설이나 동화를 비롯한 다른 글에 비해 짧기 때문에 만만하게 보는 데서 비롯된다. 그러나 시가 비록 짧다고는 하나, 길게 풀어 쓴 산문으로써는 드러낼 수 없는 감동을 담아낸다. 이 점 때문에 시를 문학의 여왕이라고 부르기도 한다.
>   또 시를 쉽게 생각하는 것은 보고 느낀 것을 시가 요구하는 형식에 맞춰 쓰면 된다고 생각하기 때문이다. 그러나 그렇지 않다. 오늘의 시, 곧 20세기의 시는 보고 느낀 것을 추상적으로 표현한 19세기 시와는 달리 느낀 것을 객관화시켜 사물의 모습으로 드러내기를 요구하고 있다.
>   20세기에는 시를 모습으로 만들거나 그림으로 그려내기를 바라는 것도 그 때문이다. 그래서 몇몇 사람들은 20세기의 시를 '시는 그림이다'라고 정의하기도 했다. 왜 그림이어야 하는가. 20세기는 19세기와는 달리 귀로 듣고 즐기고 울고 슬퍼하던 시대가 아니다. 20세기는 문명의 발달로 인해 눈으로 보고 확인해야만 직성이 풀리는, 눈으로 보는 시대이다. 우리의 마음이나 생각을 눈에 보이게 드러내려면 도리없이 마음이나 가슴 밖으로 꺼내 사물의 모습으로 그려내야 한다. 그래서 시를 '그림' 곧 '언어로 그린 그림'이라고 달리 정의 내리는 것이다.

이 글은 20세기의 시가 무엇이며 어떻게 써야 하는가를 지식과 정보를 곁들여 제시하고 있습니다. 곧 개인의 생각이나 느낌이 아닌, 20세기 시인이면 누구나 긍정할 수 있는 시의 방법을 말해 주고 있는 것입니다. 그 때문에 이 글을 읽으면 누구나 쉽게 동감하게 됩니다.

이는 앞에서 지적했듯 설명문이 읽는 이에게 새로운 지식이나 정보를 전달해야 하는 자신의 목적을 충실히 이행했기 때문입니다.

3) 설명문은 이해하기 쉽고 표현이 간결해야 합니다

　설명문은 읽는 이가 쉽게 납득할 수 있도록 설명이 쉬워야 합니다. 그래야만 새로운 지식이나 정보 따위를 바로 전달할 수 있기 때문입니다. 또 표현은 간결해야 합니다. 사실을 그대로 말하면 되기 때문입니다.

　사실이 아닌 거짓말은 상대를 꼬이기 위한 말을 동원해야 하기 때문에 무척 복잡합니다. 상대를 넘어뜨리기 위해 갖은 말을 끌어들이고, 또 만들어 내고, 꾸며대기 때문입니다. 그렇게 되면 진실은 흐려지게 마련인데, 이는 사실을 거짓말이 가려버렸기 때문입니다.

　여러분 중에는 더러 이런 경험을 했을 것입니다. 친구를 꼬여내기 위해 갖은 말을 다 동원했다거나, 또는 여러분을 꼬여내기 위한 친구의 말이 도무지 무엇을 말하려고 했는지 핵심을 알 수 없었다든지 하는 경우 말입니다. 이것이 바로 진실을 흐리게 한 결과입니다.

　글도 마찬가지여서 사실에 느낌이나 생각, 의견이나 주장을 곁들이면 당연히 복잡해질 수밖에 없습니다. 그러나 그렇게 한다면 좋은 글이 될 수 없습니다. 사실을 있는 그대로 쓰고, 가급적 보태어 겉모양을 꾸미거나 하지 말아야 합니다. 있는 사실을 그대로 드러내기만 하면 좋은 설명문이 됩니다.

　　길을 가다 보면 종종 ○○○우편 취급소란 간판이 눈에 띈다. 우체국은 친구한테 편지도 붙여보고, 또 아빠나 엄마 심부름으로 직접 가보았기 때문에 잘 알고 있다. 하지만 우편 취급소에 대해서는 잘 알 수가 없다.

독립문을 지나가다 보면 '독립문 우편 취급소'란 간판이 보인다.

우리 집에서 길 하나 건너에 있기 때문에 아주 가깝다. 어떤 곳인지 늘 궁금했는데 마침 엄마가 시골 외할머니한테 약을 부치라며 우체국에 다녀오라고 하셨다. 이때구나 싶어 독립문 우편 취급소로 갔다.

"이거, 소포로 부쳐 주세요. 근데 언니, 여기도 우체국하고 똑같아요?"

우편물을 내밀며 우체국 언니에게 물어보았다.

"그럼, 여기에서도 우체국에서 하는 일을 똑같이 한단다. 편지, 등기, 소포, 국제 우편, 보험, 적금 등 우체국에서 하는 일은 뭐든지 한단다."

"그럼, 왜 우체국이라고 하지 않고 취급소라고 해요?"

"응, 그건, 일은 똑같이 하지만, 체신청에서 우체국이 하는 일을 대신 맡아 취급한다고 그렇게 이름 붙인 거야."

언니는 친절하게 설명해 주면서 다음과 같은 재미있는 이야기도 들려주었다.

"어느 초등학교 시험에 '편지는 어디서 부쳐야 하나요?' 하는 문제가 나왔대. 그 보기에는 우체국, 우편 취급소, 은행 이렇게 있었는데 취급소에서만 편지를 부쳐 봤던 한 학생이 우편 취급소에 ○표를 했다지 뭐니."

"맞았어요? 아니, 틀렸어요?"

"그게 문제였어. 선생님이 틀렸다고 채점을 했거든. 그런데 말야, 사실은 우체국, 우편 취급소가 다 맞는 답이잖아. 그러니까 답이 두 개였던 셈이지. 출제를 잘못했던 거야. 우체국

따로, 우편 취급소 따로 할 게 아니라 '우체국 또는 우편 취급소'라고 했어야 했던 거지."

"그래요?"

내가 잘 이해할 수 없다는 듯 고개를 갸웃거리자 언니는 또 다음과 같은 말을 들려주었다.

"단 한 가지는 달라. 우체국 직원은 국가에서 봉급을 주지만, 우편 취급소 직원은 봉급은 없고 일을 처리한 수수료에 따라 계산해서 받는단다."

이 글은 우편 취급소 직원과 초등학생 간의 대화를 통해 우편 취급소가 어떤 곳이며 어떤 일을 하는지, 또 우체국과 비교해 같은 점과 다른 점은 무엇인지 사실대로 기록하고 있습니다. 학교 시험 문제를 예로 들어 이것저것 장황하게 설명하지 않고도 우체국 업무와 우편 취급소의 업무가 똑같다는 사실을 잘 설명해 주고 있습니다.

4) 글의 짜임새가 흐트러져서는 안 됩니다

끝으로 설명문은 글의 짜임새가 흐트러져서는 안 됩니다. 바꾸어 말하면 짜임새가 잘 짜여져야 한다는 뜻입니다. 글의 짜임새가 잘 짜여진 글은 앞뒤가 잘 이어지고 엮어져 혼란이 없습니다. 그렇기에 항상 글을 쓸 때는 서론·본론·결론의 세 단계로 나누어 짜맞추어야 합니다. 설명문도 다른 글과 마찬가지로 이 단계에 맞춰 그 짜임새를 짜맞추어야 합니다.

다만 이때 한 가지 여러분이 마음에 새겨두어야 할 것이 있습니다. 그것은 설명문이 서론·본론·결론이라는 논설문 형식을 취했다고 해서 글의 내용에 있어서도 논설문의 특성인 글쓴이의 의견이나 주장을 곁들여서는 안 된다는 것입니다.

물론 개인의 느낌이나 생각이 들어가서도 안 됩니다. 설명문은 있는 사실 그대로만을 써야 하니까요.

예를 들어 살펴보도록 하겠습니다.

효 도

〈서 론〉

효도의 뜻을 사전에서 찾아보면 '효행의 도'가 된다. 그러나 이는 막연한 말이다. 그것은 사전이 효행이 무엇이며, 도는 무엇인가에 대한 설명을 해주지 않았기 때문이다. 또다시 사전을 찾아보면 효행은 부모를 섬기는 일상의 행동을 말하며, 도는 여러 가지 뜻으로 통하지만 효행을 앞세웠을 때는 부모 섬기기를 좇는 일쯤이 된다. 이를 한 데 묶어 효도에 대한 정의를 내리면 효도란 부모를 공경하여 섬기며 이를 덕으로 알고 좇는 것이 된다.

〈본 문〉

모두들 효도를 입으로는 잘 떠들어댄다. 그러나 부모를 입으로 섬길 수는 없다. 마음과 몸으로 실천하는 것이 효도이다. 즉, 마음으로 부모를 공경하고, 공경하는 마음을 좇아 몸으로 실천하는 것이 효도이다.

그 때문에 효도는 마음만 가지고 되는 것도 아니고, 그렇다고 몸만 가지고 되는 것도 아니다. 몸과 마음을 다 바쳐 부모를 섬겼을 때 비로소 효도를 했다고 할 수 있는 것이다. 그런데도 요즘 사람들은 효도를 입으로만 뇌고 있다.

〈결 론〉
　이와 같이 효도는 부모를 공손히 섬기되 마음으로부터 우러나오는 효심에서 비롯되어야 한다. 효심에 의해 부모를 받들고 모시어 부모의 삶이 항상 즐겁도록 성의껏 몸과 마음을 다해 섬겨야 하는 것이다. 이것이 자식 된 도리이며 이를 다하는 것은 곧 도리의 실천이 되는 것이다.

　이상에서 볼 수 있듯 설명문의 특성은 크게 네 가지로 나누어 볼 수 있습니다. 그리고 설명문은 이 특성들이 잘 드러나도록 써야 하며 그랬을 때 비로소 좋은 설명문이 될 수 있습니다.
　다음으로 설명문은 과연 어떻게 써야 설명문이 요구하는 조건에 맞춰 잘 쓸 수 있는가에 대해 알아보도록 하겠습니다.

2. 설명문은 어떻게 써야 할까

　설명문을 쓰는 방법이나 요령은 여러 가지로 지적해 볼 수 있습니다. 전체적 짜임새를 서론·본론·결론의 3단계로 나눈다 하더라도 새로운 지식이나 정보를 더 효과적으로 전달하려면 지식이나 정보를 사실대로만 말해서는 안 됩니다. 그 사실을 보다 새롭게 하고, 돋보이게 해서 새로운 지식이나 정보가 설득력 있게 전달되도록 해야 합니다. 그러기 위해서는 어떤 사실을 예를 들어 구체화한다든지, 성질이나 특성별로 분류·분석한다든지, 나아가 비교나 대조를 통해 더 잘 이해할 수 있도록 전달의 효과를 극대화시켜야 합니다.
　그러한 방법이나 요령 몇 가지를 간단히 소개하도록 하겠습니다.

1) 설명으로 설득시키기

　설명문은 말 그대로 설명으로 읽는 이를 설득하여 새로운 지식이나 정보를 전달할 목적으로 쓰여진 글입니다. 동시가 느낌을 통해 감동을 불러일으키게 하고, 동화가 이야기를 통해 재미나 깨달음, 그리고 상상력의 세계를 보여줌으로써 설득 효과로 작용하는 것과는 경우가 다릅니다. 설명문은 설명 그 자체가 생명이기 때문입니다.
　설명은 무엇인가를 느낌이나, 이야기, 상상력 따위로 해석하고 풀이하는 글이 아닙니다. 설명문은 '이것은 무엇이다', '저것은 무엇이다' 식의 '무엇은 무엇이다'로 간단히 풀이해서 쓰는 글입니다. 즉, 설명 그 자체가 글의 생명인 것입니다.

이때 설명 안에 주관적인 해석이나 개인적 생각을 넣는 것은 절대 있을 수 없습니다. 누구나 '그렇구나' 하고 받아들일 수 있는 보편 타당성을 지녀야 합니다. 곧 객관적으로 설명되어야 한다는 뜻입니다.

> 강강술래라고 불리는 말의 본디 말은 강강수월래로서 영·호남 지방의 부녀자들이 손에 손을 잡고 둥글게 돌면서 춤에 맞춰 부르던 노래말이자 매김 소리이다.
> 매년 정월 대보름이나 8월 한가위 때면 동네 아낙들이 모여 손에 손을 잡고 빙빙 마당을 돌며 춤을 추었는데, 강강술래는 이때 맞춰 부르던 노래말이기도 하고 매김 소리이기도 했다.
> 이 춤의 유래에 대해서는 몇 가지 설이 있다.
> 첫째, 임진왜란 때 성웅 이순신 장군이 왜적에게 위세를 보이고 적군이 상륙하는 것을 감시하기 위하여 곳곳마다 불을 놓고 이 춤을 추게 했다는 것이다. 둘째, 비슷한 내용으로서 이순신 장군이 임진왜란 때 위기에 처한 나라를 구하기 위해 민심을 추스려 한마음이 되게 하려는 목적으로 이 노래를 지어 처녀나 젊은 부녀자들에게 부르게 했다는 것이다. 셋째, 고려 때 진주 근처의 한 산골 농부 김수월이 진주 목사에게 사랑하는 아내 세루화를 빼앗기고 분에 못 이겨 자살을 했다고 한다. 그 원통한 혼을 달래기 위해 굿을 했는데, 그 굿에서 유래되었다는 것이다.

위의 글에서는 강강술래가 노래로 불리고, 춤으로 추게 된 배경에 대해 세 가지의 설을 들어 자세하게 설명하고 있습니다. 아기자기하게 각각의 것에 대해 설명함으로써 읽는 이로 하여금 쉽게 받아들일 수 있도록 하고 있습니다.

2) 분류하여 설득하기

　분류는 종류에 따라 나누는 것을 말합니다. 이는 무엇을 설명하기 위해 같은 종류와 다른 종류를 나누는 것을 말합니다. 혹은 그 성질에 따라 같은 성질의 것과 다른 성질의 것을 따로따로 나누기도 합니다. 이를 설명문에 사용하게 되면 설명하는 대상의 특성이 더 뚜렷해지고 특성을 강조하는 효과도 얻게 됩니다.

　　나무나 수풀 같은 것도 자세히 보면 끼리끼리 모여 산다는 것을 알 수 있다. 소나무는 소나무끼리 모여 살고, 상수리나무는 상수리나무끼리, 단풍나무는 단풍나무끼리, 억새는 억새끼리 모여 살고 있는 것을 보게 된다.
　　개울이나 강도 자세히 들여다보면 송사리는 송사리끼리, 방개는 방개끼리, 덩치 큰 놈은 큰 놈끼리 모여 살고 있는 것을 볼 수 있다.
　　사람도 이와 같아서 미국 속에서도 한국 사람은 한국 사람끼리, 중국 사람은 중국 사람끼리 모여 산다. 물론 한국 속에서도 미국 사람은 미국 사람끼리, 중국 사람은 그들끼리 모여 사는 것을 볼 수 있다.
　　그뿐 아니라 시골에 가면 김씨는 김씨끼리, 이씨는 이씨끼리, 박씨는 박씨끼리 모여 사는데, 이는 이른바 자연에서 말하는 씨 무리의 법칙을 따른 것일 것이다.

3) 분석하여 설득하기

　분석은 이것저것 섞여 한 덩어리를 이루고 있는 것을 특성에 따라 각기 나누는 것을 말합니다. 이는 설명문이 전달하고자 하는 것을 더 잘 전달하기 위해 사용하는 방법입니다. '무엇은 무엇과 무엇으로 되어 있다'든지, '이것은 이런 특성이 있고', '저것은 저런 특성이 있다'고 성질별로 나누어 줌으로써 한편으로는 같은 성질의 것을 더 강조하는 효과를 얻을 수 있습니다. 또 한편으로는 그 성질을 구체화함으로써 독자에게 가 닿는 힘의 크기를 더해 줄 수 있는 강조의 한 방법입니다.

눈이 좋지 않은 노파가 의사를 불렀다. 의사는 치료하러 왔다 갈 때마다 가구 하나씩을 몰래 가지고 갔다. 가구를 전부 가지고 갔을 때에 맞춰 치료도 끝났다. 의사는 약속한 대로 치료비를 청구했으나 노파는 좀처럼 치료비를 주려고 하지 않았다. 하는 수 없이 관청으로 데리고 가 호소했다.
그러자 노파가 이렇게 말했다.
"물론 눈을 낫게 해주면 돈을 준다고 했지만, 이 의사에게 치료를 받은 후엔 눈이 더 나빠졌습니다. 옛날에는 집에 있는 것들이 다 보였는데 지금은 하나도 보이지 않으니까요."
이 이야기는 '노파와 의사'라는 〈이솝 우화〉이다. 이 이야기는 겉으로 보기에는 단순히 의사와 눈먼 노파 이야기 정도로 비칠 수 있다. 그러나 속을 들여다보면 눈이 밝음에도 불구하고 재물에 눈이 어두워 도둑질을 한, 눈이 있음에도 재물밖에 볼 줄 모르는 의사를 비웃고 있다.
눈뜨고도 눈이 어두워 재물밖에 못 보는 의사와, 시력을 회복하고도 재물을 몽땅 잃어버렸다는 사실을 발견하지 못하는 노파의 눈을 통해 눈뜬 자와 눈이 어두운 자들의 어리석음을 비웃고 있는 것이다.
이 우화는 이처럼 겉으로는 의사와 눈먼 노파 이야기를 담고 있지만, 안을 들여다보면 눈을 치료하는 안과 의사이면서도 재물 앞에 눈이 어두워 버린 의사의 어리석음과, 시력을 회복하고도 잃어버린 재물을 볼 줄 모르는 노인의 또 다른 어리석음을 보여주고 있다.
　즉 이 글은 겉으로 드러난 의미만 볼 것이 아니라, 안에 담긴 의미도 분석할 수 있게 해주는, 한 이야기를 통해 두 의미로 읽게 해주는 분석력을 요구하고 있다.

4) 비교로 설득하기

　비교란 두 개 이상의 어떤 것을 견주어 서로의 비슷한 점이나 닮은 점, 이와 반대로 다른 점 따위를 자세하게 살펴보는 것을 말합니다. 이런 방법은 시에서 즐겨 쓰는, 꾸미는 말로 비유라고도 합니다.
　그러나 여기에서의 비교는 비유와는 다릅니다. 그것은 설명문이 시가 아니기 때문에 비롯된 것은 아닙니다. 비교가 서로 다르거나 같은 점을 견주어 보는 것에 비해, 비유는 이처럼 단순한 것이 아니기 때문입니다.
　비유는 첫째 본래 드러내고자 한 것과 이것을 돕기 위한 다른 무엇이 있어야 하고, 둘째 이 두 가지는 서로 다른 점이 있어야 하며, 셋째 다르면서 동시에 같은 점이 있어야 이루어질 수 있습니다.
　위의 세 가지를 가리켜 비유를 성립시키는 조건이라고 합니다. 이에 비해 비교는 같거나 다르면 될 뿐 다른 것 속에 같은 것이 없어도 됩니다.
　어쨌건 길고 짧다든지, 크고 작다든지, 많고 적다든지를 견주어 비교함으로써 보다 사실적으로 드러내는 효과를 얻을 수 있는 것이 비교로 설득하기입니다.

    우리가 잘 알고 있는 노래 '아리랑'은 한국 사람이면 누구나 즐겨 부른다. 그 때문에 아리랑을 모르면 한국 사람이 아니라고 할 만큼 아리랑은 많은 한국 노래 중에서도 대표적인 노래다.
  '밀양아리랑', '강원도아리랑', '정선아리랑', '진도아리랑', '신아리랑' 등 여러 형태로 불리는 '아리랑'은 그 형태만큼이나 유래도 여러 갈래이다.
  그 하나는 어느 고을 사또의 딸 아랑의 억울함 죽음을 슬퍼하며 '아랑, 아랑' 하는 데서 아리랑이 시작됐다는 설이다. 이와는 달리 또 하나는 신라 시대 박혁거세의 왕비였던 알령 부인을 찬미하기 위해 '알명, 알명' 하고 노래 불렀던 것에서 유래했다고도 한다. 세 번째로는 알명 부인이 태어난 우물인 알명정으로 올라가는 길인 알영 고개가 변하여 아리랑 고개가 됐다고도 한다.
  이 밖에도 대원군이 경복궁을 수리할 때 백성들에게 무리한 세금을 거둬들이자 백성들 사이의 인사가 '자네 세금 냈는가'가 되었고, 백성들은 '나 귀가 멀어 안 들리네' 라는 뜻으로 '아리농'이라고 했는데 이 말이 아리랑으로 변했다는 설이 있다. 이 외에도 여러 가지 아리랑의 유래에 얽힌 이야기가 있다.
  그러나 '아리랑'이란 말의 뿌리를 찾아 풀면 '아리'는 만주어로 '산'이라는 뜻이고 '아라리오'는 '언덕'이란 뜻이라고 한다. 그렇다면 옛날 우리 조상들이 추운 북쪽에서 따스한 남쪽으로 내려올 때 산을 넘고 언덕을 넘으면서 부른 노래라 생각해 볼 수 있다. 그래서 노래말 '아리랑 아리랑 아라리오'는 '산을 넘네 산을 넘네 언덕을 넘네'가 되는 것이다.

5) 대조로 설득하기

대조란 둘을 맞대어 비추고 비교함을 뜻합니다. 즉, 서로 다른 것을 열거하여 상대적으로 그 상대를 더욱 명백히 하는 효과를 얻고자 하는 것입니다.

그 때문에 대조로 설득하기는 같은 것보다는 서로 다른 점을 비교합니다. '이것은 어떻고, 저것은 어떻다'는 식으로 서로 다른 특성들을 통해 상대적으로 그 특성이 더 잘 드러나게 하는 방법입니다.

예를 들어 장미꽃이 꽃끼리만 모여 있으면 그냥 일반적인 아름다움밖에 보여주지 못하지만, 쓰레기통에 피어 있다면 그 아름다움이나 그 의미가 사뭇 달라지는 이치와 같습니다. 또 하얀 바탕을 드러내기 위해 흰색만 하루 종일 칠하면 흰색밖에 드러나지 않습니다. 이와 반대로 검은색을 바탕으로 칠하게 되면 똑같은 흰색이라도 더 희게 보이는 효과를 내게 되는 이치와 같습니다. 대조를 통한 설득도 이와 같은 이치를 계산한 것입니다.

> 참 이상한 일이다. 사람의 마음이나 느낌, 판단에 있어서도 종종 착각하는 경우가 있듯 눈을 뻔히 뜨고도 착각하는 경우가 있다.
> 색감에서 일으키는 일종의 잘못된 시각 현상으로서 이런 경우가 있다. 검은색을 최대한으로 검게 드러내고 싶을 때 아무리 되풀이해서 칠해도 똑같은 검은색밖에 드러나지 않는다. 그러나 검은색 가에 흰색을 칠하면 똑같은 검은색이 더 검게 보이고, 똑같은 흰색이 더 희게 보이는 시각의 혼돈을 일으키게 되는 것이다. 이를 착각 또는 착시라고 한다.
> 이러한 현상을 일으키는 것을 글을 꾸미는 일에 빗대어 대조

법이라고 한다. 이는 서로 다르거나 정도가 다른 사물을 열거하여 그 상태를 더욱 명백히 하는 효과를 가져다주는 것을 의미한다.

끝으로 설명문의 종류에 대해 알아보도록 하겠습니다.

3. 설명문의 종류

설명문의 종류는 두 가지로 나눌 수 있습니다. 하나는 경험에 대한 설명문이고, 다른 하나는 지식에 대한 설명문입니다. 경험에 대한 설명문은 몸소 경험함으로써 얻게 된 것이나 알고 있는 것을 경험의 저장을 되살려 밝히는 글입니다. 그리고 지식에 대한 설명문은 우리가 살아가면서 알게 된 것, 곧 책을 읽고 알게 된 지식이나 학교 교육을 통해 배운 지식을 정리해서 설명하는 것을 말합니다.

앞의 것이 경험으로 배운 것을 쓴 것이라면 뒤의 것은 학습을 통해 배운 것을 쓴 경우가 됩니다.

두 가지를 예문을 통해 좀더 자세히 알아보도록 하겠습니다.

경험으로 쓴 설명문

선영이는 초등학교 3학년 때 한 반이 되면서 알게 된 후로 지금까지 친하게 지내는 친구 중 하나다. 얼굴보다 마음씨가 더 예쁜, 그렇다고 얼굴이 못생기지도 않은 선영이는 무엇보다도 의리 하나는 끝내주는 마음 놓고 사귈 수 있는 친구다.

선영이는 한번 약속한 것은 지키지 않은 적이 없다. 그 대신 지키지 못할 약속은 아무리 친해도 거절할 줄 안다. 그것이 종종 친구들을 섭섭하게 할 때도 있지만, 나중에는 모두들 선영이의 마음을 이해하게 된다.

어떻게 그렇게 야무질 수 있을까 하고 궁금해 한 적이 한두 번이 아니었는데 사귄 지 2년여가 지났을 무렵 그 사실을 알게 되었다.

   선영이 아빠께서는 꽤 큰 교회의 목사님이셨고 엄마는 권사님이셨다. 선영이의 부모님은 신도들 사이에서 신뢰 있는 분으로 소문이 나 있었다. 그리고 선영이 아빠의 별명이 의리의 목사님이라는 것도 알았다.

   선영이가 아빠 엄마를 닮아서라기보다는 집안의 환경에 의해 그렇게 된 것 같다. 아빠 엄마가 신조로 여기시는 의리를 배우고 지키고자 하는 교육 환경이 선영이에게 이미 오래 전부터 영향을 끼쳤던 것이다.

지식으로 쓴 설명문

   같은 반 친구 아빠가 1일 선생님으로 오신 적이 있었다. 담임 선생님의 소개로는 유명한 시인이라고 했다. 그래서였는지 1일 선생님께서는 한 편의 시를 소개하면서 해석을 곁들여 설명해 주셨다.

   나 보기가 역겨워
   가실 때에는
   말없이 고이 보내드리우리다

   영변에 약산
   진달래꽃
   아름 따라 가실 길에 뿌리우리다

   가시는 걸음걸음
   놓인 그 꽃을

사뿐히 즈려밟고 가시옵소서

나보기가 역겨워
가실 때에는
죽어도 아니 눈물 흘리우리다

김소월 님의 '진달래꽃'이란 시이다. 이별하면서 가시는 이의 발길에 진달래꽃을 뿌려준다니 이별을 축하한 것이 된다. 아름다운 이별도 다 있구나 했는데 그게 아니었다. 겉으로 보기엔 이별을 꽃다발로 보낸다고 했으니 아름답게 보일 수 있지만, 그 뒤에는 꽃다발을 뿌려 보낼 수밖에 없는 딱한 사정이 있었다는 사실을 알았다.

그 사정이란 소월 시인이 시에서 노래한, 보낸 임은 그가 사랑했던 여인이라고 했다. 그런데 소월 시인은 그때 정혼한 몸이었고, 두 사람을 동시에 사랑할 수 없었기 때문에 부득이하게 애인을 보낼 수밖에 없었다고 한다. 그래서 차마 그냥 보낼 수 없어 꽃다발을 뿌려 보내야만 했다는 것이다.

그러나 문제는 꽃을 뿌려 보냈다는 데 있는 것이 아니다. 겉으로는 그랬지만, 속으로는 그와 반대로 전혀 다른 뜻을 담고 있다고 한다. 마음속으로는 영변에 약산 진달래꽃 대신 약산의 소나무 가지나 가시덤불을 몽땅 끊어다 가는 길을 막고 싶은 것이 진실이면서도 겉으로는 진달래꽃을 뿌린다고 거짓말을 했다는 것이다.

거짓말. 시인들은 이렇게 거짓말을 잘 하는 사람들인가? 1일선생님의 말에 의하면 그렇다고 한다. 시인은 참말로는 할 수 없는, 참말보다 더 감동적인 말을 하기 위해서 어쩔 수 없이 거짓말을 한다고 한다. 그래야만 읽는 사람들이 참말에서는 맛볼 수 없는 아름다움을 느끼게 된다는 것이다. 그리고 시인들이 하는 거짓말은 사회에 유익하게 쓰이는 거짓말로 많으면 많을수록 좋다고 한다. 그 이유는 시인의 거짓말을 통해 사람들은 아름다움을 맛보는 즐거움을 누릴 수 있기 때문이란다.

  인간의 심리를 연구한 프로이트란 사람은 이런 거짓말을 고상한 취미라고 했다고 한다. 역시 시인들이 시를 쓰는 것은 고상한 취미였던 셈이다. 김소월 님의 시 '진달래꽃'도 이 고상한 취미가 꾸며낸 속과 겉이 다른 꾸민 것이었던 것이다.

논설문

논설문은 어떤 문제에 대해
글쓴이의 의견이나 주장을 펼치는 글을 말합니다.

논설문 쓰기

 논설문이 전에 없이 글짓기의 하나로 중요시되고 있는 것은 대학 시험에 있어 이 논술이 합격을 좌우하고 있다는 데 그 이유가 있습니다. 여러분도 알다시피 글이라는 것은 하루아침에 잘 쓸 수 있게 되는 것이 아닙니다. 그렇기 때문에 입시를 눈앞에 두고 논술 시험에 대비해 봤자 아무런 효과를 거둘 수 없습니다. 그런 까닭에 초등학교 때부터 훈련을 하게 하는 것입니다. 그렇게 되면 고등학생이 되어서는 상당한 실력에 이르게 될 테니까요.
 논설문 하면 여러분은 흔히 어른들이나 쓰고, 어른들이나 읽는 글이라고 생각하실 것입니다. 그렇기 때문에 어린이와는 전혀 상관이 없는 것으로 여겼을 테구요. 이는 흔히 사람들이 논설문을 신문 사설과 같은 글이라 생각하기 때문일 것입니다. 그렇기에 어른들이 읽는 신문 사설과 같은 논설문은 어린이와는 상관없는 글이라 생각하는 것이지요. 그러나 그렇지 않습니다.
 논설은 한마디로 사물의 이치를 들어 의견·주장을 논하거나 설명하는 글을 말합니다. 곧 어떤 문제에 대해 글쓴이의 의견이나 주장을 펼치는 글이란 뜻입니다. 이 때문에 논설문을 '주장하는 글'이라고 하기도 합니다. 여기에서 주장은 글쓴이가 어떤 일에 대해 옳다고 판단했기 때문에 가능한 것입니다. 이처럼 자신이 옳다고 생각하는 것을 다른 사람에게 설득시키는 글이 논설문이 되는 것입니다.
 앞에서도 말했듯이 논설문이 어른들만의 글이 아니듯, 주장 또한 어른들만이 하는 것이 아닙니다. 사람은 누구나 자신만의 생각을 가지고 있습니다. 여러분들도 물론 여러분만의 생각을 가지고 있을 것입니다. 이렇게 사람이라면 누구나 자기 나름의 생각이 있고, 의견이 있습니다. 그렇기 때문에 그 생각이나 의견을 옳다고 믿고, 또 옳다고 내세워 보고자 하는 나름의 주장이 있게 되는 것입니다. 이러한 점에서 논설문은 어른들만의 몫이 아니라, 여러분의 몫이 되기도 합니다. 곧 어른, 어린이 할 것 없이 누구나 자신의 의견이 옳다고 믿으며 이를 주장하고 싶다면, 또 이 주장을 통해 많은 사람들을 설득하고 싶다면, 누구나 이를 위해 논설문을 쓸 수 있는 것입니다.

　또 논설문은 개인적 의견이나 주장뿐만 아니라, 어떤 집단이나 단체의 입장을 밝혀 자신들의 공식적인 주장을 펼 때 쓰이기도 합니다. 신문의 사설이 그 대표적인 예라 할 수 있습니다.

　한마디로 논설문이란 어떤 문제에 대해 자기의 의견과 주장을 내세워 글을 읽는 이들을 자기가 원하는 방향으로 끌어들일 수 있도록 설득시켜 나가는 글이라 할 수 있습니다. 여러분들은 아마 이를 '주장하는 글'이라 배웠을 것입니다.

　여러분은 대강 논설문이란 어떤 글이라는 것을 알았을 것입니다. 그렇다면 이제 논설문이란 어떤 특징을 지닌 글인지 궁금하시겠지요. 또 이를 알아야 그 특징에 맞춰 논설문을 쓸 수 있을 것입니다. 그래야만 좀더 확실하게 다른 사람들을 여러분의 편에 서도록 설득시킬 수 있을 테니까요.

1. 논설문의 특징

논설문의 특징은 여러 가지로 말씀드릴 수 있습니다. 어떤 이는 세 가지로 간단하게 말하기도 하고, 어떤 이는 일곱 가지로 늘여 말하기도 합니다. 그러나 담고 있는 내용들은 둘 다 비슷합니다. 그저 좀더 세분화하였다는 차이가 있을 뿐이지요. 즉, 세 가지를 더 구체적으로 나누면 일곱 가지가 되고, 일곱 가지를 비슷한 것끼리 한 데 뭉쳐놓으면 세 가지가 되는 것입니다.

여기에서는 세 가지와 일곱 가지를 적절히 배합하여 다섯 가지로 말씀드리겠습니다.

첫째, 논설문은 글쓴이의 의견이나 주장이 뚜렷해야 합니다. 이때의 의견이나 주장은 어떤 일이나 사건에 대해 글쓴이가 옳다고 믿는 것으로, 글의 앞에 내세워져 있어야 합니다. 그렇게 함으로써 읽는 이로 하여금 뜻이나 행동을 같이 하여 동조할 수 있도록 설득하기 위해서입니다.

둘째, 논설문은 읽는 이를 설득하기 위해 쓰여지는 글이기 때문에 여러 가지로 설명하여 읽는 이로 하여금 쉽게 고개를 끄덕이게끔 만들어야 합니다. 그렇게 하기 위해서는 합리적인 이유나 근거를 들어 조리 있게 설명해야 합니다.

셋째, 논설문의 글은 서론·본론·결론의 3단 구성으로 짜여집니다. 그 때문에 글이 논리적이고 문단의 구별이 뚜렷합니다.

넷째, 글의 성격상 문장이 지적입니다. 논설문은 이치를 따지고,

이론으로 이를 뒷받침해야 합니다. 그렇기 때문에 다른 글들과 다르게 감성적 문장이 아닌, 지적 문장을 사용하게 됩니다.

다섯째, 개인적인 경우는 물론이고 사회적인 문제, 현실적인 문제, 시대적인 문제들이 글감으로 선택됩니다.

지금까지 설명한 다섯 가지의 특징을 한마디로 요약하자면 다음과 같습니다. 논설문은 개인의 의견이나 주장을 펼쳐 읽는 이로 하여금 설득당하게 하는 글인데 그 짜임새는 서론·본론·결론으로 되어 있다. 그래서 그 글은 딱딱하기 쉽다. 또한 논설문은 이치를 따질 수 있는 것이라면 그 어떤 것도 글감이 될 수 있다. 즉 사회 전반에 걸친 모든 것이 문제로 이야기될 수 있으며, 이는 논설문의 글감이 될 수 있다는 것입니다.

그렇다면 이런 특징을 잘 살려 좋은 논설문을 쓰기 위해서는 어떤 요령이 필요한지 글을 쓰기에 앞서 먼저 살펴보도록 하겠습니다.

2. 논설문 쓸 때의 요령

논설문은 글쓴이의 느낌이나 생각을 드러내는 것이 아니라, 의견이나 주장을 펼치는 글이기 때문에 읽는 이를 의식해야 합니다. 곧 글이 설득력이 있느냐 없느냐에 따라 다른 사람들이 의견을 함께 해 주느냐, 해 주지 않느냐가 결정되기 때문에 몹시 신중을 기해야 합니다.

논설은 그 문제에 대해 의견이나 주장을 갖게 된 동기가 있어야 합니다. 그러한 동기가 없었다면 문제가 없었을 것이며, 문제가 없었다면 그것을 해결하기 위한 의견이나 주장이 필요없기 때문입니다. 또 그 문제는 옳고 그름을 판단할 수 있는 것이어야 합니다. 어떤 문제에 대해 명확한 결론이 나올 수 없다면 굳이 스스로의 의견을 내세울 필요도 없을 것입니다. 그 때문에 문제 발생에는 반드시 의견의 대립이 있고, 충돌이 있게 마련입니다.

이런 의견과 주장이 엇갈리는 가운데 읽는 이로 하여금 자신의 의견이나 주장에 동조하면서 믿고 따르게 하기 위해서는 그 주장이 읽는 이를 설득시킬 수 있을 만큼 명확해야 합니다. 이것이 논설문의 기본 조건이기도 합니다. 그 때문에 자신의 의견이나 주장만을 내세울 것이 아니라, 다른 사람의 의견이나 주장에도 주의를 기울여야 합니다. 그런 후에 자신의 주장과 비교해 보아야 합니다. 그렇지 않으면 다른 사람의 그럴싸한 의견에 자신의 생각을 흩뜨릴 수도 있습니다. 이러한 실수를 범하지 않기 위해 다음에 설명하는 논설문이 갖추어야 할 몇 가지 요령을 먼저 머릿속에 기억해 두시기 바랍니다.

첫째, 앞에서 말씀드린 바와 같이 논설문은 다른 사람들의 마음을 끌어들여야 하기 때문에 문장이 이치에 맞아야 하고, 주장하는 바가 바른 것이어야 합니다. 또 읽는 이로 하여금 감동받을 수 있게끔 글쓴이의 진실이 드러나야 하며 일관성 있게 조리에 맞는 주장을 펼쳐야 합니다.

둘째, 무엇보다도 주장하는 바가 흐트러져서는 안 됩니다. 그렇게 하기 위해서는 주장하는 바를 항상 머릿속에 기억하고 있어야 합니다. 그래야만 그 주장이 흔들리지 않고 중심을 잡을 수 있습니다.

셋째, 글쓴이의 흔들림 없는 의지를 보여줘야 합니다. 곧 읽는 이로 하여금 신뢰할 수 있도록 해야 한다는 뜻입니다. 그렇게 하기 위해서는 서로 믿고 따를 수 있도록 여러분의 확실한 의지를 밝혀야 합니다.

넷째, 굳은 의지와 함께 문장이 설득력이 있어야 읽는 이의 마음을 움직일 수 있습니다. 그렇게 하기 위해서는 문장에 믿음이 갈 수 있도록 문장이 논리적이어야 하며 주장하는 바가 모든 이의 마음에 가 닿도록 잘 짜여진 문장이어야 합니다.

다섯째, 이때 문장은 학문을 다루는 학습 논문과는 다릅니다. 그렇기 때문에 전문적 지식의 나열이나 학문적 용어가 아닌, 누구나 쉽게 이해할 수 있는 평범한 문장이면서도 진지한 감동이 와 닿아야 합니다.

여섯째, 의견, 주장, 의지, 문장력과 함께 글 속에 담긴 내용이 참신함을 느끼게 해야 합니다. 일상적 상식이거나, 이미 있었던 주장의 되풀이이거나, 늘 들어왔던 것의 중복에 불과하다면 아무도 그 논설문을 읽어주는 이가 없을 것입니다. 읽어주지 않는다는 것은 설득력이 없다는 뜻이고 설득력을 잃었다면 이는 논설문으로서 자격이 없는 것이 되겠지요.

　여러분은 이런 요령들이 어른들에게나 필요한 것이라고 생각하여 소홀히 여겨서는 안 됩니다. 여러분도 어른들처럼 마음속에 여러분 나름의 주장을 갖고 있을 것입니다. 또 그 주장을 펼치고 싶고, 옳고 그른 것을 따져 말하고 싶을 것입니다. 그렇다면 이런 요령을 소홀히 여기지 말고 잘 새겨야 할 것입니다.
　이젠 좀더 구체적으로 들어가 논설문은 그 짜임새가 어떻게 되어 있으며, 또 어떻게 짜야 하는지에 대해 알아보도록 하겠습니다.

3. 논설문의 짜임새

논설문은 거의 예외가 없을 정도로 3단 구성의 짜임새로 되어 있습니다.

첫째 글이 시작되는 머리말 부분인 서론, 둘째 중심 부분인 본론, 그리고 마무리 부분인 결론의 세 단계가 그것입니다. 이를 각 단계별로 하나하나 살펴보면서 한 단계 한 단계 써보도록 하겠습니다.

1) 서 론

서론은 글쓴이의 의견이나 주장을 펼치기 위한 머리말 부분입니다. 여기에서는 '어떻게 하면 읽는 이의 관심이나 주의를 끌까', '어떻게 하면 내 주장을 짜임새 있게 잘 펼쳐 나갈 수 있을까' 등을 생각하면서, 글쓴이가 주장하고 싶은 것을 펼쳐 나가기 전에 일단 문제를 앞에 제시해 주는 단계입니다. 여기에서 밝혀야 할 것들은 다음과 같습니다.

첫째 글을 쓰게 된 동기와 그 목적, 둘째 앞으로 펼쳐 나갈 글의 내용에 관한 문제 제기, 셋째 글의 중심부에 놓일 것이 무엇인가를 미리 암시해 주는 주제 제시가 그것입니다.

이제 이러한 것들이 갖추어진 논설문의 서론을 살펴보도록 하겠습니다.

자연을 사랑하자

　자연은 사람이 살아가는 데 필요한 모든 것들을 무료로 제공해 줍니다. 마시지 않고서는 살 수 없는 공기나 물, 먹지 않으면 죽을 수밖에 없는 식량 등 자연이 우리에게 제공해 주는 것은 셀 수 없이 많습니다. 그러면서도 자연은 우리에게 바라는 것이 아무것도 없습니다. 그러한 자연이 우리 인간에 의해 서서히 죽어가고 있습니다. 자연의 고마움을 잊고 사는 인간의 그릇된 생활 때문입니다.
　이러한 자연을 이제 우리가 살려내야 합니다. 그것은 자연을 살리는 동시에 우리 인간을 살리는 길이기도 합니다. 우리 인간은 자연 없이는 살 수 없으니까요. 즉, 우리는 자기 자신을 사랑하듯, 우리를 살 수 있게끔 만들어주는 자연을 사랑해야 합니다.

　이와 같이 썼다면 이 속에 앞에서 지적한 세 가지 사항이 다 들어 있는 것이 됩니다. 이 글을 읽어보면 첫째, 자연이 주는 고마움을 잊고 사는 인간의 그릇된 삶을 일깨우고자 이 글을 쓰게 되었다는 것을 알 수 있습니다. 즉 글을 쓴 동기나 목적을 알 수 있지요. 둘째, 자연을 살려야 인간이 살아남을 수 있다는 점을 얘기함으로써 문제가 제기되고 있다는 것을 알 수 있습니다. 셋째, 이러한 일들은 자연 사랑을 통해서만 이루어질 것이라는 주제의 암시가 있다는 것을 알 수 있습니다.
　어때요? 이 정도면 훌륭한 서론이 되겠지요? 그럼 예문을 하나 더 살펴보도록 하겠습니다.

물을 사랑하자

 인간은 아무리 위대한 사람이라 할지라도 물 없이는 하루도 살지 못합니다. 그 때문에 물은 곧 인간의 생명이라 할 수 있습니다. 그런데 요즘은 모든 물이 오염되어 마실 수 없는 지경에 이르고 말았습니다.
 물을 마시지 못하면 인간은 죽습니다. 즉, 우리가 살아 남기 위해서는 물을 깨끗이 해야 합니다. 그렇게 하기 위해서는 물을 아끼고 사랑하는 마음이 필요할 것입니다. 그럼 어떻게 하면 물을 아끼고 사랑하여, 다시 맑게 되살릴 수 있을지 알아보도록 합시다.

숲을 가꾸자

 4월 5일 식목일이 되면 사람들은 나무를 심습니다. 식목일이기 때문에 심는 것이 아니라, 나무를 가꾸어 숲을 이룸으로써 인간에게 도움이 되게끔 하기 위해서입니다. 나무는 경치를 아름답게 하기도 하고, 물을 맑게 하기도 하며 바람을 깨끗하게 하기도 합니다. 그러나 나무가 하는 가장 중요한 일은 따로 있습니다. 바로 공기를 맑게 해주고, 산소를 만들어내어 우리가 마음놓고 숨쉬게 하는 일입니다. 그 때문에 사람들은 나무를 심고 가꾸는 것입니다.
 그런데 요즘 날이 갈수록 숲이 그냥 버려진 채 황폐화되어 가고 있습니다. 사람들이 의무적으로 나무를 심기만 하고 가꾸지 않기 때문입니다. 숲이 황폐화되면 우리는 숨쉴 공기를 얻지 못해 죽어가게 됩니다. 그렇지 않게 하려면 숲을 가꾸어야 합니다. 그렇다면 어떻게 하면 숲을 더 울창하게 가꿀 수 있는지 지금부터 살펴보도록 하겠습니다.

　예문 '물을 사랑하자'와 '숲을 가꾸자'도 크게는 '자연을 사랑하자'에 포함됩니다. 물이 살아야 물을 먹고 사는 사람이 살 수 있으며 숲이 울창해야 사람들이 맑은 공기를 마실 수 있습니다. 그렇게 되게 하기 위해서는 사람들 스스로 자연의 일부인 물과 숲을 가꿔야 합니다. 즉 자연을 사랑해야 한다는 것입니다.
　'물을 사랑하자'는 인간의 생명인 물이 오염되어 죽어가고 있기 때문에 이를 살려야 인간도 살 수 있다는 주장을 하기 위해 쓴 글입니다. 곧 물을 되살리자는 주장을 펴기 위해 글을 썼으며, 곧 이것이 글쓴 목적이 됩니다. 뒤의 '숲을 가꾸자'도 비슷합니다. 숲을 가꾸자는 것이 글쓴이가 주장하고자 하는 글쓴 목적이 되는 것입니다. 이처럼 이 두 예문은 앞으로 글쓴이가 무엇을 말하고자 하는가를 명확하게 보여주는 훌륭한 서론이 되는 것이지요.

2) 본론

　서론 다음 단계인 본론은 글쓴이의 주장에 알맞은 이유들을 동원해, 서론에서 제시한 문제에 대해 글쓴이의 주장을 구체적으로 펼치는 부분이 됩니다.
　글쓴이가 자신의 주장을 정당화하고, 또 믿고 따르게 하려면 그것을 뒷받침하는 근거나 자료, 예시 등이 명확해야 합니다. 주장에 대한 뒷받침이 명확할수록 읽는 이에게는 설득력으로 작용해 그 주장에 수긍하게 됩니다. 그리고 그 수긍은 읽는 이를 그 주장에 따르도록 만들어 줍니다. 이때 뒷받침해 주는 근거들은 글쓴이의 주장이 옳다고 생각할 수 있게끔 하는 것이라면 무엇이든지 가능합니다. 근거 자료, 근거가 될 만한 일화 등은 물론 속담이나 격언 그리고 금언 같은 것도 모두 주장을 뒷받침해 주는 것으로 사용될 수 있습니다.
 본론에서 가장 효과적으로 읽는 이를 설득하는 방법으로는 두 가지가 있습니다. 첫째 이유를 밝혀 설득하는 방법, 둘째 실천 방법을 제시하여 구체화하는 방법입니다. 이러한 구체적 이유와 실천 방법 제시를 적절히 이용하여 골격을 짜맞춘다면 훌륭한 본론이 될 수 있습니다. 앞의 서론 예문을 다음 살펴볼 예문의 서론으로 제시하고 다음의 본론 부분을 살펴보기로 하겠습니다.

 자연을 사랑하자

 자연을 사랑하는 데는 여러 가지 방법이 있다고 봅니다. 흔히들 자연을 잘 보존하면 된다고 생각하는 경우가 많을 것입니다. 또 자연을 파괴하는 일이 없도록 하면 된다는 주장도 있을 수 있겠지요. 더 나아가서는 자연을 파괴하는 자를 다시는 그런 일을 저지르지 않도록 처벌하자고 주장할 수도 있습니다.
 다 맞는 의견이고 주장들입니다. 저도 같은 생각입니다만 한 가지 다른 견해를 가지고 있습니다. 제가 이런 견해를 갖게 된 것은 자연을 파괴하는 것이 여러 가지라 생각하기에 가능한 것입니다. 저는 자연이 문명에 의해 파헤쳐지기도 하고, 인간의 주거 공간을 넓히는 데 희생되기도 하며 인간의 몰지각한 행위에 의해 훼손된다고 봅니다.
 이제 자연은 문명과 팽팽히 대립되어 있습니다. 더군다나 문명은 과학을 앞세워 자연을 정복하려 하고 있습니다. 이렇게 되면 그 가치를 눈으로 쉽게 확인할 수 없는 자연은 생활의 편리를 가져오는 문명에 밀려 황폐화될 수밖에 없을 것입니다.
　이를 막기 위해서는 자연이 과학에 의해 파괴되었지만, 다시 과학의 힘을 빌어 지켜져야 한다고 봅니다. 이제 자연을 지킬 수 있는 힘은 인간의 손이 아니라, 과학의 힘밖에 없기 때문입니다. 그러기 위해서는 먼저 이루어져야 할 것이 있습니다. 과학이란 인간이 만들어낸 것입니다. 그렇기 때문에 과학을 빌어 자연을 보호하기 위해서는 먼저 자연을 사랑하는 깨어 있는 사람이 많아야 한다고 봅니다.

　이렇게 썼다면, 이 본문 속에는 자연을 보호하자는 주장은 물론 그 구체적 방법이 제시되었다고 할 수 있습니다. '자연을 보존하자', '파괴로부터 지키자. 그러기 위해서는 파괴범을 처벌하자' 등의 구체적 의견이 그것이지요. 그런 다음 글쓴이의 주장을 펴고 있습니다. 그것은 과학의 힘을 빈 자연 보호로, 그 전에 인간의 자연 사랑이 앞서야 한다는 것입니다. 곧 자연 사랑을 실천할 방법들을 구체화함으로써 본론 구실을 하고 있는 것이지요.
　이번에는 '물을 사랑하자'의 본론을 살펴보도록 하겠습니다.

　　물을 사랑하자

　　물을 맑게 하여 그 어느 곳에서 어떤 물을 마셔도 탈이 없을 때, 물은 되살아났다고 할 수 있습니다. 그런데 우리의 현실은 모든 강이 다 오염되어 폐수 직전에 있습니다. 식수로 제공되고 있는 상수원까지 오염되어 2급수, 3급수로 수질이 떨어졌다고 하니 여러 곳에서 우리의 생명이 위협받고 있는 것이나 다름없지요. 물을 살려야 하는 까닭은 여기에 있습니다.

그렇다면 물을 살릴 수 있는 방법을 몇 가지 제시해 보도록 하겠습니다.

첫째, 오물을 흘려보내지 않아야 한다고 봅니다. 생활 하수구는 모두 강과 연결되어 있습니다. 그렇기 때문에 우리가 버리는 오물은 강으로 흘러들어 가게 되고, 그리하여 강들은 썩어가게 됩니다.

둘째, 농촌의 축사에 정화 장치를 설치해야 합니다. 앞에서 제시한 생활 폐수뿐만 아니라, 축사에서 흘러나오는 모든 가축의 배설물들은 여과 없이 강으로 흘러들어 갑니다. 그렇기 때문에 강물은 똥물과 진배없이 되어 버립니다.

셋째, 가정에서는 합성 세제를 되도록 사용하지 말아야 합니다. 가정에서 사용하는 합성 세제도 아무런 분해 과정 없이 강으로 흘러들어 갑니다. 그렇게 강으로 흘러들어 간 화학 물질은 강은 물론 지하수까지 망가뜨리고 있습니다.

이제 어디를 가도 식수로 마실 만한 물은 발견할 수 없습니다. 우리는 이 때문에 오염된 물에 포위되어 서서히 죽음으로 다가가고 있습니다. 이를 타개하기 위해 환경을 파괴하는 사람이 적발될 시, 환경 오염법과 벌칙을 강화해서 다스려야 합니다. 또한 과학의 힘을 빌어 폐수·오염물을 정화시키고, 오염원을 미리 개선해 물의 오염을 방지해야 합니다.

그러나 뭐니뭐니해도 물을 아끼고 사랑해야 한다는 사람들의 의식 개선이 더욱더 중요하다고 봅니다. 이런 의식의 전환 없이 법이나 과학의 힘만으로는 근본적인 해결을 할 수 없기 때문입니다.

위의 글은 다소 길긴 하지만, 물의 오염을 막기 위한 구체적 방안을 제시하고 자신의 주장이나 의견을 강조하는 설득력을 지니고 있습니다. 그것은 여러 방법을 긍정하면서도 자신이 제기한 의식 개혁이나 의식의 전환이 앞장서야 한다는 주장을 중심 자리에 놓고 있기 때문입니다.

이어서 '숲을 가꾸자'의 본론을 살펴보도록 하겠습니다.

숲을 가꾸자

숲을 가꾸는 데는 국가적 차원의 계몽이나 권장도 중요합니다. 그리고 숲이 인간에게 끼치는 혜택에 대한 인식을 사람들에게 새로이 심어주는 것도 하나의 방법이 될 수 있을 것입니다. 그뿐만이 아니라 숲의 활용을 통해 자연의 재해를 막는 것은 물론 실생활에 도움이 되거나 수익성을 보장함으로써 숲을 자발적으로 가꾸게 하는 것도 하나의 방법일 것이라 봅니다.

그러나 이보다는 정부 차원에서 정책을 펼쳐 수종을 개량하는 것이 좋으리라 봅니다. 한편으로는 경치를 아름답게 꾸미고 산을 지키며, 다른 한편으로는 과실수나 약초, 기타 경제적 수익성이 보장되는 수종으로 교체함으로써 가꾸는 재미와 보람을 함께 느끼게 한다면 사람들은 스스로 숲과 함께 살기를 희망할 것입니다.

이 글도 일단 숲을 가꾸기 위한 여러 방안을 제시하고 있습니다. 그런 다음 그것들과 비교해 보다 좋은 방법이라고 믿는 것을 자신의 주장으로 펼침으로써 본론의 훌륭한 예를 보여주고 있습니다.

이상에서 볼 수 있듯이 본문은 글쓴이가 주장하는 바를 밝히는 것이 중요합니다. 그리고 예를 들거나 자료를 제시하여 자신의 견해나 주장을 뒷받침합니다.

이쯤에서 결론 단계로 넘어가 보도록 하겠습니다.

3) 결론

결론은 앞 단계인 본론에서 주장한 것을 다시 한 번 요약해 주거나, 자신이 내세운 주장의 핵심이 되는 내용을 다시 한 번 분명히 밝히는 단계입니다.

모든 글이 그러하듯이 시작이 있으면 끝이 있습니다. 또 시작을 잘 써 읽어볼 흥미를 갖게 했다면, 이에 책임감을 갖고 끝까지 잘 마무리해야 훌륭한 글이 됩니다. 아무리 잘 쓴 서론, 본론이라도 읽는 이가 맨 마지막으로 접하는 결론 부분이 엉성하다면 읽는 이는 이 결론으로 인해 지금까지의 좋은 인상을 잊어버리게 됩니다.

이처럼 그 글의 성패를 좌우하는 결론 부분은 논설문에 있어서는 더욱더 중요합니다. 논설문은 다른 사람을 설득시키는 글이기 때문에 이 마지막 결론으로 인해 읽는 이는 글쓴이와 의견을 같이 할 수도 있고, 그렇지 않을 수도 있기 때문입니다. 그렇다고 논설문의 결론이 장황할 필요는 없습니다. 그저 간단하게 지금까지의 내용을 요약해서 마무리해 주면 됩니다. 그리고 그 마무리 과정에서 글쓴이가 주장하는 것에 대해 가져야 할 태도나 마음가짐을 곁들이면 됩니다.

이 경우도 앞에서 예문으로 제시한 글들을 서론·본론에 이어 결론으로 마무리하기로 하겠습니다.

자연을 사랑하자

　자연, 그것은 인간이 살아가는 데 없어서는 안 될 모든 것을 아무 대가 없이 제공합니다. 그렇기에 자연은 인간에게 없어서는 안 될 생명의 보급 창고와도 같습니다. 하지만 지금 이 자연이 문명의 발달로 인한 환경 오염, 오존층 파괴, 생태계 파괴 등으로 죽어가고 있습니다. 이 죽어가는 원인이 과학 문명에 있듯이 자연을 소생시키는 것도 여기에서 찾아야 한다고 봅니다. 그러나 과학에 맡기기 위해서는 인간의 자연 사랑이 먼저 살아나야 합니다. 과학은 인간에 의해 이룩되었습니다. 그렇기 때문에 자연을 과학에 맡기기 위해서는 과학을 이룩한 인간의 마음부터 되돌리는 것이 중요합니다. 우리 모두 자연 사랑의 정신을 일깨워 죽어가는 자연을 살립시다.

이렇게 되면 이 글의 본론에서 주장했던 자연 사랑에 대한 되풀이가 됩니다. 그렇다고 그대로 옮겨 쓴 것은 아닙니다. 본론의 중심이 되는 주장을 요약하고, 그 속에 모두가 일깨워야 할 자연 사랑에 대한 태도나 마음가짐을 곁들이고 있습니다. 그럼으로써 결론을 이끌어내고 있는 것입니다.
　다음에는 '물을 사랑하자'의 결론을 살펴보도록 하겠습니다.

물을 사랑하자

　물을 되살리기 위해서는 물을 오염시키는 원인을 제거하거나 제도적인 장치로 효과를 거둘 수 있을 것입니다. 그러나 그보다 근본적인 문제는 물을 아끼고 사랑하는 방향으로 사람들의 의식이 개선되어야 한다고 봅니다. 즉 물이 곧 인간의 생명이라는 물의 소중함을 일깨워야 한다고 봅니다. 그렇게 될 때 비로소 물은 다시 살아나 우리의 생명수가 될 것입니다.

이 글은 물의 오염을 막기 위해서는 법적 장치, 과학의 동원, 오염원의 제거 등의 근본적 처방도 필요하지만, 그보다 더 중요한 것이 있다는 것을 주장하고 있습니다. 그것은 물을 사랑하는 사람들의 정신으로, 물의 오염을 막기 위해서는 사람들의 의식의 개선이나 전환이 필요하다는 글쓴이의 주장을 끝으로 마무리함으로써 읽는 이의 머릿속에 이를 각인시키는 효과를 얻고 있습니다.

끝으로 '숲을 가꾸자'의 결론을 살펴보도록 하겠습니다.

숲을 가꾸자

숲을 가꾸기 위해 국가적 차원의 개선책을 마련하고, 사람들에게 숲의 혜택을 일깨워 주며 나무가 실생활에 도움이 되도록 하는 것도 훌륭한 방법입니다. 그러나 등을 떠밀듯 찾아가도록 하기보다는, 숲을 가꿈으로써 재미와 보람을 느끼게 하는 것이 더 효과적이라고 봅니다. 그래야 스스로 숲을 찾아갈 테니까요. 마음에서 우러나온 것이 아니라, 일순간 호기심으로 숲을 찾아간 사람은 금세 마음이 바뀌어 되돌아올지 모릅니다. 그러나 스스로 숲의 소중함을 깨닫고 가까이 두고자 하는 마음을 갖게 된다면, 그 사람은 영원히 숲과 함께 하고자 할 것입니다.

위 글은 숲을 가꾸자는 정당한 이유와 새로운 실천 방안을 제시함으로써 글쓴이의 주장을 선명히 하고 있습니다. 그리고 이를 다시 한

번 강조하여 결론으로 마무리함으로써 읽는 이에게 주장하고자 하는 바를 뚜렷이 각인시키고 있습니다.

  논설문은 이렇게 마무리지어야 합니다. 여러분은 앞에서 예로 든 글들을 서론에 본론을 잇고 본론에 결론을 이어내면 한 편의 논설문이 된다는 사실을 알았을 것입니다. 그리하여 함께 살펴본 글들이 '자연을 사랑하자', '물을 사랑하자', '숲을 가꾸자'를 제목으로 한 논설문이 되는 것입니다.

  여러분은 지금쯤 생각하실 것입니다. 그렇다면 논설문과 설명문, 그리고 대학생 언니 오빠들이 쓰는 논문은 서로 뭐가 다를까, 라구요. 그럼 마지막으로 이 세 글의 비슷한 점과 차이점을 간단히 말씀드리고 마무리하도록 하겠습니다.

4. 논설문과 논문, 그리고 설명문의 차이점

논설문과 논문, 그리고 설명문은 글의 짜임새가 똑같이 3단계로 이루어져 있습니다. 즉 앞에서 설명한 것과 같이 첫 부분인 서론, 중간 부분인 본론, 끝 부분인 결론으로 되어 있습니다. 이처럼 밖으로 드러나 보이는 짜임새가 똑같은 형식을 취하고 있기 때문에 사람들은 글의 형식까지도 같을 것이라고 여기기 쉽습니다.

그러나 글 안의 짜임새를 살펴보면 서로 다른 특징들을 드러내고 있어 같은 글이 아니라는 것을 금세 알 수 있습니다. 그렇다면 여러분의 이해를 돕기 위해 논설문, 논문, 설명문이 어떤 점이 같고 어떤 점이 다른가를 가장 중요한 몇 가지만 간추려 말씀드리겠습니다.

1) 같은 점

첫째, 세 글의 형식이 다같이 서론·본론·결론의 3단계로 되어 있습니다.
둘째, 주관적 생각이나 해석을 거부하는 객관적인 글입니다.
셋째, 무엇에 대한 느낌이나 생각을 나타낸 글이 아니라, 어떤 사실에 대한 글입니다.

2) 다른 점

첫째, 표현 방법이 각기 다릅니다. 논설문과 논문은 모두 자신의 의견·주장·견해를 다른 사람에게 설득시키기 위해 쓰는 글이라 할 수 있습니다. 그런 점에서 보면 두 글은 같은 글이라 생각할 수 있을 정도로 비슷합니다. 그러나 논문이 스스로의 연구를 통한 결과나 업적을 발표하는 글이라는 점에서 두 글은 뚜렷한 차이점을 갖고 있습니다. 또한 논설문은 사회 전반에 걸친 문제를 글감으로 사용할 수 있는 데 반해, 논문은 이론적 글감이어야 한다는 점에서도 두 글은 서로 다릅니다. 그리고 또 설명문은 논설문·논문과는 거의 다르다고 할 수 있습니다. 설명문은 글쓴이의 의견이나 주장이 절대로 들어갈 수 없습니다. 그런 까닭에 설명문은 자신의 주장을 내세우는 논설문·논문과는 근본적으로 다른 글이라 할 수 있습니다.

둘째, 글의 목적이 서로 다릅니다. 논설문은 어떤 것에 대해 글쓴이의 의견이나 주장을 내세워 읽는 이로 하여금 따르도록 하는 글입니다. 이에 반해 논문은 연구의 결과나 업적을 발표하는 글이며 설명문은 새로운 지식이나 정보를 전달하고 이해시키기 위한 글입니다. 즉, 이 세 가지 글들은 각기 서로 다른 목적으로 쓰여지는 것입니다.

이와 같이 세 글은 그 짜임새만 같을 뿐, 글의 성질이나 방법은 각기 다른 양식의 글입니다.

편 지

편지는 우리가 살아가는 데 아주 중요한 역할을 대신해 주는 글입니다.
그것은 직접 얼굴을 마주 보고 얘기하지 않고도
할 말을 대신 전해 주고,
볼일을 대신 맡아주는 일을 해주기 때문입니다.

편지 쓰기

　편지는 우리가 살아가는 데 아주 중요한 역할을 대신해 주는 글입니다. 그것은 직접 얼굴을 마주 보고 얘기하지 않고도 할 말을 대신 전해 주고, 볼일을 대신 맡아주는 일을 해주기 때문입니다. 그뿐만이 아닙니다. 설혹 자주 만나더라도 직접 말하기가 어려울 때, 또 오래 간직하고 되새겨 주기를 바라는 내용일 때, 편지는 이를 대신 해줍니다. 여러분도 친구와 다투고 화해를 하고 싶은데 얼굴을 마주 보고 얘기하기 어려울 때 편지로 대신한 적이 있을 것입니다.
　이처럼 편지는 우리 생활에 없어서는 안 될 뿐 아니라, 그 어느 글보다도 중요한 목적을 지니고 있는 글입니다.
　여러분도 멀리 전학 간 친구에게 보고 싶다는 마음을 전하고 싶을 때 편지를 썼던 경험이 있을 것입니다. 반대로 친구끼리 오해로 다투고 도저히 직접 말로는 사과할 수 없는 경우 편지로 대신했던 적이 있을 것입니다. 만일 그런 경험이 없었더라도 그런 생각을 한 번쯤은 했을 것입니다.
　이와 같이 편지는 그것이 인사이든, 볼일이든, 부탁이든, 마음속에 담고 있었던 고백의 말이든, 이를 말 대신 글로 쓰는 형태라고 할 수 있습니다.
　그러나 편지는 다른 글들과는 조금 다릅니다. 편지는 편지를 쓰는 사람이 있듯 반드시 받는 사람이 있게 마련입니다. 말은 하늘에 대고도 할 수 있고, 나무와도 할 수 있습니다. 그렇다고 해서 그들이 응답을 해오기를 기다려서는 안 됩니다.

그러나 편지는 다릅니다. 편지는 하늘이나 나무에다 대고 하는 중얼거림과 달리 대상이 있는 대화이니까요. 이때 편지를 받는 사람은 한 개인일 수도 있고, 어떤 단체나 모임일 수도 있습니다. 여러분이 다른 학교로 전학을 갔다고 생각해 보세요. 이때 여러분이 담임 선생님께 안부 편지를 드렸다면 이 편지를 받는 사람은 선생님 개인이 됩니다. 하지만 학급 전체의 안부나 고마움을 전했다면 이때는 편지를 받는 대상이 개인이 아닌 학급 전체가 되는 것입니다.

시나 동화 같은 글은 모든 사람이 읽는 대상이 될 수 있습니다. 그러나 편지는 위와 같이 그 대상이 한 개인이나 단체 또는 집단으로 제한되어 있습니다. 이것이 편지의 가장 큰 특징이라 할 수 있습니다.

이와 같이 여러분 중 편지가 어떤 글인가에 대해 모르는 친구는 없을 것입니다. 그리고 한두 번쯤 편지를 써보지 않은 친구도 없을 것입니다. 그만큼 편지는 우리 생활과 밀접한 관계가 있습니다. 어른들 중에는 편지 자체가 생활의 일부나 생활 자체가 되어버린 사람도 있을 정도입니다.

이렇게 편지에 대해 알고 있고, 또 써본 경험도 가지고 있으면서 우리는 막상 편지를 쓰려고 하면 내용은 둘째치고 편지 제목에서부터 딱 걸리게 됩니다.

여러분도 이런 경험이 있을 것입니다. 멀리 전학 간 친구에게 편지를 쓰고자 했을 때, '친구에게' 해놓고 더 친근하고 잘 맞는 제목이 없을까 고민했을 것입니다. 그리고는 '그리운 친구에게', '사랑하는 친구에게', '보고 싶은 친구에게' 등 여러 개의 제목을 썼다 지웠다 하기를 반복하며 어느 것이 좋을까 오랜 시간 고민했던 기억이 있을 것입니다.

그러나 이러한 고민은 화려한 고민에 속합니다. 어떤 친구들은 제대로 어울리는 제목이 떠오르지 않아 끝내 편지 쓰기를 포기해 버린 경우도 있으니까요. 이와 같이 편지는 쓰고 싶은 말만 쓴다고 해서 되는 것이 아니라는 사실을 여러분은 경험으로 알고 있을 것입니다.

편지를 쓰기 위해 펜을 들자마자 당황해 하는 것은 무슨 말부터 써야 할지, 어떻게 순서를 잡고, 어떻게 내용을 이어 나갈지, 그리고 끝마무리는 어떻게 하는 것인지에 대해 잘 알고 있지 못했기 때문입니다. 곧 너무 친숙한 것이라 편지 쓰기에 대해 공부하려 하지 않았기 때문입니다.

그럼 이제부터 편지는 어떻게 쓰는 글이며, 어떻게 써야 보다 잘 쓸 수 있는지에 대해 공부해 보기로 합시다.

1. 편지 쓸 때 유의할 점

 편지를 어떻게 쓰는가, 어떻게 해야 좋은 편지글이 되는가를 말하기에 앞서 편지를 더 잘 쓰기 위해 쓰기 전에 마음에 새겨둬야 할 것이 있습니다. 우리는 무슨 일을 하기 전에 마음을 다진다든지, 어떤 기준을 세워놓고 그 기준에서 벗어나지 않음으로써 일을 성공적으로 끝낸 경우를 경험한 바 있습니다. 여러분도 이런 경우를 경험했을 것입니다.
 이와 같이 편지도 쓰기 전에 마음에 새겨야 할 것이 있습니다. 이러한 것을 염두에 두고 쓴다면 좋은 편지가 될 테니까요. 다음에 설명하는 새겨두어야 할 몇 가지 사항을 잘 살펴보고 편지를 쓰기 전에 항상 유의하기 바랍니다.

 1) 성의를 다해 써야 합니다

 앞에서도 말했듯이 편지는 반드시 받는 사람이 있습니다. 또 편지는 아무 말이나 쓰는 것이 아니라, 어떤 목적을 가지고 그 목적을 달성하기 위해 말 대신 글로 쓰는 것입니다. 때문에 그 목적에 따라 목적을 잘 이해할 수 있도록 성의를 다해야 합니다.
 목적에는 어른들께 인사를 여쭙기 위한 일상적인 것이 있을 수 있습니다. 이에 반해 무엇인가 부탁을 할 목적으로 편지를 쓸 수도 있습니다. 이러한 때는 반드시 상대방의 마음을 움직일 필요가 있습니다. 그리고 마음을 움직이기 위해서는 성의를 다해야 합니다.

상대방이 편지를 받고 마음이 움직여 '도와줘야겠는걸' 하는 마음이 들었다면 이 편지는 성공한 것이 됩니다. 그러나 '예의가 없어서 안 되겠어' 하고 혀를 찼다면 이 편지는 실패한 것이 되는 것입니다. 여기에서 마음을 움직이게 한 편지는 성심껏 부탁을 올렸기 때문에 그 간절함이 편지 속에 묻어났다 할 수 있습니다. 그러나 화를 냈다면 이는 마음을 움직일 만한 성의가 부족했기 때문이라 할 수 있을 것입니다.

성의껏 쓴다는 것은 꾸밈없이 솔직하며, 정중하게 예의를 갖췄다는 것입니다. 그렇게 해야 그 간절함이 마음에 가 닿을 수 있는 것입니다.

예를 들어 살펴보겠습니다.

> 선생님, 저는 학원에 다니기 싫어 죽겠어요. 학원 선생님은 저를 미워해요. 저도 선생님을 미워하고요. 쳐다보기도 싫어요. 다른 학원으로 옮기고 싶어요. 엄마가 선생님한테 부탁해 보래요. 전 꼭 옮겨야 해요. 선생님이 책임지세요.

이렇게 썼다면 이 편지를 받아 본 선생님은 이 편지를 쓴 친구에게 나쁜 인상을 갖게 될 것입니다.

왜냐하면 이 친구는 무엇 때문인지는 알 수 없지만, 지금 학원 선생님을 미워하는 마음으로 가득 차 배우는 사람답지 못한 태도를 지니고 있기 때문입니다. 게다가 선생님께 새 학원을 소개해 달라고 부탁하는 부분도 예의는 물론, 정중함이라고는 찾아볼 수 없습니다. 성의를 다해 부탁 드리는 간절함이 없다는 뜻입니다.

그러나 다음과 같은 예는 다릅니다.

선생님, 찾아 뵙고 부탁 드리려고 몇 번 전화 드렸는데 통화를 할 수 없어 이렇게 편지를 씁니다.

다름이 아니라, 전에 선생님께서 소개해 주신 학원의 선생님께서 바뀌셨어요. 새로 선생님께서 오시긴 했는데 저랑 잘 안 맞는 것 같아요. 그 선생님도 나름대로 열심히 가르치려고 하시는 것 같은데 나이도 어리시고 경험이 적으신지 가르치는 내용도 그렇고 마음에 안 드는 것이 한두 가지가 아니에요. 어머니께 말씀드렸더니 옮기라고 하셨어요.

선생님께서 좋은 학원이 있으면 다시 소개를 해주셨으면 좋겠어요. 선생님이 소개해 주시는 학원이라면 믿고 다닐 수 있을 것 같거든요. 죄송해요. 항상 이런 부탁만 드려서요. 그럼 안녕히 계세요.

위의 편지는 앞의 편지글에 비해 예의를 갖추고 쓰여져 있습니다. 또한 부탁을 하는 데 있어 조심성과 간절함이 함께 드러나 있구요.

이렇게 되면 이 편지를 읽어보신 선생님께서 '서둘러 알아봐야겠구나' 하는 마음을 갖게 되겠지요? 그럼 글쓴이는 더 좋은 학원을 다닐 수 있게 될 것이구요.

이렇게 선생님의 마음을 움직인 것은 큰 것이 아닌 사소한 것에 있습니다. 인사성, 고운 마음씨, 조심성, 간절함 그리고 솔직함 등 우리가 사소하게 생각할 수 있는 것들이 다른 사람에게 전해질 때는 큰 것이 되는 것입니다. 이 점을 마음에 깊이 간직해 두었다가 편지 쓰는 데 잘 적용시키면 크게 도움이 될 것입니다.

2) 쓰고자 하는 내용의 핵심을 분명히 합니다

그렇다고 성의를 다해 써야겠다는 마음 때문에 잔뜩 인사나 나누고, 문안 인사나 드리다가 꼭 말해야 할 것을 빠뜨려 버리면 안 됩니다. 그렇게 되면 이것은 편지가 아니라, 인사장 정도가 되어버릴 테니까요.

편지란 무엇입니까? 그것이 인사든 문안이든 청탁이든 간에 하고자 하는 말이 있었기 때문에 말 대신 글로 쓴 것입니다. 그런데 꼭 해야 할 말은 빠뜨린 채 엉뚱한 말만 했다면, 물 떠오라고 심부름시킨 엄마에게 물은 뜨지 않고 빈 그릇만 내민 격이 되고 마는 것입니다.

또한 하고 싶은 말을 이끌어 내기 위해 사용한 말들이 쓸데없이 장황하고, 번거로울 정도로 길게 펼쳐놓는다거나, 꾸밈말만 잔뜩 끌어들여 장식해 놓아도 안 됩니다. 그렇게 되면 받는 이는 '이 사람이 과연 무슨 말을 하고 싶어 편지를 보낸 걸까' 하면서 난처해 할 것입니다.

그 때문에 편지는 갖추어야 할 것과 빠뜨려서는 안 될 것을 분명히 밝혀야 합니다. 그리하여 보내는 사람의 뜻이, 그것이 부탁이건 안부이건 간에, 받는 이로 하여금 금방 알아차릴 수 있게 해야 합니다. 정작 써야 할 것은 빠뜨리고 쓸데없는, 쓰지 않아도 될 것을 써 보냈다면 그것은 편지의 구실을 제대로 하지 못하게 됩니다.

여러분도 아마 이런 경험을 한번쯤 해보았을 것입니다. 편지를 보내기는 했는데 보내놓고 뭔가 꺼림칙하게 느껴지는 경우 말입니다. 이는 분명 보낸 이가 말하고자 한 것을 빠뜨리고 보냈다든지, 썼다 하더라도 얼른 알아차리지 못하게 썼기 때문일 것입니다. 그도 아니면 편지가 갖추어야 할 것들을 제대로 갖추지 못했기 때문에 갖는 일종의 불안감 때문일 것입니다.

이와는 반대로 편지를 보내놓고 오랫동안 답장을 기다리는 경우도 있습니다. 이는 말하고자 한 것을 분명히 써 보냈기 때문에 갖는 자신감일 것입니다. 편지가 갖추어야 할 것, 꼭 하고 싶은 말 등을 분명히 써 보냈다는 생각에서 갖게 되는 자신감 말입니다.

이와 같이 편지를 쓸 때는 우선 갖춰야 할 것을 반드시 갖추어 써야 합니다. 그런 후에 읽는 이의 마음을 움직일 수 있도록 하고 싶은 말을 정중히, 예의 바르게, 그러면서도 간절하고 자상하게 써야 합니다.

또 예를 들어 살펴보겠습니다.

> 지현아. 벌써 봄이지. 그곳 시골에도 꽃이 피었지? 서울에는 거리마다 온통 벚꽃으로 가득해. 주말에는 친구들이랑 꽃구경 가기로 했어. 벌써부터 신나는 거 있지. 실컷 구경해야지. 사진도 많이 찍고. 너한테도 몇 장 보내줄게. 서울 꽃이 어떻게 생겼나 사진으로나마 구경해 보렴.
>
> 그만 써야겠다. 엄마가 부르시네. 너도 편지 해줘. 답장은 해줘야 하지 않겠니? 기다린다. 그럼 안녕.

이렇게 썼다면 편지를 쓴 사람은 자기가 할 말만 잔뜩 늘어놓고 있는 것이 됩니다. 편지가 갖추어야 할 순서나 격식 같은 것들이 모두 무시된 채 그저 자기 하고픈 말만 쉴 새 없이 떠들어댄 것이 됩니다.

하다못해 '잘 있었니?'라는 식의 첫 머리에 물어야 할 인사나 안부도 갖추지 못했습니다. 게다가 수다 떨듯 봄이라느니, 서울엔 꽃이 피었다느니, 꽃구경을 갈 것이라느니, 잔뜩 자기 자랑만 늘어놓고 말았습니다. 정작 해야 할 말, 즉 편지 쓴 목적이 빠져 있는 것입니다.

이렇게 되면 이 글은 편지가 아니라 생각나는 대로 써나간, 조리 없이 함부로 지껄인 목적 없는 글이 되어버리고 맙니다. 곧 편지글로서 빵점이 되고 마는 것입니다.

어디 그뿐인가요. 편지 속에 답장할 만한 아무런 이유도 제시해 놓지 않고 무턱대고 답장만 바라고 있습니다. 이렇게 되면 편지를 받는 사람은 무슨 말을 써 보내라는 것인지 알 수 없어 무척 답답할 것입니다.

그러나 다음과 같이 말하고자 하는 핵심, 곧 말하고자 하는 중심을 분명히 드러내면 답장을 보내라는 말을 하지 않아도, 바로 답장을 보내게 될 것입니다. 그렇게 되면 서로 주고받는 즐거움도 맛볼 수 있게 될 것입니다.

> 지현아, 그 동안 별 일 없이 잘 지냈니? 우리 못 본 지 꽤 됐지? 정말 보고 싶다.
> 나는 잘 지내고 있어. 넌 나 보고 싶지 않았어? 연락도 없고 너무하는 거 아니야. 떨어져 있다고 그새 잊어버린 거야?
> 벌써 봄이다. 어제 차를 타고 집으로 가는 길에 창 밖을 보니 꽃이 참 많이 피었더라. 서울에는 꽃이 별로 없을 줄 알았는데 봄이 되니까 거리마다 온통 꽃밭이야. 그곳은 어때? 여전히 온갖 꽃들이 많이 피어 있겠지? 한번 가보고 싶다.
> 네가 좋다면 주말에 너희 집에 가고 싶어. 가서 너랑 같이 들길도 걸어보고 산에도 올라가 보고 싶어. 그 동안 못 봤던 아쉬움 실컷 털어버리고 싶어.
> 네 부모님께서 허락해 주셨으면 좋겠다. 그래야 네 얼굴도 보고, 우리 우정도 나누지. 안 그래?

봄이 되니 따스한 햇볕이 우리 마음도 따스하게 녹여주나 봐. 괜스레 이런 말들을 하는 것 보니까. 어쨌든 잘 지내. 몸도 건강하고. 그럼 다음에 또 연락할게. 안녕.

앞의 편지와 비교해 보면 몇 가지 눈에 띄게 다른 점을 찾아볼 수 있습니다.

첫째, 상대방에게 묻는 안부가 들어 있습니다. 그리고 보고 싶다는 정겨움이 깃들어 있습니다.

둘째, 앞의 편지와 같이 꽃이 피는 계절을 말하고 있으면서도 뒤의 편지는 자랑이 아니라, 봄 인사가 되고 있습니다.

셋째, 이 편지의 중심이 되는 내용, 곧 친구가 사는 곳에 가고 싶다는 목적이 잘 드러나 있습니다. 한번 가보고 싶다는 뜻을 내비치면서 이 뜻을 지현이 부모님이 허락해 주시면 좋겠다는 본래의 목적을 간략하면서도, 뚜렷이 나타내고 있습니다.

끝으로 헤어지면서 잘 지내라는 인사말을 빠뜨리지 않고 있습니다.

이처럼 이 편지는 예의는 물론 해야 할 말의 목적을 잃지 않고 이야기함으로써 설득력을 갖고 있습니다.

아마도 이 편지를 쓴 친구는 틀림없이 친구 집에 놀러 갔을 것입니다. 그리고는 신나고 재미있는 시간을 보내고 돌아왔을 것입니다. 여러분도 먼 곳에 있는 친구가 보고 싶어 놀러 가고 싶다면 이렇게 편지를 써서 초대받을 수 있도록 해보세요. 그러기 위해서는 앞의 편지처럼 글을 쓴 목적, 즉 방문하고 싶다는 말을 장황하고 복잡하지 않게 조리 있게 분명히 밝히면 될 것입니다.

여기에 또 하나 예의를 갖춘다면 더 좋을 것입니다.

3) 예절과 몸가짐을 갖춰야 합니다

　편지 쓴 사람이 자신이 할 말만 해놓고 목적을 말했으니 다 된 것이라고 생각해서는 안 됩니다. 편지가 상대방과 마주 보고 하는 말이 아니라고 해서 예의를 갖추지 않으면 안 됩니다. 편지를 쓸 때도 그 사람이 앞에 있다 생각하고 반드시 예의를 갖춰야 합니다. 왜냐하면 글은 그 사람의 인격이라고 하는 말처럼 편지 안에 그 사람의 몸가짐이 그대로 반영되어 드러나기 때문입니다. 언제나 우리는 상대가 앞에 있건 없건 예의를 갖출 줄 알아야 합니다.
　더구나 편지는 글을 받는 상대가 있기 때문에 상대를 앞에 두고 말하는 것과 똑같이 몸가짐을 바르게 하고 조심스럽게 써야 합니다. '에이, 상대도 없는데 뭐' 한다거나, '보지도 않는데 뭐' 하는 식의 잘못된 생각이나 몸가짐은 안 됩니다. 그것은 그대로 편지 안에 드러나게 될 테니까요.
　예절이라고 하면 여러분은 흔히 웃어른들에게나 갖추어야 하는 것쯤으로 알고 있습니다. 그리고 몸가짐에 있어서도 어른들 앞에서만 단정히 하면 되는 것쯤으로 여깁니다. 그러나 이는 잘못된 생각입니다. 사람을 대할 때는 언제나 한결같아야 합니다. 아랫사람이라고 해서 함부로 대해서는 안 됩니다. 아랫사람에게 함부로 대하게 되면 그 사람들도 여러분에게 언니나 오빠 대접, 즉 윗사람 대접을 하려고 하지 않을 테니까요.
　만일 여러분이 상대가 아랫사람이라고 해서 "얘, 꼬마야! 인선이네 집이 어디니?"라고 묻는다면 상대도 단번에 "피, 몰라." 한다든지 "내가 왜 꼬마야. 난 철이야." 하는 등 곱지 않게 쳐다볼 것입니다. 그러나 그 반대로 "너 참 예쁘게 생겼구나. 이 동네 사니? 난 지금

인선이란 친구를 찾고 있는데 어디 사는지 알면 좀 가르쳐 줄래?" 하고 언니답게 말하면 상대방도 금방 웃으면서 "그래, 알아. 내가 가르쳐 줄게." 하면서 앞장을 서게 될 것입니다.

　이와 같이 예절은 웃어른은 물론이고 아랫사람에게도 갖추어야 하는 마음가짐이자 몸가짐입니다. 그 때문에 상대를 먼저 정하고 쓰는 편지는 받는 사람에 따라 마음가짐을 달리 해야 합니다. 상대에 맞게 알맞은 예의를 갖추어야 한다는 것입니다. 우리가 편지를 쓰고자 하는 상대편을 평소에 만났을 때나 찾아가 뵈었을 때 하는 것처럼 말입니다. 그렇게 되면 편지를 받아 보는 사람은 편지 받는 기쁨과 함께 대접을 받았다는 기쁨까지 기쁨이 두 배가 되는 것입니다.

　그러나 이와는 반대로 예의를 갖추지 못한 편지를 받게 되었을 때는 기분이 상해 편지를 내동댕이치거나 '이것도 편지라고' 하면서 화를 내든지, 짜증을 내게 될 것입니다. 그렇게 되면 편지를 보내지 않은 것만 못하게 되겠지요. 역시 예를 들어 살펴보겠습니다.

　　선생님, 저는 어제 너무 억울하게 맞은 것 같아요. 저는 별로 잘못한 것도 없단 말이에요. 진희가 저를 바보 취급하면서 자기만 잘났다고 하니까 저도 모르게 화가 나서 그런 건데. 선생님께서도 항상 진희만 예뻐하시잖아요.
　　집에 와서 아무리 생각해 보았지만, 이해할 수가 없었어요. 왜 같이 싸웠는데 저만 혼이 난 건지 알 수가 없었어요. 아무리 생각해 봐도 그건 선생님께서 진희만 예뻐하시기 때문이라는 생각이 들어요.
　　이 편지를 읽고 선생님께서 저를 또 야단치실지 모르지만, 그래도 할 말은 해야 할 것 같아서 편지 드리는 거예요. 선생님께서도 잘 생각해 보세요.

이렇게 썼다면 그 누구도 이 편지를 보고 제자가 스승에게 쓴 편지라고 생각하지 못할 것입니다. 이것은 일종의 불량 학생이 선생님께 드리는 항의문과 같은 글이라 할 수 있습니다. 항의문이라기보다는 차라리 도전장이라 해야 옳을 것입니다. 제자가 스승에게 갖춰야 할 예의도 갖추지 않았으며 말투도 불량스럽기 그지없습니다. 그뿐인가요. 오히려 제자가 스승을 가르치는 격으로 호통을 치고 있는 꼴이니 한참 잘못되었다고 할 수 있을 것입니다.
　아마 이 글을 받아 보신 선생님은 분하다는 생각보다는 차라리 서글프다는 생각을 하셨을 것입니다. 가르친 보람이 하나도 없다는 생각이 들었을 테니까요.
　그러나 다음 예문과 같이 예의를 갖추고 착한 마음가짐으로 썼다면 경우는 다르겠지요.

　　선생님, 어제 일 정말로 죄송해요. 찾아 뵙고 사과 드려야 하는 거 알면서도 용기가 나지 않았어요. 이렇게 편지로 사과 드려서 죄송해요.
　　평소 진희가 너무너무 미웠어요. 진희가 저희들에게 공부는 하지 않고 놀기만 하는 바보 같은 아이들이라 했었거든요. 그런데 제가 생각이 너무 짧았던 것 같아요. 이제 진희의 마음을 이해할 수 있을 것 같아요. 아마 진희의 말은 그런 뜻이 아니었을 거예요. 진희가 그런 말을 했던 것은 우리를 무시해서가 아니고, 그 말에 자극을 받고 열심히 공부하라는 뜻이었던 것 같아요. 그래야 반 분위기도 좋아지고 성적도 올라갈 테니까요. 게다가 진희는 반장이잖아요.
　　선생님, 정말 죄송해요. 다시는 친구와 싸우는 일 없을 거예요. 이번 일 용서해 주시고 더 사랑해 주세요.

위의 편지글은 앞의 편지글에 비해 겸손함과, 뉘우침 그리고 스승을 존경하는 예의가 깍듯이 갖춰져 있습니다. 잘못을 사과할 줄 아는 용기, 섭섭했던 반장에 대한 감정, 진실을 알고 난 후의 후회와 고마움 등을 솔직하게 잘 표현해 내어 마음을 움직이게 했습니다. 게다가 선생님께 용서와 사랑을 함께 부탁 올리는 제자다운 자세까지 갖추고 있습니다.

아마 편지를 받아 보신 선생님께서는 미움과 섭섭함이 말끔히 가시면서 다시 한 번 감싸안아 주고 싶은 생각을 하시게 되었을 것입니다. 그것은 자신의 행동이 얼마나 잘못되었는가를 스스로 뉘우칠 줄 아는 학생다운 자세, 그 잘못을 솔직하게 반성하고 용서를 빌 줄 아는 자세, 그리고 사랑해 달라고 당부하는 애교스러움까지 겸비해 선생님의 마음을 흐뭇하게 해주었기 때문입니다. 곧 무례한 학생으로 비춰졌던 것들이 말끔히 가시고 착하고 예의 바른 학생으로 다시 볼 수 있게 한 것입니다.

이와 같이 편지는 예의를 지켜 겸허하면서도 솔직하게 썼을 때 상대가 선생님이건, 엄한 부모님이건, 냉정하기 그지없는 형사이건 간에 마음을 움직이게 하는 힘을 지니게 됩니다.

여기에 한 가지 덧붙인다면 인사성이나 내용, 그리고 예의를 떠나 받아 보는 이가 읽기 좋게 글씨를 바르게 써야 한다는 점입니다. 글씨를 흘리고 갈겨쓴다거나, 철자법에 맞지 않게 쓴다거나, 띄어쓰기나 쉼표, 마침표의 사용 등을 제멋대로 하여 써 보내면 읽는 사람은 분명 짜증부터 낼 것입니다.

'무슨 편지가 이래. 글씨를 알아볼 수 있어야 무슨 말인지 알지.' 하며 짜증을 낼 게 분명합니다. 그뿐 아니라 하고자 하는 말이 제대로 전달될 리 없고, 전달되지 않았으니 편지의 역할을 할 수 없게 되겠지요. 또한 글씨가 풍기는 인상에 의해 사람마저도 세련되지 못하다는 선입견을 줄 것입니다. 이렇게 되면 엄청난 손해를 보게 됩니다. 물론 그렇게 되지 않으려면 글씨를 곧고 바르게 써야겠지요.

　이상 세 가지는 편지를 어떻게 쓰느냐에 앞서, 편지를 쓰기 전에 가져야 할 마음가짐이었습니다. 이를 새겨둔다면 좋은 편지를 쓰는 데 보탬이 될 것입니다. 여러분은 이 세 가지를 잘 지켜서 좋은 편지를 쓸 수 있기를 바랍니다.

2. 편지글의 짜임새

어떻게 써야 편지글이 되고, 또 어떠한 짜임새를 지녀야 좋은 편지가 되는지 알았다면 이번에는 직접 편지를 써보는 일로 들어가게 됩니다.

앞에서 살펴본 여러 글들이 그 나름의 짜임새를 갖추고, 또 그 짜임새에 의해 만들어지듯 편지도 편지가 갖춰야 할 글의 짜임새가 잘 이루어졌을 때 좋은 편지글이 됩니다. 좋은 편지글이 되기 위해서는 편지가 갖춰야 할 조건들을 두루 갖춰야 하는데 대개의 경우 첫 부분, 중간 부분, 끝 부분으로 나누는 것이 보통입니다.

1) 첫 부분

편지의 첫 부분은 뭐니뭐니해도 편지를 받을 사람을 생각의 머리에 두고 받을 사람에게 잘 어울리는 제목을 붙여주는 것이 제일 중요합니다. 그래야 받을 사람이 분명해지고, 그 상대에 알맞은 인사나 예절 따위를 갖출 수 있지 않겠어요?

제목은 받는 사람에 따라 각기 다르며, 받는 사람이 같더라도 상황에 따라 다르게 붙일 수 있습니다.

상대에 따라 제목이 어떻게 변화할 수 있는지 살펴보겠습니다.

(1) 제 목

편지를 받는 상대가 아버지일 때

    아버님께 올립니다
    아버님 받아 보십시오
    아버님께
    아빠 받아 보세요
    아빠께 올립니다

어머니일 때

    어머님께 올립니다
    어머님 받아 보십시오
    어머님께
    엄마 받아 보세요
    엄마께 올립니다

선생님일 때

    존경하는 선생님께
    선생님께
    선생님께 올립니다
    선생님 보십시오

누나일 때

> 누나에게
> 보고 싶은 누나에게
> 그리운 누나에게
> 누나 보세요

형일 때

> 형에게
> 형님 보세요
> 형님께
> 형님께 드립니다

친구일 때 1(남자의 경우)

> 사랑하는 친구에게
> 영진아 보아라
> 영진에게
> 친구 영진에게

친구일 때 2(여자의 경우)

> 지영에게
> 보고 싶은 지영에게
> 그리운 지영에게
> 친구 지영에게

(2) 계절 인사

편지를 받는 사람에 따라 그에 알맞은 제목이 정해지면 이번에는 계절 인사를 나누게 됩니다. 계절이 봄이면 '꽃피는 계절입니다', 여름이면 '몹시 더운 날입니다', 가을이면 '한 잎 두 잎 낙엽이 지고 있습니다', 겨울이면 '펑펑 함박눈이 내립니다' 등으로 그 계절에 알맞는 인사를 나누게 됩니다.

일상 생활에서 흔히 볼 수 있는 인사말로는 어른들의 경우 "완연한 봄 날씨군요." "예, 추위가 한풀 꺾인 것 같습니다." 하고 인사를 나눕니다. 이 인사말로 보아 계절이 봄임을 알 수 있습니다. 여러분도 친구를 만나면 "야, 하늘이 너무 맑구나." 하든지 "그래, 푸르다 못해 하얗다." 하고 그 계절에 맞춰 알맞은 인사를 주고받습니다.

편지는 그 상대가 눈앞에 없기 때문에 직접 인사를 건네지 못하고 대신 글로 나누게 되는 것입니다. 그 때문에 직접 나눈 인사가 아니라 글로 나눈 인사가 되는 셈이지요. 이러한 편지글의 첫인사는 대개의 경우 계절에 대한 인사로 시작한다거나 날씨를 주고받는 인사로 시작합니다.

봄을 인사말로 나누는 경우

    벌써 진달래가 핀 걸 보니 봄이네요.
    꽃피는 봄입니다.
    봄빛이 완연합니다.
    부슬부슬 봄비 내리는 오후입니다.
    화단엔 벌써 목련이 잎을 터뜨렸습니다.

과수원은 배꽃으로 뒤덮였습니다.
세상이 봄으로 가득합니다.

여름을 인사말로 나누는 경우

뻐꾸기가 우는 걸 보니 초여름이군요.
벌써 이마에 땀방울이 맺히는 계절입니다.
매미 울음이 가지를 흔드는 여름날 오후입니다.
아침에 창문을 열면 내리쬐는 햇볕에 눈이 따갑군요.
그늘이 고마운 무더운 여름날입니다.

가을을 인사말로 나누는 경우

단풍으로 온 산이 붉게 물들었습니다.
낙엽 지는 서늘한 날입니다.
마지막 잎새가 겨울을 재촉합니다.
가을이 돌아가나 봐요. 낙엽으로 발자국을 찍었어요.
한가위 달이 너무 밝습니다.
귀뚜리와 함께 밤을 새웁니다.

겨울을 인사말로 나누는 경우

지금 창 밖엔 흰눈이 내립니다.
바람이 살을 깎는 듯합니다.
세상이 온통 눈꽃 속에 파묻혔습니다.
따뜻한 난로 곁이 그리워집니다.
세상이 은으로 덮인 듯한 겨울날입니다.

날씨를 인사말로 나누는 경우

몹시 화창한 봄날입니다.
비가 올 듯한 날씨입니다.
바람으로 보아 저녁때쯤엔 비가 올 듯싶습니다.
오늘은 비가 오려나 봅니다.
계속되는 장마로 해를 볼 수 없는 날들입니다.
여름 날씨치고는 서늘한 날입니다.
가을날치고는 몹시 차갑습니다.
오늘은 눈이라도 펑펑 쏟아질 것 같습니다.

(3) 받는 사람의 안부

안부는 편지를 보내는 상대가 잘 지내고 있는지의 여부를 묻는 인사입니다. 안부는 받는 사람에 따라 각기 다르게 묻습니다. 부모님일 경우 '아버지, 건강하세요?' 하든지 '엄마, 잘 계시지요?' 하면 되겠고, 선생님의 경우 '선생님, 안녕하셨어요?' 한다든지 '선생님, 평안히 계셨어요?' 하면 됩니다. 그리고 상대가 친구일 때에는 '정아야, 잘 지내고 있니?' 한다든지, '너, 요즘 어떻게 지내니?' 따위로 잘 지내고 있는지, 아무 일 없이 평안하게 지내는지, 그렇지 않으면 안 좋은 일이나 불편한 일은 없는지 등을 물으면 그것이 안부 인사가 됩니다.

부모의 안부를 묻는 인사

　아빠, 그 동안 건강하세요?
　아버지, 전처럼 건강하시며 별일 없으신지요?
　엄마, 아프시던 다리는 어떠세요? 추운 계절이라 걱정이에요.
　어머니, 평안하시지요?

선생님의 안부를 묻는 인사

　선생님, 방학 동안 내내 안녕하세요?
　선생님, 안녕하세요? 사모님도요.
　선생님, 방학으로 떨어져 지낸 지가 아직 한 달도 안 됐는데 벌써 보고 싶어요.
　선생님, 평소 건강이 안 좋으셨는데 요즘은 어떠세요?

시집 간 누나에게 안부를 묻는 인사

　누나, 시집 간 지 벌써 한 달이나 되었네요. 건강하시지요?
　누나, 요즘 어떻게 지내. 누나가 시집 가고 나니 집이 텅 빈 것 같아.
　누나, 잘 있지? 건강하고.

외국에 나간 형에게 안부를 묻는 인사

　형, 거긴 어때? 외국 생활 잘 하고 있어? 건강하지?
　형, 봄만 되면 알레르기로 재채기, 기침을 심하게 했는데, 그곳에서는 괜찮아?

형, 보고 싶어. 형이 떠나고 나니 마음이 허전해.

친구에게 안부를 물을 때

　　성민아, 잘 지내니? 여전히 잘 먹고. 물론 건강하겠지.
　　성민아, 잘 지내니? 한번 떠나곤 소식도 없이 그래도 되는 거야! 무심하게…….
　　성민아, 건강하지? 지내기는 어때? 너는 서울에서만 살아서 시골 생활에 잘 적응할 수 있을지 걱정이다.

동생에게 안부를 물을 때

　　지희야, 잘 지내고 있어? 엄마 말 잘 듣고. 건강해야 해.
　　지희야, 보고 싶다. 넌 안 그러니? 언니 안 보고 싶어?

(4) 쓰는 사람의 안부

　편지를 받는 쪽의 안부만 물으면 받는 쪽은 고마워하면서 또 한편으로 보내는 쪽은 어떤지 궁금해 합니다. 또 상대가 어떻게 지내는지 물었다면 당연히 보내는 쪽의 안부도 알려주는 것이 예의겠지요.
　여러분도 친구에게 반가운 편지를 받았을 때 어떻게 지내고 있냐는 안부를 묻는 인사보다는, 친구가 어떻게 지내고 있는지를 더욱 알고 싶어할 것입니다. 그런데 정작 궁금한 글쓴이의 안부는 빠뜨리고 '어떻게 지내니?', '잘 지내니?', '건강하니?' 따위의 받는 쪽 안부만 물어오면 십중팔구 짜증을 내게 될 것입니다. '자기는 어떻게 지내는지 알리지도 않고 뭘 이렇게 묻는 게 많은 거야. 나는 자기가 어떻게 지내는지 그게 더 궁금한데……' 하면서 섭섭해 할 것입니다. 따라서 서로의 안부를 주고받아야 올바른 인사가 되고, 또 이것이 예의를 갖추는 것이 됩니다.

부모에게 자신의 안부를 전할 때

아버지, 걱정하지 마세요. 저 요즘 무척 건강해요. 밥도 잘 먹고요. 체중이 2킬로그램이나 늘었어요.
엄마, 걱정했지요. 저 괜찮아요. 그 동안에 내 키가 3센티미터나 컸어요. 기분 좋죠?
아빠, 엄마. 저 전처럼 늦잠도 안 자고 공부도 열심히 하고 있어요. 몸도 튼튼하고요.

선생님께 자신의 안부를 전할 때

선생님, 선생님의 말씀 하나하나 잘 지키면서 열심히 공부하고 있어요. 염려하지 마세요.
저, 선생님의 가르침 덕분에 이번에 학교에서 열린 글짓기 대회에서 일등 했어요. 감사합니다. 앞으로 더 열심히 할게요. 선생님께 배울 때가 가장 재미있었어요. 아직 서먹해서 그런지, 이곳 선생님께는 가까이 다가가기가 거북해요.

누나나 형에게 자신의 안부를 전할 때

형, 나 잘 있어. 나 이번에 3등 했다. 잘했지? 형이 곁에 있었으면 맛있는 것도 많이 사주면서 칭찬 많이 해줬겠지?
형과 함께 있을 때보다는 못하지만 잘 지내고 있어. 형하고 밤새 장난치고 놀 때보다는 쓸쓸하기도 하지만……
 누나, 보고 싶어. 눈물날 만큼. 이렇게 말하면 안 믿겠지? 하지만 정말이야. 너무너무 보고 싶어, 누나.

동생에게 안부를 전할 때

 철아, 네가 정말 보고 싶다. 전에는 왜 이렇게 졸졸 따라 다니나 하며 무척 귀찮아했는데, 이젠 네가 너무너무 보고 싶구나. 정말이야. 떨어져 있으니까 정말 보고 싶어.
 넌 안 믿겠지만 형은 종종 꿈을 꾼다. 너하고 노는 꿈, 또 싸우는 꿈을 말야.

 이와 같이 복잡하고 꽤 많은 예를 들었는데, 이는 여러분에게 확실한 인상을 남겨주기 위해서였습니다. 여러분이 자칫 놓치거나 빠뜨리기 쉬운 것들을 예를 들어보았습니다. 또 어떻게 인사하고 안부를 물어야 하는지 막상 닥치면 당황하기 쉬운데 이에 도움을 주기 위해 일일이 예를 들어보았습니다.
 이렇게 편지를 쓸 때는 제목 다음에 계절 인사나 날씨 인사를 해야 합니다. 그 다음에 받는 사람의 안부를 묻는 인사를 곁들이고 마지막에 보내는 사람의 안부도 전해야 합니다. 이 과정을 통틀어 편지의 첫 부분 쓰기라고 합니다. 이 모든 것이 끝나면 편지의 첫 부분이 완성되는 것입니다.
 그럼 첫 부분 다음의 중간 부분은 어떻게 써야 하는지 알아보도록 하겠습니다.

2) 중간 부분

편지의 첫 부분이 서문쯤에 해당된다면 중간 부분은 본문쯤에 해당된다고 할 수 있습니다. 중간 부분은 보내는 사람이 하고 싶은 진짜 이야기를 쓰면 됩니다. 편지의 가장 중요한 부분이기 때문에 여기에서 말하고 싶은 것, 편지를 쓰게 된 목적을 분명히 밝혀야 합니다. 물론 알기 쉽게 써야 하겠지요. 무슨 말인지 모르게 말을 이리저리 꼬아서는 안 됩니다.

여러분도 친구에게 부탁이 있을 때 만나자마자 그 말을 하지는 않을 것입니다. "요즘, 어떠니?" 한다든지, "저 꽃 무척 아름답다." 한다든지 일단 적당히 인사를 나눈 후 분위기가 잡히면 그때 비로소 "사실은 말이야." 하면서 본론을 꺼낼 것입니다.

이때 딱부러지게 목적하는 바를 말한다면 상대방은 "응, 알았어." 한다든지, "네 말대로 알아볼게." 하는 식의 대답을 해줄 것입니다. 그러나 앞뒤 없이 그저 혼자말처럼 말을 한다면 상대방은 "애, 너 무슨 말을 하고 싶은 거야. 도무지 알아들을 수가 없어." 하면서 가버린다거나 짜증을 내게 될 것입니다.

편지도 마주하고 대화를 하는 것과 같습니다. 그렇기 때문에 조리 있고 분명하며 똑똑하게 본뜻을 말해야 그에 대한 대답을 얻어낼 수 있습니다. 대답을 얻어내느냐, 얻어내지 못하느냐 하는 것은 중간 부분을 잘 짜고 못 짜느냐에 따라 결정됩니다. 여러분은 이 점을 명심하고 중간 부분에 관심을 갖기 바랍니다.

안부 편지의 중간 부분

　철아, 네가 편지를 주기 전까지는 무척 괴로웠어. 영영 오해를 풀지 못할 줄 알았거든. 그런데 역시 너는 진정한 내 친구야. 오해란 걸 알았다니 말이야. 사실 그때 널 만나러 나가지 않은 건 네가 싫어서 피한 게 아니야. 집안 분위기가 좋지 않았어. 너에게 얘기하기 싫을 정도로. 이제야 말하지만 엄마가 친구분과 돈거래를 하시다가 그게 잘못 됐었어. 아빠 몰래 하신 건데 말이야. 그러고 나니 집안 분위기가 엉망이 되어버리더라. 그 상황에서 밖에 나가 너를 마주보고 앉아 얘기를 나눈다는 게 왠지 꺼림칙하더라. 미안하다.

부탁 편지의 중간 부분

　아저씨께 부탁드리고 싶은 것은 다름이 아니라 우리 반 친구 현이 때문이에요. 현이는 아빠가 실직자가 되어 집을 떠난 지 오래인 데다 얼마 전 엄마마저 돈을 벌어 오겠다며 집을 나가버리셨대요. 그래서 현이는 지금 2학년인 남동생과 달랑 둘이 남게 되었어요. 이를테면 소녀 가장이 된 셈이에요. 저를 비롯한 반 친구들이 현이를 도와준다고 하고 있지만, 그래도 현이는 밥을 먹는 날보다 굶는 날이 더 많아요.
　아저씨는 집안이 넉넉하시고, 또 불쌍한 이웃을 돕기로 소문난 분이잖아요. 어려운 부탁인 줄 알지만, 제 친구 현이도 좀 도와주셨으면 하고 이렇게 편지 드리는 거예요.

우정을 나누는 편지의 중간 부분

　윤미야, 내가 널 좋아한 건 너희 집이 부자여서도 아니고, 네가 공부를 잘 해서도 아니야. 네 착한 마음씨 때문이었어. 부잣집 아이들은 대부분 가난한 집 아이들과 어울리기 싫어하는데 너에게는 그런 점이 없어 보였거든.
　네 곁에 있으면 나는 항상 마음이 따뜻하고 편안하고 즐거워. 그건 내가 널 좋아하기 때문일 거야. 너는 어때? 나 네 친구 맞지? 그 중에서도 가장 친한 친구 말이야. 그럴 거라 믿어. 난 널 믿으니까.

사과 편지의 중간 부분

　미안하다, 철아. 지금 와서 생각해 보면 별일도 아닌데 그날은 왜 그렇게 화가 났었는지 모르겠어. 나도 모르게 마음과는 달리 손이 먼저 나가고. 내가 잠시 무엇에 홀린 것 같은 기분이야. 아마 너도 내 행동에 놀라 너도 모르게 손을 뻗었을 거야. 우리 그 동안 말로는 종종 싸우긴 했지만, 이렇게 주먹질까지 하면서 싸운 적은 없었잖아.
　정말 미안하다. 다신 그런 일 없을 거야. 하늘을 두고, 아니 너와 나의 우정을 걸고 맹세할게. 용서해 줘.

초대 편지의 중간 부분

　5월 5일 어린이날을 맞이하여 저희 반에서는 '어린이'라는 제목으로 학교 운동장에서 백일장을 열기로 했습니다. 시골 학교라 심사해 주실 선생님을 모시기가 무척 어려웠습니다. 그러나 다행스럽게도 저희 반 성환이 삼촌께서 아동 문학가로 활동하고 계신다는 것을 알았습니다. 그래서 저희 반은 그분을 심사위원으로 초대하기로 결정했습니다.

　여러분께서도 많이 오셔서 저희들 글 솜씨를 살펴주시면 감사하겠습니다.

　이 외에도 그 형식에 따라 각기 다른 목적을 담은 여러 가지 형태의 편지글이 있습니다. 여기에서는 가장 일반적으로 쓰여지는 그 대표적인 몇 가지를 골라 중간 부분을 살펴보았습니다.
　그럼 이제 그 다음에 이어지는 끝 부분을 살펴볼까요?

3) 끝 부분

　모든 일에는 마무리가 있습니다. 시작이 있으면 끝도 있어야겠지요. 글도 마찬가지입니다. 이야기를 시작했으면 이야기의 결론을 맺어야 합니다. 편지도 이와 다르지 않습니다. 단지 편지에서는 우리가 일상 생활에서 헤어질 때 작별 인사를 하듯 써 내려가면 됩니다. 즉 상대방이 앞에 있다 생각하고 평소처럼 인사말을 쓰면 됩니다.
　그렇다고 이 인사가 편지의 모든 마무리라고 생각하면 안 됩니다. 여러분은 작별 인사를 써놓고는 '이제 끝이다' 하고 펜을 놓은 적이 있을 것입니다. 그러나 마무리 뒤에 덧붙일 것이 또 남아 있다는 사실을 알아야 합니다. 바로 보내는 날짜와 보내는 사람의 이름이 그것입니다.
　이것은 우리가 흔히 지나치기 쉬운 것이지만, 무척 중요한 것입니다. 날짜와 이름이 없으면 편지를 받아 보는 사람은 언제 누가 보낸 것인지 알지 못할뿐더러, 급히 답장을 보내고 싶어도 보낼 수가 없게 됩니다. 예를 들어 언제까지 무엇을 보내줘야 하는데 누구에게 보내야 하는지 알지 못하면 급한 것이어도 보낼 수 없게 됩니다. 뿐만 아니라 그로 인해 큰 손해를 입을 수도 있습니다. 이 점 또한 여러분은 명심해야 할 것입니다.

끝마무리 부분

철아, 그럼 잘 있어.
5월 5일
성민이가

철아, 다음 만날 때까지 안녕.
3월 10일
성민 씀

미정아, 또 소식 나누자. 다음 편지 때까지 잘 있어. 안녕.
8월 5일
지혜가

아빠 엄마, 방학 때 뵙겠습니다. 안녕히 계세요.
6월 10일
경원 올림

선생님, 방학이 끝나기가 무섭게 달려가 뵙겠습니다. 내내 안녕히 계세요.
7월 5일

창환 올림

　이렇게 해서 한 통의 편지는 마무리되게 됩니다. 여러분은 지금까지 한 통의 편지가 완성되기까지의 과정을 지켜보았습니다. 그러면서 '아, 편지란 이렇게 해서 끝나는구나' 하면서 '그래, 나도 쓸 수 있어' 하는 자신감을 갖게 되었을 것으로 믿습니다.
　끝으로 편지의 종류에 대해 알아보도록 하겠습니다.

3. 편지의 종류

편지는 그 성질이나 목적에 따라 여러 가지 종류가 있습니다. 계절이 바뀔 때마다 웃어른께 안부를 묻는 문안 편지, 입학이나 졸업·생일·수상·결혼 등을 축하하는 축하 편지, 병석에 누워 있는 분을 위로하거나 나라를 지키기 위해 수고하시는 국군 아저씨에게 위로를 보내는 위문 편지 등이 있습니다.

그뿐만이 아닙니다. 잘 아는 사람에게 사람을 소개하는 소개 편지, 졸업식이나 입학식, 결혼, 회갑, 수상, 개업 등을 안내하고 모시고자 하는 초청 편지도 있습니다.

그런가 하면 앞에서 예를 든 바 있는 취직을 부탁한다든지, 물건을 주문하고 팔아달라고 부탁한다든지, 장소를 옮기는 문제 등을 부탁하는 등의 청탁 편지도 있을 수 있습니다. 또한 부모님이 집을 나가 있는 아들 딸이나, 스승이 제자의 잘못을 깨우쳐 주기 위해 보내는 훈계 편지도 있을 수 있으며, 회사나 기관에 쓸 만한 사람을 취업시키고자 사람을 추천하는 추천 편지, 어떤 일에 은혜를 입었을 때 고마운 뜻을 전하기 위해 보내는 사례 편지 등도 있을 수 있습니다.

또 책이나 물건을 사기 위해 주문하는 주문 편지, 은혜나 보살핌에 감사하며 보내는 감사 편지, 물건 값이나 빌려간 돈을 서둘러 갚으라는 독촉 편지도 있습니다. 그리고 친구간에 우정을 두텁게 하기 위해 나누는 우정 편지, 사랑하는 사람끼리 사랑을 주고받는 연애 편지, 상품이나 조사 사항, 취업 정보 등을 문의하는 문의 편지도 있습니다.

이 중에는 여러분이 직접 써본 편지도 있고, 처음 들어보는 생소한 편지도 있을 것입니다. 물론 써보기는커녕 읽어본 적도 없는 편지도 있을 것입니다. 이 중에서 여러분과 가장 관계가 깊은 문안 편지, 축하 편지, 위문 편지, 감사 편지, 우정 편지 등을 예문으로 살펴보면서 편지글에 대해 끝을 맺도록 하겠습니다.

문안 편지

아빠께

아빠, 봄인가 봐요. 며칠 전까지만 해도 앙상한 가지로 떨고 있던 목련 가지에 꽃망울이 맺혔어요. 우리 집 뜰에 해마다 피는 백목련 가지에도 꽃망울이 맺혀 있겠지요?
이 좋은 계절에 아빠 엄마 안녕하세요? 아빠 건강은 좀 어떠세요? 엄마는 늘 무릎이 아프다고 하셨는데 여전히 그러세요?
제 걱정은 하지 마세요. 저는 건강해요. 잘 먹고 공부도 열심히 해요. 정말이에요. 아빠 엄마가 안 보신다고 거짓말하는 거 아니에요. 이번 학기 성적표 보시면 제가 얼마나 열심히 공부했는지 아실 거예요.
아빠, 조금 죄송한 말씀인데요, 돈 좀 보내주세요. 방학 때 읽을 책을 몇 권 사고 싶어요. 선생님께서 권해 주신 책이 있거든요. 아무 데나 쓰지 않고 아껴 쓸게요. 보내주시는 거죠? 또 편지할게요. 아빠 엄마 안녕히 계세요.
1998년 1월 20일
딸 은경 올림

축하 편지

글 잘 쓰는 현지에게

사랑하는 현지야, 잘 있니! 보고 싶다. 나는 아무 일 없이 잘 지내고 있어.

나는 항상 너에게 편지를 쓰려고 하면 주눅이 든다. 질투도 나고. 너는 정말로 글쓰는 재주를 타고난 모양이야. 이번에 또 금상 탔다지. 동시 제목이 '가을'이었던 것 같은데. 축하한다. 정말로 축하해. 그 소식 듣고 내가 상을 탄 것처럼 얼마나 기뻤던지.

너는 커서 훌륭한 시인이 될 거야. 나는 그걸 믿어. 그리고 네가 시집을 내면 그 시집을 끼고 다니며 읽을 거야. 사람들한테 내 친구 시라며 자랑도 하면서.

다시 한 번 축하해. 그렇다고 글쓰는 거 게을리 하면 안 돼. 알지? 너는 시인이 될 사람인데 괜히 자만해서 글 안 쓰면 안 되잖아. 그럼 잘 있어. 글도 열심히 쓰고. 안녕.

1998년 1월 20일

신희가

위문 편지

국군 아저씨께

국군 아저씨, 안녕하세요. 그곳 전방은 몹시 춥지요? 지난번 뉴스에서 아저씨께서 계신 그곳이 영하 20도라는 말을 들었어요. 그러면서 아저씨들 모습이 화면에 나오는데 얼마나 추우

실까 걱정했어요.
　이곳 서울은 겨울답지 않게 따뜻해요. 저희들은 국군 아저씨들이 나라를 단단히 지켜주시는 덕분에 마음놓고 공부하며 뛰어놀고 있어요.
　지난 번 크리스마스 때는 학교에서 과자며, 책, 손수건 같은 것들을 위문품으로 국군 아저씨들께 보냈어요. 제 위문품은 어떤 아저씨가 받았을까 궁금했어요. 혹시 제가 좋아하는 성모 오빠처럼 생기지는 않았을까 생각했어요.
　아저씨, 감사해요. 저희가 이렇게 마음놓고 편안하게 살 수 있는 것은 다 아저씨 같은 분들이 나라를 잘 지켜주신 덕분이라는 것을 저희들은 잘 알고 있어요. 늘 감사한 마음 잊지 않으며 이에 보답하기 위해 열심히 공부할게요. 약속해요. 믿어주세요.
　그러면 국군 아저씨, 항상 건강하시길 빌면서 이만 줄일게요. 안녕히 계세요.
　1998년 11월 10일
　김지희 올림

감사 편지

　보고 싶은 삼촌에게

　보고 싶은 삼촌. 어떻게 지내고 계세요. 지난 번 편지 받고 별일 없이 잘 지내고 계시다는 거 알았어요. 그 동안 별일 없으셨죠?
　삼촌, 저는 건강히 잘 지내고 있어요. 또 아빠 엄마 말씀도 잘 듣고요. 참, 삼촌 고마워요. 보내주신 털장갑 끼고 얼마나 기뻐했는지 몰라요. 참 따스하고 부드러워요. 삼촌이 저를 꼭 안아주셨을 때보다는 덜하지만…….
　친구들이 무척 부러워해요. 그럴 때마다 더욱 신이 나요. 제가 얼마나 친구들한테 삼촌 자랑을 많이 했으면 친구들은 이제 삼촌 얘기만 나오면 화를 내며 그만 하라고 해요. 엄마도 저에게 장갑을 사주려고 했는데 삼촌이 미리 알고 사 보내주셨다면서 아주 좋아하세요.
　삼촌 사랑해요. 삼촌이 장갑 사 주셨다고 이런 말 하는 거 아니에요. 제가 삼촌을 얼마나 사랑하고 있는지는 삼촌이 더 잘 알고 계실 거예요.
　삼촌, 올 겨울은 따뜻할 거예요. 삼촌이 보내주신 장갑에는 삼촌의 사랑까지 담겨 있어 무척 따스하거든요. 삼촌도 저의 사랑 마음으로 느끼시면서 따뜻하게 보내세요.
　그럼 오늘은 이만 줄일게요. 안녕히 계세요.
　1999년 1월 10일
　조카 수진 올림

우정 편지

　친구 진영에게

　진영아. 어떻게 지내니? 물론 건강하지?
　너 너무 못됐어. 잘 있다고 소식 좀 주면 안 되니? 그곳 친구들하고 친해졌다고 여기 있는 친구들 다 잊어버린 거야?
　나는 건강하게 잘 지내고 있어. 단 하나 네가 내 곁에 없다는 외로움만 빼면.
　며칠 전 길에서 우연히 미정이를 만났어. 더 예뻐졌더라. 네 이야기 했더니 미정이도 몹시 서운해 하더라. 저번에 편지 보냈는데 답장도 하지 않았다면서.

   요즘은 너, 나, 미정이 이렇게 셋이 삼총사가 되어 동네 골목을 휘젓고 다니던 때가 자꾸 생각나. 미정이도 그러더라. 그런데 요즘은 재미가 없어. 네가 없으니까 그런가 봐.

   진영아, 새로 이사 간 너희 집 버리고 우리 집으로 와라. 내 방에서 나랑 같이 지내면 되잖아. 나는 우리 아빠 엄마 설득할 자신 있어. 진짜야! 그런데 너는 자신 없지? 너는 본래 겁이 많잖아. 그러니까 소식이라도 자주 전해 줘. 그래야 내가 안 쓸쓸하지. 알았지?

   오늘은 이만 쓸게. 너도 편지 보내야 해. 알았지? 그럼 펜 놓을게. 잘 있어. 안녕.

   1999년 1월 10일
   유나가

기록문

기록문은 사실을 있는 그대로 기록한 글로서
그 기록을 바탕으로 새로운 방향을 모색하거나,
새로운 목적을 설정할 수 있는 계기를 마련해 주는 글입니다.

기록문 쓰기

　기록문은 한마디로 '사실을 기록한 글'입니다. 조사를 했건, 관찰을 했건 혹은 경험을 했건 간에 실제 있었던 어떤 사실이나 사건 등을 있었던 그대로 적어 놓은 글을 말하는 것이지요.
　이와 같은 기록문은 기록한 일, 사건 그리고 대상과 목적에 따라 여러 가지로 나누어 볼 수 있습니다. 크게 관찰 기록문, 조사 기록문, 견학 기록문, 회의 기록문, 사건 기록문, 연구 기록문, 행사 기록문으로 나눌 수 있습니다.
　기록문을 쓸 때는 자신의 기록이기 이전에 다른 사람에게 알리는 글이라는 점에 주의해야 합니다. 그렇기 때문에 상상력을 발휘한다거나, 쓸데없이 예쁘게 꾸미려 한다거나, 글쓴이의 뜻대로 덧붙이거나, 반대로 떼어내려고 해서는 안 됩니다. 기록문은 정확한 사실을 바탕으로 해서 이루어져야 합니다.
　그렇다고 기록문이 사실을 기록하는 것으로 끝나는 것은 아닙니다. 다른 사람들이 이 기록을 참고로 하여 보다 나은 방향으로 나아가거나, 잘못된 것을 수정해 더 알찬 방향으로 발전시켜 나갈 수 있습니다. 그 때문에 기록문은 사실을 있는 그대로 기록한다는 의의 이외에 그 기록을 바탕으로 새로운 방향을 모색한다거나, 새로운 목적을 설정할 수 있는 계기를 마련해 준다는 또 다른 의의를 지니고 있는 글입니다. 이런 중요한 의의를 지닌 기록문은 다른 글들과 다른 몇 가지 특성을 바탕으로 이루어져 있습니다.

1. 기록문의 특징

　기록문은 사실을 정확히 기록하는 글이므로 사실 이외의 느낌이나 생각, 의견이나 주장을 곁들일 수 없습니다. 그렇다고 지식이나 정보를 제공할 목적도 지니지 않습니다. 이렇게 사실 이외의 것들과는 관계를 맺을 수 없다는 것이 기록문의 가장 중요한 특징입니다. 그러나 이러한 특징은 다른 글들과 비교했을 때 그렇다는 것이고, 기록문 자체가 지니는 특성은 달리 있습니다.
　첫째, 기록문은 그 제목만으로도 무엇에 대하여 쓴 글인지가 뚜렷하게 나타납니다. 때때로 기록문의 제목이 주제와 소재의 두 가지 역할을 다 하기도 합니다.
　둘째, 기록문의 내용은 언제, 어디서, 누가, 무엇을, 어떻게, 왜 했는가의 순서에 따라 일어난 일이나 사건을 순서대로 간결·정확히 표현하는 것이 특징입니다.
　셋째, 기록문은 짜임새 있게 쓰여져야 합니다. 기록문은 보통 첫 부분인 서론, 가운데 부분인 본론, 끝 부분인 결론의 형식을 띠고 있습니다. 서론인 첫 부분에서는 조사하게 된 까닭이나 문제를 제시하고, 본론인 가운데 부분에서는 조사·관찰한 내용을, 그리고 결론인 끝 부분에서는 조사한 결과와 의견, 앞으로 할 일 등을 기록합니다. 그렇다면 기록문의 종류에는 어떤 것들이 있는지 알아보도록 합시다.

2. 기록문의 종류

기록문의 종류에 대해서는 앞에서 이야기한 바 있습니다. 기록문은 무엇을 대상으로 기록했느냐에 따라 그 종류가 다양합니다. 이를 하나 하나 예문을 곁들여 구체적으로 알아보기로 하겠습니다.

1) 관찰 기록문

관찰 기록문은 말 그대로 관찰 과정을 기록하는 글입니다.
어떤 사물의 구조를 관찰하거나, 일정 기간 동안 식물을 재배하거나, 동물을 사육하면서 성장에 따라 그것들이 어떻게 변화해 나가는지 그 과정이나 내용을 적는 것입니다. 예를 들어 식물의 성장이나, 곤충의 상태, 꽃의 변화, 동물의 생활 습성 등을 주의 깊게 조사하여 쓴다면 훌륭한 관찰 기록문이 되는 것이지요.
관찰 기록문을 쓸 때는 다음과 같은 점에 잘 맞춰야 합니다.
첫째, 그것이 무엇이든 관찰하고자 하는 대상을 정확하게 관찰해야 합니다.
둘째, 객관적이고도 냉정한 태도로 지켜보아야 합니다.
셋째, 내용은 간결해야 하나, 특이한 관찰 결과는 자세하게, 빠뜨림 없이 기록해야 합니다.
넷째, 자료나 전문가의 견해를 활용하여 보다 정확하게 쓰면 더욱 좋습니다.

이상의 여러 가지 점들을 마음에 깊이 새긴 후 쓰기에 들어간다면 틀림없이 좋은 관찰 기록문을 얻을 수 있을 것입니다.

한 친구가 개를 관찰하고 쓴 글을 살펴보도록 합시다.

우리 집 개 이야기

우리 집에서는 오래 전부터 개 한 마리를 기르고 있는데 이름은 테리이다. 테리는 요크셔 테리어 종으로 여섯 살이나 되었는데도 덩치는 꼭 주먹만하다.

우리 집 식구는 아빠, 엄마, 나 그리고 동생, 이렇게 네 사람이다. 테리는 이 네 사람들을 대하는 태도가 각기 다르다. 아빠가 우리 집에서 가장 힘이 세어 보였는지 아빠에게는 언제나 의존하려고 든다. 밖에 나가고 싶을 때나, 똥이 마려워 옥상에 가고 싶을 때면 언제나 아빠의 발이나 손을 긁는다. 그러다 아빠가 귀찮아하는 것 같으면 현관문 앞에 서서 아빠가 올 때까지 낑낑거리며 칭얼거린다.

이에 반해 엄마를 대하는 태도는 또 다르다. 엄마가 두 팔을 벌리고 손뼉을 쳐도 달려오지 않다가도 부엌에서 고기 냄새만 나면 엄마에게 쪼르르 달려간다. 그리고는 꼬리를 살살 흔들며 엄마의 다리에 제 털을 비벼 댄다. 테리도 부엌에서는 엄마에게 힘이 있다는 것을 아는 것이다.

또한 정작 주인이나 다름없는 나에 대한 태도도 다르다. 매일 밖에 나가 산책을 시켜 주고 목욕을 시켜 줄 때는 나를 가장 좋아하는 것같이 행동을 한다. 그러나 아빠가 들어오시면 테리의 태도는 달라진다. 아빠가 현관문을 들어서시기가 무섭게 아빠에게 달려가는 것이다. 내가 아무리 불러도 거들떠보지도 않는다.

어떤 동물학자의 말에 따르면 개는 상대에 따라 대하는 태도가 다르다고 한다. 개들은 자신을 길러 주는 그 집에서 제일 윗사람에게는 절대 복종을 한다고 한다. 그리고 주방을 맡고 있는 사람에게는 먹을 것을 요구하고, 가장 아랫사람에게는 친구처럼 대한다는 것이다.

2) 조사 기록문

　조사 기록문은 어떤 것에 대하여 글쓴이 스스로가 조사하여 조사 활동 결과를 기록한 글을 말합니다. 예를 들면 어떤 지방의 사투리, 어떤 마을에서 생산되는 특산물, 해안 지방의 기후의 변화, 식물의 생태 조사 등 여러 분야에 걸쳐 조사 결과를 기록한 것이 곧 조사 기록문입니다.
　이때도 몇 가지 마음에 새겨 둘 유의 사항이 있습니다. 조사의 목적을 분명히 밝혀야 합니다. 생활에 관련이 있거나 학습에 도움을 줄 수 있는 것이어야 합니다.
　관련 서적에서 자료를 수집할 수도 있지만, 현지에 실제로 찾아가 자료를 수집해야 합니다. 조사 방법을 밝히고, 그 결과를 정확하고 알기 쉽게 써야 합니다.

　이상의 유의 사항을 마음속에 새기면서 실제로 조사 기록문을 써 보기로 합시다.

　　몇 년 전의 일이다. 다섯 살짜리 남동생과 여섯 살짜리 여동생이 여름 방학 즈음 시골 작은댁에 갔다온 적이 있었다. 겨우

20여 일 지내다 왔을 뿐인데 동생들은 시골 사람이 다 되어 돌아왔다. 팔다리는 모기에 물려 상처투성이이고, 햇볕에 까맣게 탄 얼굴은 마치 흑인 같았다.

  그것뿐이 아니었다. 말투도 이상해졌다. 사투리를 쓰는지 도저히 알아들을 수 없는 말이 몇 가지 있었다. 그 말은 '네년아', '작년아'였다. 그 말이 무슨 뜻인지 궁금했지만, 알 수 없었다. 아빠 엄마에게 여쭈어 보았으나 '글쎄다' 하실 뿐, 그곳에서 나고 자라신 엄마 아빠는 그 말의 뜻을 알지 못하셨다.

  동생들이 그 말을 쓴 것이 여름 방학 때 일이었는데 겨울 방학 때 나는 시골을 가게 됐다. 나는 동생들이 말한 '네년아', '작년아'를 알아보리라 마음먹었다. 그러나 시골 동생도 언니도, 숙모도 그런 말은 없다고 하시면서 처음 듣는 말이라고 했다. 실망스러웠다. 그러나 알아낼 방법은 없었다.

  그러길 며칠, 그 실마리가 풀리기 시작했다. 숙모가 언니와 동생들을 나무라거나 다그칠 때면 말끝마다 으레 '네 이년아' 하시거나 '잡년아' 하시지 않는가.

  그렇다. 동생들이 '네년아'라고 했던 사투리는 '네 이년아'가 줄어 '네년아'가 됐고, '잡년아'가 변해 '작년아'가 됐던 것이다.

3) 견학 기록문

  견학이란 말은 실제로 실물을 보고 학문으로 얻은 지식을 넓힌다는 뜻을 갖고 있습니다. 그래서 견학 기록문은 어느 곳을 실제로 찾아가 둘러본 후에 보고 느낀 것, 생각하고 겪은 것 등을 차례대로 기록하여야 합니다.

  여러분은 방송국을 찾아가 둘러보고 '야, 굉장하구나!' 한다든지,

'우와, 신기하다', 텔레비전 화면에서만 봤던 인기 아나운서나 연예인을 보고 '아, 누구다!' 하고 감탄사를 연발해 본 적이 있을 것입니다. 또 공장에 찾아가거나, 관청·은행 등도 찾아가 보고 느끼고 생각한 것들이 많았을 것입니다. 견학 기록문은 이처럼 실제로 찾아가 보고, 느끼고, 생각한 것 그리고 새롭게 경험하고 알아낸 것 등을 정확하게 사실대로 기록하면 됩니다.

그렇다고 어느 것이나 본 대로 쓰고, 느끼고 생각한 대로 쓴다고 해서 좋은 견학 기록문이 되는 것은 아닙니다. 좋은 견학 기록문이 되기 위해서는 다음과 같은 몇 가지를 마음에 새기고 써야 합니다.

찾아갈 곳을 미리 정한 후, 가기 전에 찾아가도 좋은지를 허락받아야 합니다. 그리고 찾아가기 위한 교통편을 정확하게 알아두어야 합니다.

보고, 듣고, 느끼고, 생각한 것을 빠뜨리지 않기 위해 사전에 기록할 것들을 잘 챙겨야 합니다. 안내한 대로 따라다니지만 말고 궁금한 점이나 의문이 나는 것은 직접 물어 확인하여 알아두어야 합니다.

견학한 곳의 안내 자료나 홍보 자료 등 여러 가지 참고가 될 만한 자료들을 되도록 많이 수집하여 그것을 토대로 잘 정리하여 쓰면 큰 도움이 됩니다. 견학을 통해 새로 알게 된 사실에 대한 생각이나 의견 등 견학 후의 감상을 빠뜨리지 않아야 됩니다.

이렇게 해서 견학이 이루어지고 현장을 둘러본 후 보고, 듣고, 느끼고, 새로이 접한 것들을 자료를 곁들여 기록하면 그것이 곧 견학 기록문이 되는 것입니다.

이쯤에서 견학 기록문을 다같이 써보기로 할까요.

딸기밭을 찾아서

딸기 재배는 어떻게 하는지 무척 궁금했다. 아빠께 딸기 재배에 대해 여쭈어 보았지만, 아빠도 잘 알지 못한다고 하셨다. 그러시면서 아빠 친구 분께서 서울에서 가까운 송추에서 딸기 농장을 경영하고 있으니 주말에 가보라고 하셨다.

나와 혜숙이는 주말 아침 일찍 송추로 향했다.

혜숙이와 함께 찾아간 ○○농장 비닐 하우스에서는 한창 딸기가 익어 가고 있었다. 아빠 친구 분이자, 농장 사장님이 우리를 친절히 맞아 주시며 비닐 하우스 딸기밭으로 안내해 주셨다.

딸기는 본래 원시 시대부터 산과 들에 자라났다고 한다. 그것을 옮겨심기 시작한 것은 석기 시대부터였으나 우리 나라에서 재배하기 시작한 지는 얼마 안 되었다고 한다. 우리 나라에서 재배하는 품종은 주로 복우·행옥·모나코·다이애나 등인데 이곳 비닐 하우스에서 재배하는 것은 복우라고 했다.

일반적인 재배 과정은 첫째, 묘 기르기에서 시작되는데 큰 묘를 길러 여름 장마가 끝나기 전 7, 8월경에 어미 포기에서 잘라내어 육묘장에 심는다고 한다. 육묘장은 물의 공급이 쉽고 마르지 않는 곳이 좋다고 한다. 심을 때는 90cm 묘상에 퇴비와 인산질 비료만 넣고 심는데 이때 질소 비료를 주면 꽃망울이 늘어진다고 한다. 심은 뒤에는 8월 늦게까지 하루에 두세 차례 정도 물 주기를 해야 한다고 한다.

둘째, 육묘 중에 꽃망울이 빨리 피게 하기 위해 9월 중순께 2회 정도 옮겨심기를 해야 한다고 한다. 이때 깻묵·재·웃거름을 주어야 하고, 주의해야 할 것은 너무 깊이 심지 말고 심은 뒤엔 충분히 물을 주어야 한다는 것이다.

셋째, 두 번째 과정을 거친 종묘는 아주심기를 하는데 보통

10월말에서 11월초에 한다고 한다. 이때 심는 공간은 폭 1.2~1.5m로 하고, 높이는 3~6m 정도가 좋고, 과인산석회나 닭똥 등을 밑거름으로 깔고 가볍게 심는다고 한다. 폭과 폭 사이는 30cm 정도의 간격이 좋고, 뿌리가 내리면 포기 양쪽에 골을 파고 묽은 똥물이나 잘 썩은 퇴비를 주고 흙을 덮어 북돋아 준다고 한다. 다만 비닐을 씌워 터널을 만든 후에는 요소나 유안 같은 화학 비료가 더 좋다고 한다.

 넷째, 관리를 잘 해야 한다고 한다. 비닐 보온 터널은 2월말에서 3월초가 적당하며 비닐을 씌운 초기에는 온도를 섭씨 30도로 올려주었다가 꽃봉오리가 맺히면 추위를 막아주어야 한다고 한다. 꽃이 피고 열매가 맺으면 썩는 것을 막기 위해 짚으로 막아주고 3월초나 3월말에는 중갈이와 함께 잡초를 뽑아 줘야 한다고 한다. 그리고 통풍이 잘 되도록 낮에는 터널을 벗겼다가 밤에는 덮어준다고 한다.

 다섯째, 수확은 대개 4월초부터 시작하여 한 달이 넘게 계속된다고 한다. 딸기를 딸 때는 맑은 날 이른 아침에 따는 것이 좋다고 한다. 과일이 빨갛게 익었을 때 따야 하지만, 거의 다 익어갈 무렵에 따 팔아도 무방하다고 한다. 시장에 상품으로 내보낼 때는 260~300g 정도의 작은 상자에 넣는 것이 적당하다고 한다.

 설명이 다 끝난 후 사장 아저씨는 예쁜 그릇에 잘 익은 딸기를 담아 가지고 나오셨다. 멀리서도 그 향기가 느껴질 정도로 달고 싱싱한 것이었다.

 돌아올 때는 혜숙이와 각각 한 봉지씩의 딸기 선물을 받았다. 잘 익은 딸기처럼 행복한 마음도 함께 선물 받은 듯했다.

4) 회의 기록문

　회의 기록문은 여럿이 한 자리에 모여 의논한 모든 내용을 기록하는 글을 말합니다. 학급 회의나 전교 어린이회, 회사의 이사회, 단체의 정기 총회 등의 과정이나 내용·결과를 기록한 글은 모두 다 회의 기록문이 되는 것이지요. 즉 회의 기록문이란 여러 사람이 뜻을 같이한 합의 사항, 또는 서로 의견을 나누어 토의한 것 등의 내용을 자세히 기록하는 글이지요.
　하지만 회의가 진행되는 순서대로 빠짐없이 기록했다고 해서 다 회의 기록문이 되는 것은 아닙니다. 완전한 회의 기록문이 되기 위해서는 다음과 같은 몇 가지를 미리 마음에 새기고 써야 합니다.
　첫째, 회의의 명칭을 빠뜨리지 말아야 합니다.
　둘째, 회의를 연 날짜와 시간과 장소를 기록해야 합니다.
　셋째, 회의에 참석할 수 있는 자격과 자격을 갖춘 이의 참석자 수를 빠뜨리지 말아야 합니다.
　넷째, 회의 진행 순서 및 내용을 정확히 기록해야 합니다.
　다섯째, 회의를 기록한 글쓴이의 이름을 밝혀야 합니다.

　이와 같이 빠뜨려서는 안 될 것과 꼭 기록하여야 할 것 등을 염두에 두고 쓴다면 좋은 회의 기록문이 될 수 있을 것입니다.

학급 회의 기록문

봄철 환경 미화를 위한 준비 회의를 3월 5일 교실에서 학급 학생 40명 전원이 참석한 가운데 열었다.

반장이 진행을 맡아 봄철 환경 미화라는 안건을 가지고 토의를 했다. 토의 사항으로는 첫째 조별로 분담을 맡기, 둘째 게시판 새로 바꾸기, 셋째 청소 열심히 하기 등의 의견이 나왔다.

그리고 조별로 분담 맡기에 대한 세부 내용으로는 1조는 화분 가져오기, 2조는 유리창 닦기, 3조는 청소하기로 정해졌다. 또한 각 조장이 책임자가 되어 교실을 아름답게 꾸밀 만한 것을 한 가지씩 생각해 보기로 했는데, 1조에서는 봄의 분위기를 교실 안으로 끌어들이기로 했다. 2조에서는 하늘이 교실로 들어올 수 있도록 유리창을 말갛게 닦기로 했으며 3조에서는 게시판의 그림을 새 그림으로 단장하고, 벽면의 얼룩이나 때를 말끔히 지워 새 교실을 꾸미기로 했다. 그리고 마지막 4조에서는 바닥 청소는 물론, 책걸상까지 깨끗이 닦기로 했다.

(회의록 작성자 부반장 김욱)

5) 사건 기록문

사건이란 일거리, 혹은 뜻밖에 일어난 일을 말하는데, 느닷없이 살인이 일어났다든지, 화재가 발생했다든지, 쿠데타가 일어났다든지 하는 많은 사건들이 우리 주변에서 수시로 일어납니다. 그리고 사건 기록문은 이렇게 뜻밖에 일어나는 일 즉, 사건을 기록하는 글을 말합니다.

그렇다고 무턱대고 어떤 사건이 일어났다고 쓰는 것만으로는 기록문이 될 수 없습니다. 그 사건이 일어난 원인이나 내용, 그리고 그 사건이 어떻게 해결돼 마무리됐는지 등을 있었던 그대로 적어야만 사건 기록문이 됩니다. 이때도 몇 가지 유의할 점이 있습니다.

사건의 내용을 정확히 밝혀야 합니다. 사건을 꾸며서 부풀린다거나 줄여서는 안 되며 사실대로 기록해야 합니다.

사건 현장을 사진으로 찍어도 좋고 조사를 맡은 담당자를 통해 구체적으로 알아보는 것도 도움이 됩니다.

학교 앞 육교가 넘어지는 사건이 발생했다. 많은 아이들이 이 육교를 건너 등교하는데 다행히 아침 등교길이 아닌, 점심때쯤 사고가 났다.

육교가 무너진 원인은 설치한 지가 오래돼 육교를 받치고 있던, 육교 기둥이라 할 수 있는 받침 철근이 비바람에 닳아 무게를 지탱하지 못하고 끊어진 것이라 한다.

다행히 많은 사람들이 다치지는 않았지만, 운이 나빴던지 육교를 건너가던 한 아주머니가 아래로 떨어져 다리에 골절상을 입었다고 한다. 점심때라 지나가는 차들이 별로 없어 교통 사고는 없었지만, 육교 밑에 세워두었던 트럭이 망가졌다고 한다. 다행히 운전사는 무사하다고 한다.

교통경찰 아저씨가 재빨리 출동해 차량을 통제하는 한편, 부상자는 병원으로 실어 보냈다. 그리고 망가진 트럭은 공장으로 견인해 가게 하는 것으로 일단 사건은 마무리됐다. 다만 비스듬히 드러누운 육교의 흔적들이 보기 흉하게 길을 가로막고 있어 교통 소통은 잘 되지 않았다. 그 육교를 완전히 철거하려면 2~3일 정도는 더 걸릴 것으로 본다고 조사 경찰관은 말했다.

6) 연구 기록문

연구란 조사하고 생각하여 진리를 터득하고 깨달아 알아내는 것을 말합니다. 그 때문에 연구 기록문은 어떤 현상을 연구하여 그 연구 내용을 적은 글이 되는 것입니다.

연구는 여러분들도 여러 차례 경험한 바 있을 것입니다. 여러분 개개인이 혼자서 연구할 때도 있었고, 또 그룹으로 연구하여 발표하기도 했을 것입니다. 바로 연구 기록문은 여러분이 연구한 것에 대해 그것을 어떤 방식으로 조사하고, 어떻게 생각을 이끌어내어 어떤 진리를 알아냈는지 그 내용들을 기록하면 되는 것입니다. 이때도 유의할 점이 몇 가지 있습니다.

첫째, 연구 대상이 분명해야 합니다. 인물의 업적, 화학 반응, 생활 풍습 등 무엇에 대해 연구할 것인가가 분명히 결정돼야 합니다.

둘째, 보다 자세하게 연구하기 위하여 연구 목적이나 대상에 관련된 여러 자료를 수집하여 구체화해야 합니다.

셋째, 연구 결과는 새로운 것을 발견하든가, 새로운 것을 알아내는 성과가 있어야 합니다.

이 세 가지를 염두에 두고 연구하고, 또 연구한 내용을 사실대로 쓴 것이 바로 연구 기록문입니다. 함께 연구 기록문을 써보기로 합시다.

새 기르기

이 지구상에는 약 6천5백여 종류의 새가 있는데 그 중에서 사람이 애완용으로 기르는 것은 약 1백60여 종이라 한다. 가정 애완용에는 휜치류와 앵무새과의 잉꼬류가 가장 많다. 특히 카나리아, 십자매, 상시조, 금정조, 홍옥조, 잉꼬 등이 그 대표적인 새들로 이들 새들은 각기 다른 특성을 지니고 있어 기르는 데도 여러 가지 지식이 요구된다고 한다. 그렇기 때문에 새를 기르기 위해서는 새에 대한 관찰은 물론 구입에서 사료, 관리에서 부화까지 여러 면으로 연구를 해야 한다.

첫째, 새를 살 때 유의할 점으로는 몸의 동작이 활발하고 다른 것과 견주어 큰 것을 골라야 한다는 것이다. 동시에 몸 전체의 균형이 잡혀야 하고, 특히 꽁지가 힘차고 길게 뻗친 생후 6개월 미만의 것을 고르는 것이 좋다.

둘째, 이렇게 구입한 새는 사료를 먹여 기르는데 좁쌀과 계란 노른자위를 섞어 먹인다. 특히 야채를 자주 주어야 하는데 야채는 새의 비만을 막고 깃털을 윤나게 하며 번식기의 중요한 영양소가 된다.

셋째, 새를 키우는 데는 특별히 까다로운 것은 없다. 물은 수돗물이나 우물물을 가리지 않고 하루에 2회 정도 갈아주고 먹이가 떨어졌을 때는 즉시 넣어주어야 한다. 새는 하루만 굶어도 그대로 죽어버리기 때문이다. 새집은 햇볕이 잘 드는 곳에 두고 겨울에는 보온에 신경 써야 한다. 새집 청소는 매일 할 수 있으면 좋으나, 일주일에 1회 정도가 좋다. 단 뱃속에 알을 가졌을 때는 접근을 삼가고 아늑한 곳에 조용한 분위기를 마련해 줘야 한다.

넷째, 새가 알을 낳는 것은 첫 해는 적고 해가 갈수록 많아진다. 이때 새끼가 나올 수 있는 알을 많이 얻기 위해서는 암수의 금실이 좋아야 하는데 나이 차이가 많으면 싸움이 잦고 결과 또한 좋지 않다. 알을 까고 새끼가 나오게 하는 것은 새 스스로 하게 하는 것보다 다소 돈이 들더라도 전문가에게 맡기는 것이 좋다.

다섯째, 새가 병이 났을 때는 신속히 대처해야 한다. 새의 병은 지방 과다, 피부병, 앵무병, 변비 등 여러 가지가 있으나 주로 감기, 설사가 대표적이다. 감기는 온도의 변화 때문에 걸리는데 감기에 걸린 새는 날개가 아래로 처지고, 깃털 속에 머리를 처박고, 새장 구석에 웅크리고 있게 마련이다. 이때 새장을 따뜻한 곳으로 옮겨주고 포도주를 2~3배의 물에 풀어 먹이면 잘 낫는다. 설사는 봄·여름에 자주 생기는데 부패한 물과 부패한 채소를 먹였을 때 걸린다. 새의 항문 부분의 털이 더럽혀져 있으면 설사를 한다는 증거다. 이때 굴껍질 가루와 숯가루를 반반씩 섞어 먹이면 잘 낫는다. 추울 때 발병하면 따뜻한 곳으로 옮기고 야채를 잠시 주지 않는다. 그런 다음 설사약을 물에 풀어 먹이면 된다.

3. 기록문의 본보기

광양 제철소를 찾아서

지난 일요일, 나는 제철소에 근무하시는 아저씨를 따라 광양 제철소에 다녀왔다.
아저씨는 제철소의 규모를 설명하시고 나서, 제일 먼저 용광로를 보여 주셨다. 용광로는 철을 만들기 위해서 철광석을 아주 높은 열로 녹여서 쇳물로 만드는 장치이다. 여기에서 만들어진 쇳물이 여러 공정을 거치는 동안, 요긴한 철강으로 만들어진다고 아저씨는 설명해 주셨다.
용광로에서 만든 쇳물은 쇳물 운반차에 실어 제강 공장으로 보낸다. 그곳에서 쇳물을 커다란 통 속에 붓는데, 쇳물이 불꽃을 튀기며 통 속으로 쏟아지는 모습은 퍽 인상적이었다. 그 공장은 용광로를 거쳐 나온 쇳물에 포함된 여러 불순물을 태워 없애, 더 좋은 품질의 강철로 만드는 곳이었다.
다음으로 간 곳은 연속 주조 공장이었다. 그곳은 제강 공장에서 보내 온 강철로 슬래브라는 이름의 아주 두꺼운 철판을 만드는 곳이다.
슬래브는 마지막으로 열연 공장으로 보내진다. 빨갛게 달아오른 슬래브는 그 공장의 여러 기계 사이를 엄청나게 요란한 소리를 내면서 오갔다. 그때 나는 열기가 대단했다. 온 몸이 후끈거렸다. 그러면서 그 두꺼운 철판은 점점 얇고 길게 늘어났다. 그러더니 몇 분 뒤, 그 철판은 아주 얇은 열연 코일이 되어 두루마리 형태로 둥글고 길게 감겨 나왔다. 그 광경은 정말 감동적이었다.
 바늘에서부터 인공 위성에 이르기까지 철이 들어가지 않는 것이 거의 없다는 말씀을 하시며, 아저씨는 자랑스러운 표정을 지으셨다. 공장을 견학한 뒤, 나의 마음은 아침의 설렘 대신 뿌듯함으로 가득 찼다.

기행문

기행문은 여행을 하면서 보고 듣고 겪은 것을 느낌이나 생각을 곁들여 엮어 내는 글입니다.

기행문 쓰기

　기행문이란 낱말을 사전에서 찾아보면, 여행 중에 보고 듣고 느끼고 생각한 것을 쓴 글이라고 되어 있습니다. 이 사전 풀이에 '스스로가 겪은 일'이란 말을 곁들여도 좋겠지요.
　여러분은 여행 가자는 부모님의 말씀에 며칠 전부터 가슴 설레었던 경험이 있을 것입니다. 낯선 곳에 대한 궁금증과 호기심이 여러분의 머릿속에서 떠나지 않았을 테구요. 그곳이 비록 영화 속에 나오는 외국의 유명한 관광지가 아니라, 국내의 외딴 곳이라 해도 처음 가보는 곳에 대한 호기심과 기대는 가슴 설레게 하기에 충분한 것입니다.
　여러분도 그런 경험을 많이 갖고 있을 것입니다. 행여 비라도 내려 여행을 떠나지 못하게 되는 것은 아닌지 날씨 걱정을 하며 밤잠까지 설친 일도 있었을 것입니다. 여행은 고사하고 집안 사람들끼리 나들이를 간다거나, 해수욕장, 단풍놀이, 또는 썰매장에 간다고 하기만 해도 가슴 부풀어하며 설레던 기억이 다들 가슴속에 간직되어 있을 것입니다.
　여행은 한번 가봤던 곳일지라도, 그때의 감명 깊었던 인상이나 감동이 지워지지 않아 '다시 오길 잘했다'며 다시 한 번 그 감동을 느끼게 하기도 합니다. 하물며 처음 가본 곳이야 두말 할 필요도 없겠지요.
　여행을 하게 되면 그곳의 기후나 풍습, 풍경이나 풍토, 산업이나 인물, 그리고 인심과 같은 그 지역이 가지고 있는 여러 특성들과 만나게 됩니다. 또한 그곳의 역사적 유적지나 명승고적도 두루 관람하게 되게 마련입니다. 이때 보고 들은 것은 물론 새로운 경험과 흥미, 그리고 신비감 같은 것을 느낌이나 생각을 곁들여 엮어 내는 것이 기행문입니다.

　이처럼 기행문은 여행지에서 보고, 듣고, 느끼고, 생각하고, 겪은 일을 쓰는 것이 그 목적입니다. 여행은 반드시 목적지가 있어야 합니다. 그리고 그 목적지를 향해 떠나야 하며 떠났으면 또 돌아와야 합니다. 그렇기 때문에 기행문에는 출발, 코스, 목적지, 귀가 등이 분명히 밝혀져야 합니다. 즉, 기행문은 시간과 장소를 바탕으로 쓰여져야 한다는 뜻입니다. 다시 말해 여행을 간 곳이 어딘지, 언제 떠나 어떤 코스로 돌아다녔는지, 또 언제 어떻게 어떤 길로 돌아왔는지 고스란히 밝혀져 있어야 한다는 것입니다.

　다른 글과 마찬가지로 기행문을 쓸 때도 글을 쓰는 요령이 필요합니다. 이는 다녀온 것을 무턱대고 그대로 쓴다든지, 보고 들은 것들을 다 집어넣는다든지, 이것저것을 뒤섞었다고 해서 기행문이 되는 것이 아니기 때문입니다. 기행문을 쓰기 위해서는 기행문의 조건에 맞도록 쓰는 요령이 필요합니다.

1. 기행문을 쓸 때의 요령

앞에서도 여러 번 얘기했듯이 기행문은 여행을 하면서 보고 듣고 느끼고 겪은 것을 쓴 글입니다. 그렇기 때문에 시간의 흐름을 좇아 여행의 코스나 일정에 맞춰야 합니다. 이러한 이유로 기행문은 여행의 일정 자체가 곧 글의 짜임새를 이루는 골격이 됩니다.

하지만 여행 코스를 순차적으로 엮었다고 해서 다 기행문이 되는 것은 아닙니다. 물론 여행의 이모저모를 기록했다는 점에서는 기행문이 될 수 있긴 합니다. 하지만 여러분이 정말로 좋은 기행문을 쓰고 싶다면 다음의 몇 가지 요령을 터득한 후에 쓰기 바랍니다.

첫째, 기행문은 언제 어디를 향해, 어떻게 출발해서, 무엇을 보고 듣고 느끼고 경험하고 돌아왔는가를 구체적이고도 사실적으로 기록해야 합니다. 그러나 시간의 경과를 사실적으로 펼쳐 보여준다고 해서 다 기행문이 되는 것은 아닙니다. 그렇다면 좋은 기행문이 되기 위해서는 어떤 것들이 필요할까요?

그것은 스스로가 본 것을 그대로 다 집어넣을 것이 아니라, 읽는 이가 가보지 않고, 직접 보지 않고도 마치 가본 것처럼 느낄 수 있도록 기록해야 합니다. 그뿐 아니라, 글쓴이가 경험한 것이 자신만의 경험으로 끝나는 것이 아니라, 마치 읽는 이도 직접 경험한 것처럼 인상에 남게 써야 합니다. 다시 말해, 보고 느끼고 생각하고 겪은 것들이 읽는 이에게 선명한 인상으로 남을 수 있도록 써야 한다는 것입니다. 예를 들어 살펴보도록 하겠습니다.

제주 기행

아빠랑 엄마가 결혼 기념일을 맞아 제주도로 여행을 가시기로 했다. 나도 엄마 아빠를 졸라 함께 갈 수 있게 되었다. 야호, 너무나도 신이 났다. 밤에 잠을 이룰 수가 없었다.
제주도는 감귤 밭 천지였다. 아니, 돌 천지였다. 수없이 많은 감귤보다도 돌의 수가 더 많았다. 산자락에는 억새도 많고, 바람은 억새보다 더 많았다.
동굴은 참 신기했다. 어떻게 이런 굴이 뚫렸는지 그저 신기하기만 했다. 한라산은 하늘에 닿아 있는 줄 알았더니 그렇지는 않았다. 내 눈에는 서울의 도봉산만큼의 높이쯤으로밖에 안 보였다.
돌아오는 비행기 창 밖으로는 마치 양털 같은 구름이 푹신푹신하게 깔려 있었다. 나는 그저 즐겁고 신기하고 또 신날 뿐이었다. 야호, 역시 오기를 잘 한 것 같다. 너무나도 신이 났다.

이렇게 썼다면 제주도에 갔다는 것과 그곳에 귤, 돌, 억새, 바람이 많았다는 것, 그리고 한라산이 생각보다 높지 않았다는 것 등 눈에 보이는 것만 고스란히 펼쳐 보여주는 것에 불과합니다. 물론 '야호'라는 감탄사를 연발할 만큼 기쁨이 컸다는 느낌도 있긴 합니다. 하지만 이 기행문은 글쓴이가 보고 느낀 것만을 이것저것 잡다하게 섞어 엮었기 때문에 읽고 느낄 수 있기는커녕, 제주도에 다녀온 사람에게 들은 이야기만큼도 실감이 나지 않습니다. 왜냐하면 기행문의 조건을 다 갖추지 못했기 때문입니다.
그렇다면 조건을 잘 갖춘 예문을 살펴보도록 하겠습니다.

제주 기행

아빠와 엄마가 결혼한 날은 2월 2일이었다. 올해가 벌써 엄마 아빠가 결혼하신 지 10년째 되는 해라고 한다. 그래서 엄마 아빠는 결혼 10주년 기념으로 제주 여행을 가시기로 했다.
"혜영이가 운이 좋구나. 방학도 됐으니 이번 여행에 함께 가자."
이 말을 듣고 가슴 설레며 기다리던 2월 2일. 행여 눈이라도 내릴까, 바람이라도 불어 비행기가 뜨지 못하면 어쩌나 하는 걱정으로 잠을 설쳤다. 하지만 아침 하늘은 '야호' 탄성을 지를 만큼 화창했다.
아침 9시 김포 공항에는 옅은 안개가 끼어 있었다. 9시 50분발 제주행 비행기에 몸을 싣자 드디어 떠나는 것이 실감났다. 기우뚱거리며 보채듯 흔들거리기를 한 시간여, 드디어 제주 공항에 비행기가 무사히 착륙했다.
제주에 내려 처음 찾아 간 곳은 아빠와 엄마가 신혼 여행 때 왔었다는 남제주 해안이었다. 제주 공항에서 남제주로 가는 연변에는 선 채로 늙어버린 억새가 우리를 환영이라도 하듯 마구 손을 흔들어 댔다. 2, 30분쯤 달렸을까, 차가 멈춘 곳은 바닷가. 쪽빛 물과 함께 오랜 세월에 깎이고 파인 채 비바람의 무늬를 그대로 간직한 괴암들은 절로 감탄사를 연발케 할 만큼 아름다웠다.
'이렇게 신비로울 수가……'
나는 꽤 많은 감동을 받았다. 파도는 '어흥' 하면서 달려드는 짐승처럼 넘쳐왔다가는 다시 물어뜯으려는 듯 흰 이빨을 드러내기도 했다. 역시 감탄사가 절로 나왔다.
다음은 만장굴. 마치 한 마리의 용이 허리를 틀고 빠져나간 것 같은 굴 벽면에는 용 비늘의 흔적이 그대로 남아 있는 것 같았다. 더구나 중간 지점에 있는 거북이 모양의 돌은 미처 용이 삼키지 못한 채 버려 둔 것같이 느껴졌다. 참으로 신기했다. 이것저것 그것이 어떤 것인지 굳이 알 필요는 없었다. 여행이란 보는 즐거움 그것이 아니던가.

이튿날은 갑자기 제주 바람을 쏘여서 그런지 머리에 열이 있었다. 마음 같아서는 신나게 돌아다니고 싶었지만 몸이 말을 듣지 않았다. 하는 수 없이 엄마 손에 이끌려 병원으로 가야만 했다.

"바람을 쏘이지 말고 안정하는 것이 좋겠군요."

의사 선생님의 말을 따라 아침나절을 호텔에서 보냈다.

"아빠, 죄송해요. 저 때문에……."

"괜찮아. 아빠는 두 번이나 와 봤기 때문에 웬만한 곳은 예전에 다 봤단다. 네가 구경을 못해서 섭섭하겠구나."

이렇게 해서 2박 3일의 일정은 1박 2일이 되고 서둘러 5시 20분 제주발 서울행 비행기에 몸을 실었다.

잠시 멀미 기운이 있긴 했지만, 여행의 흥분이 채 가시지 않았는데도 마음은 거꾸로 차분했다. 비행기가 김포 공항에 내린 것은 여섯시가 넘은 해질녘이었다.

이렇게 썼다면 기행문의 조건이 다 갖춰지진 않았지만 몇 가지는 잘 지켜지고 있음을 알 수 있습니다. 첫째, 언제 어디를 향해, 어떻게 떠났다는 출발 상황이 잘 드러나 있습니다. 둘째, 제주에 가서 본 자연의 변화와 해변 풍경의 아름다움을 감동으로 와 닿도록, 즐거움과 신비감이 얽힌 느낌과 감동으로 잘 나타내고 있습니다. 또한 만장굴의 현장에 대한 인상이 직접 보고 있는 것 같은 느낌이 들 정도로 실감나게 기록되어 있어 제주에 가지 않고도 갔다 온 것처럼 지워지지 않는 인상으로 남았습니다. 셋째, 감기에 걸려 일정이 취소된 경위와, 그 때문에 하루를 당겨 돌아왔다는 것 등이 잘 드러나고 있습니다.

　이는 이 글이 기행문이 요구하는 여러 가지 조건을 갖추어 짜여졌음을 의미합니다. 이렇게 기행문은 빠뜨리지 않고 써넣어야 할 것들이 다 들어가 있을 때 제대로 된 기행문이 됩니다.

　둘째, 여행지의 향토색과 여행하는 이가 여행에서 맛보는 나그네 같은 느낌이 잘 우러나야 합니다. 일단 기행문에는 그 지방 특색인 여러 가지 경치, 독특한 풍속, 말씨, 복장, 음식, 습관, 역사 유적, 문화재, 특산물 같은 것들이 기록되어야 합니다. 곧 그 지방의 향토색을 느낄 수 있는 것들을 잘 드러내야 한다는 것입니다.

　또, 여기에 곁들여야 할 것이 있습니다. 여행자가 보고 쓴 낯선 풍경 같은 것들이 글만 읽고도 훤히 느낄 수 있도록 써야 합니다. 이는 곧 여행자가 맛본 새로운 곳의 새로운 맛을 읽는 이가 가보지 않고도 느낄 수 있도록 잘 표현해야 한다는 것입니다. 그러기 위해서는 여행자가 새로 본 것을 읽는 이에게도 새롭게 비치도록 해야 하겠지요.

　이때 조심할 것은 평범한 것, 일상적인 것, 사소한 것은 다 생략하고 대신 새롭고 신비하고 깜짝 놀랄 만한, 즉 인상 깊은 것들은 빠뜨려서는 안 된다는 것입니다. 그래야 읽는 이도 글만 읽고도 마치 가본 것처럼 새로운 흥미, 감동, 놀라움 등을 경험할 수 있을 테니까요.

　다시 예를 들어 살펴보도록 하겠습니다.

향토색 드러내기

가는 곳마다 돌을 쌓아놓은 돌담이 둘러쳐져 있고, 돌담 안에도 노랗게 귤이 익어가고 있었다. 귤의 원산지답다는 생각을 하며 한번 만져보기 위해 팔을 뻗었다.

"학상, 귤에 농약 문깅기야."

아저씨는 뭔지 알아듣지도 못할 말을 했다. 그것은 농약이 묻어 있으니 손대지 말란 말이었다. 사투리보다 '귤에도 농약을 뿌리는구나' 생각하니 제주도도 문명에 오염이 되었다는 생각이 들어 씁쓸했다.

게딱지 같은 돌담집 옆, 웅덩이 같은 곳에 토종 돼지라는 꺼먹돼지 한 마리가 있었다. 전해 듣기로는 똥을 먹여 기른다고 했는데 그렇지는 않은 것 같았다. 그 돼지는 관광객들에게 보여주기 위해 전시용으로 길러지고 있었다.

꺼먹돼지가 고개를 내밀고 두 눈을 끔벅이며 사람들을 쳐다보는 모습이 불쌍해 보였다. 다가가 손을 내밀었더니 툴툴거리며 앞발을 올려 세웠다. 더러운 몸뚱이였지만, 긁어주었더니 이번에는 더 긁어달라며 내게 몸을 맡겼다.

'혼자 있으려니 외로웠었나 보구나' 하고 생각했다.

점심때 토속 식당이라고 해서 기대를 하고 갔더니 별 특별한 음식은 없었다. 제주 전통주라고 아빠가 한 사발 마시기에 손으로 찍어 맛보았더니 '어, 시다' 는 말이 절로 나올 만큼 시큼했다. 나는 '저걸 무슨 맛으로 먹을까' 하는 생각을 하면서 얼른 손을 씻어버렸다.

돌아서는 양켠에는 남국에서나 볼 수 있는 빽빽한 수림이 딴 나라 같은 느낌이 들게 했다. 시내 가로수는 야자수로 되어 있어 적도 근방의 이국과 같은 느낌이 들었다. 그리고 겨울인데도 피어 있는 이름 모를 꽃들이 '과연 제주가 아름다운 곳이구나' 하는 느낌이 절로 들게 했다.

다소 길게 늘어놓았습니다만, 이 글 속에는 제주의 특색인 돌과 귤이 잘 드러나 있습니다. 또한 제주는 자연 그대로인 줄 알고 있는 우리들에게 제주에서도 농약을 뿌린다는 사실을 통해 제주도 문명이 비껴 갈 수 없는 곳이라는 걸 깨닫게 해주고 있습니다. 이것은 우리의 기대감을 흐트러지게 하는 새로운 맛이 있었습니다. 그런가 하면 제주의 사투리, 제주 토종인 꺼먹돼지, 음식과 술 등을 통해 제주의 특색을 부각시키고 있습니다.

이외에도 제주의 향토색이나 풍속, 복장, 역사 현장, 문화재 등이 소개될 수 있으나 이를 다 집어넣을 수는 없습니다. 그 몇 가지 특성을 잘 살려, 두어 개의 향토색을 특성별로 인상깊게 드러내면 됩니다. 마지막으로 기행문에 추가할 수 있는 방법 중 한 가지를 더 살펴보도록 하겠습니다.

시, 그림, 사진 곁들이기

우리는 흔히 여행을 떠날 때 무엇보다도 사진기 챙기기를 소홀히 하지 않습니다. 그것은 여행지의 이모저모를 사진에 담아 옴으로써 그 인상을 지워지지 않게 하려는 것입니다. 즉, 생생한 현장감을 사진에 담아와 두고두고 보기 위함입니다.

여러분도 여행에서 찍어온 사진들이 많이 있을 것입니다. 가끔씩 그 사진들을 꺼내보면서 '참 근사하다' 한다든지, '또 가보고 싶어' 하기도 합니다. 이는 사진이 그때의 추억을 되살려 다시 가고 싶다는 생각을 불러일으키는 작용을 하기 때문입니다.

그런가 하면 사진 대신 그림으로 그려오기도 합니다. 그림은 사진과는 다른, 사실 그대로가 아니면서도 사실처럼 느끼게끔 만들어주는, 그림만이 지니는 감동을 줄 수 있습니다. 이 방법은 그림 그리는 재미도 느낄 수 있으며, 또한 그 그림을 감상함으로써 여행의 흥미를 오래오래 간직하게 해주는 일석이조의 효과를 얻을 수 있습니다.

이와 같이 여행지에서 찍은 사진이나 그림을 기행문 속에 끼워 넣으면 여행지의 현장이 생생하게 살아나는 효과가 있습니다. 또 글로는 제대로 다 드러내지 못하는 것들을 뚜렷한 인상으로 보여줄 수 있게 됩니다. 그뿐이 아닙니다. 여행지에서 느낀 감상을 동시로 써서 곁들이면 한결 감동적이고도 멋스러울 것입니다.

셋째, 여행지에서 받은 인상이나 느낌을 더 구체적으로 소개하고 싶다거나, 더 감동적으로 표현하고 싶다거나, 그림으로 담아 걸어두고 싶을 때는 여러 가지를 이용해 표현하는 것도 좋습니다. 즉, 일어나는 감흥은 동시로, 인상은 사진이나 그림으로 표현해 내는 것입니다. 그리하여 쓰고, 찍고, 그린 것들을 기행문의 알맞은 부분에 끼워 넣으면 또 다른 효과를 얻을 수 있게 됩니다.

그 중에서 동시를 곁들인 기행문을 예를 통해 살펴보도록 하겠습니다.

바닷가 바위는 마치 용이 몸을 뒤트는 용트림 같기도 하고, 오랜 세월 바람에 깎여 살은 다 없어지고 뼈만 남은 앙상한 두개골 같기도 했다. 그런가 하면 파도는 으르렁거리며 '게 섰거라. 너도 잡아 먹자'고 달려드는 것 같기도 했다.

한편 무섭기도 했지만 다른 한편으론 '아, 내게 글재주가 있으면 시로 썼으련만' 하며 시로 옮겨놓지 못한 게 안타깝기도 했다. 그런데 그 안타까움이 속에서 무엇인가를 꿈틀거리게 해 나에게 시를 쓰도록 자극했다.

발목 잡고 파도가 놓아주지 않는
용 한 마리
꼬리는 흰 이빨에 잘려나가고
몽땅 머리만 남아
하늘 향하고 있다.

으르렁 쿵쾅
게 섰거라
이번엔 나를 노린 파도가
악을 쓰며 달려들었다.

위의 시는 바닷가 바위의 형상과 몰려드는 파도를 일일이 설명하지 않고도, 단 2연 9행으로 간략하면서도 더 멋스럽게 표현해 내고 있습니다. 앞장 동시에서도 말했듯이 시는 가장 적은 말로 가장 많은 감동을 얻고 싶어하는 욕심쟁이 글입니다. 이 욕심은 더 많은 감동을 얻어내려는 것으로 많으면 많을수록 좋은 욕심입니다.

이와 같이 기행문에 시를 곁들이면 감동도 커지고, 멋스럽기도 한 두 가지의 즐거움을 동시에 누리게 됩니다. 여기에 현장을 그대로, 사실대로 찍은 사진을 곁들이는 것도 좋겠지요. 보는 이로 하여금 가 보지 않고도 현장을 볼 수 있게 할 테니까요. 또 글로 표현한 현장의 아름다움을 함께 감상할 수 있어 한 번에 두 가지의 기쁨을 누리게 해줄 것입니다.

이와 같이 여러분도 여행을 갔을 때는 동시도 써보고, 사진도 직접 찍어보고, 또 그림으로도 그려 기행문에 곁들여 보도록 하세요. 한층 돋보이고 감동적인 글이 될 것입니다.

2. 기행문의 내용으로 담겨야 할 것들

　기행문을 어떻게 써야 하는가에 대한 요령을 알았으면 이번에는 그 요령에 따라 기행문을 직접 쓰는 일이 남았습니다. 이제 여러분은 앞에서 말했듯이 지방 특색, 풍속, 역사 현장 등을 모두 글 속에 담아야겠다는 생각을 할 것입니다.
　그렇습니다. 글이란 그 속에 글쓴이의 생각이나 느낌이 들어가 있어야 합니다. 이와 마찬가지로 기행문도 여행하면서 본 것, 느낀 것은 물론 생각한 것, 겪은 것 등을 써넣어야 합니다. 이것들이 기행문을 이루는 중심이 됩니다. 하지만 중심이 있으면 가장자리가 있듯, 혹은 가장자리가 있어야 중심이 서듯 가장자리 이야기도 들어가야 합니다. 중심을 제외한 시작이나 끝 부분이 필요하다는 뜻입니다.
　여러분의 어머니께서는 반찬을 만드실 때 소금도 치고, 깨소금도 넣고, 참기름, 고춧가루, 파, 마늘 같은 양념을 곁들여 그 맛을 냅니다. 글도 음식과 비슷합니다. 그 글의 성질에 맞는 것들을 두루두루 섞어야 글 맛이 제대로 나기 때문입니다.
　그렇다면 기행문에 꼭 들어가야 할 것, 즉 빠뜨려서는 안 될 것에는 무엇이 있는지 살펴보도록 하겠습니다.

　첫째, 여행의 동기와, 여행을 통해 무엇을 하고 싶다든지, 누구를 만나고 싶다든지, 여행을 통해 목적하는 것에 거는 기대를 담아야 합니다.

요즘 엄마가 편찮으셔서 자리에 누워 계신다. 그런가 하면 아빠께선 회사 일로 눈코 뜰 새 없이 바쁘시다. 시골 외할머니 회갑에 꼭 가 뵙겠다고 할머니와 약속한 어머니는 아파 누워 계셔서 대신 나를 시골로 내려보내기로 결심하신 모양이다.
　"은아야, 너도 알지? 외할머니 회갑이 내일 모레라는 거. 아빠도 바쁘시고, 또 엄마가 이렇게 누워 있으니 어떡하니, 네가 갔다 오는 수밖에."
　엄마의 말씀을 듣고 속으로 무척 기뻤으나, 앓아 누워 계시는 엄마 앞에서 내놓고 좋아할 수는 없었다.
　"그럴게요, 엄마."
　오랜만에 외가에 간다는 설렘이 나를 가만 놔두지 않았다.
　'설마 그날 비는 안 오겠지', '할머니가 무척 반겨 주시겠지', '철이 오빠도 이제 중학생이라 어른스럽겠지' 등 수없이 많은 생각들이 자꾸 머릿속에 떠올라 제대로 잠을 잘 수 없었다. 가슴도 쿵쿵 계속해서 뛰어댔다.

이렇게 썼다면 시골에 가게 된 동기와 시골에 간다는 기쁨과 기대감이 들어 있는 글이 됩니다.

둘째, 처음으로 가볼 곳을 마음속으로 상상해 보면서 이것저것에 대한 기대를 담아야 합니다.

　목포는 아빠의 고향이다. 그런데도 별로 가볼 만한 기회가 없었다. 그런데 이번에 이모가 목포에 있는 외할머니 댁에 가시면서 나도 데리고 가 주신다고 했다. 외가댁은 얼마나 클까? 목포는 유달산이 유명하다는데 산은 어떻게 생겼을까? 산에 올라가면 다도해가 보인다고 하는데 이모에게 섬을 구경시켜 달라고 부탁해 볼까?

  아빠가 태어나신 곳은 어떤 곳일까? 아빠 말씀으로는 유달산 정기를 받은 명당이라고 하셨는데 과연 그럴까?

  이번 기회에 이것저것 목포에 대한 궁금증을 다 풀 수 있다고 생각하니 벌써부터 설레는 마음을 진정시키기가 어렵다.

위의 글은 아빠의 고향인 목포에 대해 듣기는 했지만, 한 번도 가본 적이 없어 어떤 곳일까 사뭇 궁금해 하기만 했던 한 친구의 이야기입니다. 친구는 마침내 직접 가게 되는 기회를 얻고 여러 가지 상상을 펼쳐 그곳에 대해 많은 기대를 하고 있음을 글을 통해 잘 나타내고 있습니다.

  셋째, 출발할 때의 날씨, 시간, 교통편을 빠뜨려서는 안 됩니다. 여행은 목적지가 분명히 설정되어야 하고, 목적지가 정해졌으면 목적지를 향해 떠나는 출발이 있어야 합니다. 그리고 언제 떠났고 차, 배, 비행기 등 이용한 교통편을 빠뜨리지 말아야 합니다.

  자리에서 일어나자마자 커튼을 젖히고 유리창을 열었다. 날씨는 봄기운이 섞였다고 할 만큼 맑았다. 기차표를 다시 한 번 꺼내 보았다. 서울역에서 목포까지 가는 9시발 무궁화호였다.

  "엄마 서둘러요. 늦으면 어쩌려고."

  "녀석은, 설마 기차 놓칠까봐 그러니?"

  집을 나와 전철을 타고 서울역에 도착한 시각은 8시 30분. 아직 30분의 여유가 있었다. '휴' 안도의 한숨이 절로 나왔다. 기차는 정각 9시에 몸을 움직였다.

위의 글에는 출발할 때의 날씨, 출발 시간, 무슨 열차인가에 대해 하나도 빠뜨림 없이 잘 나타나 있습니다. 날씨는 맑고, 출발은 아침 9시이며 차편이 서울발 목포행 무궁화 열차라는, 담아야 할 내용들이 하나도 빠짐 없이 잘 밝혀져 있습니다.

넷째, 여행한 시간과 장소 등의 여행 일정, 곧 여행지에 가서 그날 그날 한 일이 차례로 담겨 있어야 합니다.

　기차는 숨가쁘게 달렸지만 내 생각으론 느림보였다. 달리긴 달리는데 기어가는 것 같았기 때문이다.
　"이모, 왜 이렇게 느려."
　"느리긴. 옛날엔 10시간씩 걸렸는걸."
　"정말이에요? 그럼 지금은요?"
　"기차표 꺼내 봐라. 도착 시간이 표시되어 있을 거야."
　"목포역, 도착 시간이 3시네. 5시간 걸리나 봐요."
　얼마를 달렸을까? 이모가 김밥을 사주셨다. 나는 차창에 눈을 두고 창 밖 구경에 정신이 팔려 배고픔도 잊고 있었던 모양이다. 차에서 사먹은 김밥은 맛있었다. 점심을 먹고 얼마 지나지 않아 슬슬 눈이 감겼다. 전날 밤에 잠을 설쳤기 때문이었을 것이다.
　"졸리면 한숨 자거라."
　이모의 말을 뒤로 하고 스르르 눈이 감겼다. 그리고 얼마간의 시간이 흘렀는지 모른다.
　"은아야, 눈떠. 거의 다 온 것 같아."
　눈을 떠보니 시골 풍경이 차창으로 언뜻언뜻 지나갔.
　목포에 내린 것은 정시보다 5분 늦은 3시 5분이었다.

이렇게 쓰면 네 번째의 내용인 서울에서 목포까지의 5시간이 차 속에서 진행된 시간에 따라 고스란히 드러나게 됩니다. 이런 경우는 한번쯤 멀리 여행을 해봤던 사람이라면 누구나 경험했던 일로서, 그 때문에 글을 읽으면서 머릿속에 선명한 장면으로 떠오를 수 있을 것입니다.

다섯째, 여행지에 도착하여 처음 보게 되는 그곳의 이모저모, 기후, 그곳의 토산품이나 명승지 등을 둘러보고 느낀 점을 담아야 합니다.

외할머니 댁은 마침 유달산 밑에 있었다. 큰집은 아니었지만 아담했고, 외할머니가 가꾸셨다는 뜰은 아기자기했다.
할머니는 여간 반갑게 외손주를 맞아 주시는 것이 아니었다. 얼굴에 주름살은 깊었으나 웃음으로 가득했다.
"엄마랑 같이 왔으면 좋았을걸."
"엄만, 내년에 오신대요. 그때 저도 또 따라올 거예요."
"그래라, 그래. 귀여운 내 강아지."
할머니는 내가 귀여워서 어쩔 줄 몰라하셨다.
"이모, 바닷가에 가요. 아니면 유달산에 올라가든지."
내가 조르자 외할머니는 옆집 아이를 불러 나와 함께 놀게 해주셨다. 그 아이의 이름은 우영이라고 했다.
"우영아, 우리 산에 올라가 보자."
"추울 텐데. 산에 올라가면 바닷바람이 무척 센데, 그래도 올라갈래?"
유달산 중턱 팔각정에 올라서니 섬들이 한눈에 들어왔다. 목포 앞 바다에는 크고 작은 섬들이 무척이나 많았다.

"저건 무슨 섬이니."

내가 우영이에게 손가락으로 섬 하나를 가리키며 물었다.

"응 저건 고하도라는 섬이야. 전에는 저 섬에 소년원이 있었는데 이제는 없어졌어."

그곳 바람은 서울 바람과는 사뭇 달랐다. 바람에서 비릿한 냄새가 나는 것 같았다. 우영이의 말에 의하면 갯내음이라고 했다. 그러자 바닷가로 내려가 보고 싶어졌다.

"우영아, 바닷가로 내려가 보자."

"그래, 선착장에 가보자."

선착장에선 생선 비린내가 났다. 여기저기 생선 가게가 늘어서 있고 배들도 비린내를 못 참겠다는 듯이 이리저리 몸을 흔들었다.

이곳 저곳 기웃거리다가 오징어 비슷한 것을 발견했다. 그러나 오징어보다 발이 더 길었다.

"우영아, 이게 뭐니?"

"이건 세발낙지야. 어른들은 이것을 최고의 술안주로 친단다. 얼마나 맛이 좋다고. 돈이 있었으면 너한테 맛을 보여줬을 텐데."

"그래, 얼만데?"

아주머니가 바닷물에 세발낙지를 쓱 씻어내더니 도마 위에 놓고 송송송 썰었다. 그리고는 그 위에 기름을 뿌리더니 우리 앞에 내밀었다. 그놈들은 몇 토막이 나고도 살아서 꿈틀거렸다. 도저히 입이 받아들이지 않았다. 그러나 우영이는 신나게 먹어댔다.

위의 글에는 다섯 번째로 담아야 할, 처음 대하는 여행지의 풍습이 잘 드러나 있습니다. 선착장을 통해 엿볼 수 있는 항구도시의 풍경,

비릿한 갯내음이 풍기는 바닷바람, 그리고 목포의 특산물인 세발낙지 등이 그것입니다.

여섯째, 여행지에서 본 유적이나 유물에 얽힌 이야기, 그리고 새롭게 알게 된 사실들을 담아야 합니다.

> 외할머니 댁에서 올려다 본 유달산은 서울에서 본 여느 산들과 별로 다를 바가 없었다. 그러나 선착장에서 바다와 함께 보는 유달산은 너무도 아름답고 훨씬 높게 보였다. 우뚝우뚝 솟은 바위의 가파름이며 쌍봉이 암탉처럼 하나는 바다 쪽을, 다른 한 봉우리는 뒤쪽의 시가지를 앉고 있는 것같이 보였다.
> "유달산 멋지구나."
> "이제 알았니. 정말 명산이야. 학교에서 안 배웠니? 임진왜란 때 이순신 장군이 왜적을 속이기 위해 저 유달산에 볏짚을 덮고, 저 바다에는 밀가루를 뿌려 수많은 군사가 있는 것처럼 꾸며 왜적이 겁을 먹고 쳐들어오지 못하게 했다잖아. 그래서 전에는 유달산을 노적봉이라고 불렀대."
> '아, 산만 멋있는 게 아니라, 그런 역사적 사실을 지니고 있었구나. 정말 대단한 산이구나.'
> 이런 생각을 하면서 새로운 사실을 알았다는 기쁨과 함께 유달산이 더욱 우뚝 솟아 보였다.

위의 글은 여섯 번째 내용인 여행지의 특성, 유적지 등에 얽힌 새로운 사실이 잘 나타나 있습니다. 유달산이 노적봉이었다는 사실, 이순신 장군에 얽힌 이야기 등이 바로 그것입니다.

끝으로 일곱째, 끝마무리로 여행을 하고 난 후의 느낌이나 인상을 담아야 합니다.

서울로 돌아가는 기차는 내려올 때와는 달리 매우 빨리 달리는 것 같았다. 아마도 뒤로 하고 떠나기에 털어 버릴 수 없는 아쉬움 같은 것이 있는 듯싶었으나 그것이 어떤 것인지 딱히 꼬집을 수는 없었다.
무엇일까? 아마도 그곳이 아빠의 고향이라는 나와는 뗄래야 뗄 수 없는 끈끈한 인연이 나를 놓아주지 않기 때문 아닐까? 그 인연의 줄이 나를 놓지 않고 계속해서 잡아당기는 것 같았다. 그러면서 늘 마음에 그리던 목포는 뒤로 물러섰음에도 불구하고 내 마음의 고향이라는 생각은 좀처럼 가슴 밖으로 밀어내지 못했다.

위의 글은 끝마무리, 곧 여행 후의 여러 생각과 느낌이 잘 드러나 있습니다.

이상이 기행문에 담아내야 할 내용으로서 이런 내용들이 하나라도 빠져 있다면 좋은 기행문이라 할 수 없습니다. 이제 기행문에 대한 이모저모를 다 알았으니 끝으로 기행문의 종류에 대해 살펴보도록 하겠습니다.

3. 기행문의 종류

　기행문의 종류는 그 특성에 따라 여러 가지로 나누어 볼 수 있습니다. 일기 형식의 기행문, 편지 형식의 기행문, 생활문 형식의 기행문, 시 형식의 기행문, 감상문 형식의 기행문, 보고문 형식의 기행문, 안내문 형식의 기행문, 논설문 형식의 기행문 등이 그것입니다.
　이 중에서 여러분이 한번쯤 써봄직하고, 또 가까이 대할 수 있는 몇 가지를 예문을 곁들여 살펴보도록 하겠습니다.

1) 일기 형식의 기행문

　일기는 그날그날 생긴 일이나 느낌, 그리고 겪은 일을 적은 기록을 말합니다. 그래서 일기 형식으로 쓴 글이 문학적 예술성을 지니게 되면 일기 문학이라고 합니다. 이러한 일기 문학은 일기와 같은 형식, 곧 특정한 줄거리를 좇기보다는 주인공과 주위 환경의 변화를 날짜나 시간에 맞춰 쓰는 글을 말합니다.
　이로써 알 수 있듯 일기 형식의 기행문은 여행 기간 중 그날그날 보고, 듣고, 느끼고, 생각하고 겪은 것이나, 그 중에서 가장 인상에 남는 일을 그날그날 날짜별로 적어두면 됩니다.

　　8월 5일 구름
　　연안 부두에서 낡은 철선을 타고 집채 같은 파도를 헤치며 여객선이 떠난 지 10여 분. 벌써 우도에 닿았다. 안내 언니를 따라 5분 남짓 걸었을까? 비탈진 언덕에 초원이 펼쳐져 있고 놓아 기르는 소들이 한가롭게 풀을 뜯거나 우두커니 서서 되새김질을 하고 있기도 했다.

해변가로 철책이 둘러쳐져 있었고 초원에 풀어놓은 여행객들은 마치 말이나 소처럼 잘 깎인 초원에 뒹굴듯 널려 있었다. 철책 저쪽으로는 끝이 보이지 않는 바다뿐이었고 파도는 우도 벼랑께까지 와선 기절한 듯 자빠졌다.

제주에 바람이 많다고는 하나 잠깐잠깐 쉬었다 부는 바람이었다. 우도에 닿자마자 등을 밀던 바람은 우도를 떠날 때까지 한시도 쉬지 않고 우리를 몰아내듯 불어댔다.

8월 6일 맑음

대망의 한라산 등반에 올랐다. 숲으로 가득한 한라산은 들어서는 초입부터 녹음으로 터널을 이루었다. 가지와 가지가 얽혀 그늘을 드리운 터널 사이로 일행은 꼬리에 꼬리를 물며 오르기 시작했다.

처음엔 올려다보던 천장이 높이에 비례해서 점점 낮아졌다. 아마도 고산 식물들의 특징인 산의 높이에 비례해 난쟁이 키를 하는 것에 적응하고자 함 때문이리라.

산자락 여기저기에 말과 소가 한가로이 풀을 뜯고 정상으로 향하는 외길은 가리마같이 가늘었다. 오를수록 하늘은 낮아지고 바다는 멀어졌다. 흉내라도 내듯 숨은 차 오르고 기절하기 직전으로 힘은 빠져 내려갔다. 쉬며 오르며를 되풀이하기 2시간여. 비로소 웃오름새에 당도했다.

눈앞에 백록담이 다가왔다. 마치 산의 꼭대기 같았다. 더 갈 힘이 없어 그만 가고 싶었는데 때마침 초소 직원이 나와 폭우가 예상되어 백록담에 오르는 것을 금한다고 했다. 모두들 실망하는 것 같았지만, 나는 내심 안도의 한숨을 내쉬며 눈으로 보는 것으로 오르는 것을 대신하기로 했다.
　내려오는 데는 힘들지 않았으나 내가 가장 나이 어린 등산객인 줄 알았는데 나보다 훨씬 어린애가 끼어 있는 것을 보고 놀랐다. 한라산, 더 커서 다시 오르리라 생각하며 내리밟는 발걸음에 힘을 주었다.

2) 편지 형식의 기행문

　편지 형식의 기행문은 여행하면서 보낸 편지의 일종입니다. 그러나 일상적인 편지와 구별되는 것은 편지 속에 여행하면서 보고 느끼고 겪은 것들을 써서 보낸다는 것입니다. 그럼으로써 편지를 받아 보는 이는 여행하지 않고도 마치 여행하는 것 같은 즐거움을 맛보게 됩니다. 그만큼 편지 속엔 여행지의 이모저모인 날씨, 풍속, 풍경, 그 지방의 특성 등 새로 보고 느낀 것들을 마치 카메라에 담듯 생생하게 적어 보내야 합니다.
　그렇다고 뽐내고 자랑하며 우쭐대서는 안 됩니다. 편지 형식의 기행문도 편지와 똑같이 인사, 안부, 예절 등을 갖추면서 말하고 싶은 것, 알려주고 싶은 것, 소개하고 싶은 새로운 것들을 적어 보내야 하기 때문입니다. 그런데 '얘, 넌 이곳 못 와봤지? 얼마나 멋진 곳이라고. 아이 신나' 따위로 상대방의 약이나 올리려 했다면 이것은 편지 형식의 기행문이 아니라 여행을 자랑하며 뽐내는 글밖에 되지 못합니다.
　어디까지나 편지 기행문도 편지로 써서 보내는 만큼 편지가 갖춰야 할 형식을 빠뜨리지 말아야 합니다. 그러면서 새로운 곳에서 체험한 새로운 것들을 써 보내 받는 이를 즐겁게 해주고, '나도 한번 가 보고 싶다'는 부러움을 불러일으키도록 흥미나 관심을 유발할 수 있어야 합니다.

　엄마, 나 떠나보내고 걱정 많이 하고 있지? 잘못 되지는 않을까 하고 말이야. 하지만 걱정 마. 선생님 말씀 잘 듣고, 애들하고도 재미있게 잘 지내고 있어.
　어제는 선생님을 따라 창경궁엘 갔는데 옛 궁궐 모습을 그대로 볼 수 있어서 정말 신났어. 옛날 임금이 거처하시던 곳, 나라일을 보시던 곳, 회의를 하시던 곳, 문무백관이 한자리에 모여 나라일을 논하던 곳, 일일이 다 기록할 수 없을 만큼 굉장했어.
　왕이 나라일을 보셨다는 곳에는 옛날 임금이 앉아 계셨던 용상이 그대로 놓여 있었어. 용상 뒤에 학이 새겨진 그림도 그대로 있었어. 또 왕비가 거처했던 곳, 동궁이 살던 곳, 궁녀들이나 내관들이 살던 곳 등도 두루 돌아보았는데 신기하기도 하고 재미있기도 했어. 옛 사람들이 이런 곳에서 살았다고 생각하니까 기분이 이상해지더라.
　연못에는 금붕어가 금 비늘을 번쩍이며 던져주는 먹이를 먹곤 했는데 연못가에는 벚꽃들이 아름다웠어. 선생님 말씀이 옛날 임금이 왕비와 함께 이 꽃길을 거닐었다고 해. 그 말을 듣고 나도 왕이 된 듯 발걸음을 느리고 조심스럽게 옮겨봤어.
　내일은 덕수궁과 경복궁을 가기로 돼 있어. 또 편지 쓸게. 엄마 잘 있어. 안녕.
　　1999년 4월 1일
　　딸 미현 올림

3) 시 형식의 기행문

　시 형식의 기행문은 시로 쓴 기행문이 아닙니다. 그것은 부분 부분 시를 곁들여 시적 정서를 맛보게 하는 기행문의 한 형식입니다.
　시는 여러분도 다 알다시피 보고 느낀 것을 운문으로 써 읽는 이로 하여금 감동을 맛보게 하는 글입니다. 감동이란 아름답기 때문에 일어나는, 마음이 일으키는 흥겨움입니다. 즉, 시 형식의 기행문은 시의 형식으로 쓴 기행문이라기보다는 이런 아름다운 정서를 감동으로 극대화시키기 위해 시의 형식을 빌어온, 즉 시를 곁들인 기행문이라고 해도 무방할 것입니다.
　그렇다고 기행시가 없는 것은 아닙니다. 이는 일종의 여행시라고도 하는데 낯선 곳을 다니면서 보고 듣고 느낀 것을 시로써 쓰면 기행시, 또는 여행시가 됩니다. 그러나 여기에서는 시를 곁들인 기행문, 곧 시 형식의 기행문을 예를 들어 살펴보도록 하겠습니다.

　　　백제의 옛 서울 부여는 오래 전부터 가보고 싶은 곳이었다. 그러던 차에 행운이랄까? 여름 휴가라며 삼촌이 오셨는데 부여, 공주를 승용차로 다녀와야 한다고 하셨다. 귀가 번쩍 뜨인 나는 다짜고짜 삼촌에게 매달려 "삼촌 나도"를 숨도 쉬지 않고 연발했다.
　　　"좋다. 뽀뽀해 주면 데리고 가지."
　　　삼촌은 흔쾌히 내 부탁을 들어주셨다.
　　　잘 다녀오라는 엄마의 말씀을 뒤로 하며 차는 서서히 독립문을 빠져나갔다. 일행은 삼촌과 삼촌 친구 두 분, 그리고 나까지 포함해 네 사람이었다.
　　　삼촌 친구 중 한 분이 공주 분이셔서 길 안내를 맡겼다. 주말 고속도로는 복잡할 거라며 산본에서 홍성을 거쳐 부여로 가는 국도를 선택하기로 했다. 국도의 풍경은 아름다웠다. 도시 근교의 작은 마을들과 농촌 마을들이 몇 번을 겹쳐 지나가면서 달리기를 3시간여. 드디어 부여에 닿았다.

제일 먼저 찾아간 곳이 낙화암이었다. 말로만 듣던 부소산길은 울창한 소나무 숲이었다. 숲 사이로 난 길을 따라 올라가니 낙화암에 다다랐다. 벼랑 밑으로 백마강이 유유히 흐르고 있었다. 여기서 삼천 궁녀가 꽃잎처럼 뛰어내렸다고 생각하니 느낌이 이상했다. 저절로 가슴이 젖어왔다.

백마강은
옛 역사를 아는지 모르는지
무심히 흐르고
역사의 한 페이지를
가슴에 새긴 소녀 하나가
낙화암에 서서
삼천 궁녀가 뛰어내리듯
마음 한 자락을 꽃잎으로 던져본다.

깊은 사색에 잠겨 있던 나는 "뭘 하고 있니? 어서 내려오지 않고."라고 외치는 삼촌의 부름을 받고서야 번뜩 정신이 들었다. 층계를 돌아 내려서니 말로만 듣던 유람선인지 나룻배인지가 강을 떠돌고 있었다.

던진 꽃잎들 넋으로 물에 잠기면
수중 용궁
선녀로나 다시 태어날까

태어나
이승의 아픈 역살랑 잊고
싸움 없는 용궁에서 영생할까.

   삼촌의 손에 이끌려 뗏목을 탔다. 물살이 세지 않아 노를 저었다. 서서히 미끄럼을 타듯 물 위를 스쳐 뗏목은 정처없이 떠나는 듯했다. 나는 백제 사람이라도 된 듯 아득함 속으로 흘러내려 갔다. 백사장에 닿아 뗏목에서 내려 강가 음식점에서 점심을 먹었다. 장어덮밥이라고 했다. 처음 먹어보는 것이었는데 맛이 무척이나 좋았다. 오후 3시쯤 우리는 공주로 향했다.

4) 감상문 형식의 기행문

   앞에서 감상문에 대한 것은 다 설명하였기 때문에 감상문에 대한 설명은 생략하기로 하겠습니다. 다만 감상문이 느낀 생각을 글로 나타낸 것이라는 것과 그 때문에 감상문 형식의 기행문은 여행을 하면서 느낀 바를 글로 쓴 것이라는 것을 미리 밝혀두도록 하겠습니다.
   여행은 처음 가본 곳이기 때문에 낯설고, 낯선 곳에선 누구나 예외 없이 신비감, 호기심과 같은 흥미를 느끼게 됩니다. 또 그 느낌이 여느 때와 다르게 마련입니다. 여러분도 종종 경험한 바 있겠지만, 낯선 곳에서의 느낌은 확실히 다른 그 무엇이 있습니다. 그 무엇은 한 번도 본 적 없는 새로운 것을 보았다는 즐거움, 놀라움, 신비로움에서 비롯된 흥미로움이라고 말할 수 있을 것입니다.
   이와 같이 여행에서 보고 느낀 것을 글로 쓴 것이 감상문 형식의 기행문입니다.

이곳이 우리 나라 최남단, 뭍이 끝난 곳 땅 끝이라고 생각하니 감회가 새로웠다. 막막한 바다엔 그림처럼 크고 작은 섬들이 있었고, 섬 사이로 줄기차게 배들이 들락거렸다.

아름답다고 할까, 외롭다고 할까? 두 감정이 합쳐져 가슴에서 파도로 출렁거렸다. 바다는 잔잔하기가 점잖다 못해 순한 양 같았다. 차라리 흰 이빨로 달려드는 그런 억셈으로 다가왔더라면 이와는 다른 무엇이 가슴에서 끓어올랐으리라.

어느새 출렁거리던 마음 한 조각이 가슴을 싣고 조각배로 뭍을 떠났다. 끝없는 수평을 향해 달려갈 수 있는 막힘 없는 이 자유. 그러나 땅 끝을 거슬러 북으로, 북으로 올라가면 한 땅덩어리이지만 제대로 합치지 못한 3·3 분계선이 있다. 그곳에 대한 느낌은 지금으로서는 뭐라 말할 수 없는 애매함으로 다가왔다.

아무도 가로막지 않고 가라고도 오라고도 하지 않는, 그저 목적지를 향해 유유히 항진하는 배 한 척이 보이지 않는 선을 그으며 왔다갔지만 바다는 역시 하나의 몸뚱이뿐이었다.

5) 안내문 형식의 기행문

안내는 인도하여 알려준다는 뜻입니다. 그래서 안내서 하면 안내하는 내용을 담은 책을 말하고, 안내소 하면 어떤 사물이나 장소에 딸려 그 사물이나 장소에 대한 안내를 하는 곳을 말합니다. 그리고 안내인 하면 안내하는 사람을 말합니다. 이와 같이 안내문은 안내하는 내용을 담은 글을 말합니다.

이 풀이를 적용하면 안내문 형식의 기행문은 여행을 안내하는 내용을 담고 있는 글을 의미하게 됩니다. 어떤 곳을 가면 무엇이 있고,

무엇을 구경할 수 있고, 그곳에 가려면 어떤 교통편을 이용해야 한다. 그리고 그곳에 가면 이런저런 곳이 가볼 만하며 또 어떤 것들이 먹어볼 만한 음식이고, 사 올 만한 것에는 어떤 것이 있다는 등 자상하게 글로 써서 가볼 만한 여행지를 안내하는 글을 안내문 형식의 기행문이라고 합니다.

    43번 국도를 따라 북쪽으로 가다 보면 경기도 포천이 나온다. 이 포천에서 용암 온천을 거쳐 휴게소를 지나 한참을 달리다 보면 우뚝 솟은 산 하나가 가로막듯 시야로 들어온다. 이 산이 바로 씨암탉이 병아리를 품듯 호수를 품고 앉아 있는 명성산이다.
    산정 호수가 명성산을 가두고 있는지 호수가 명성산 품에 갇혀 있는지 분간하기 어려우나 이 둘이 어우러져 발산하는 아름다움에 반해 한때 북녘의 김일성이 휴양지로 삼았다고 한다. 이로써 굳이 사설을 붙이지 않아도 그 아름다움을 짐작하고도 남을 것이다.
    유명세에 비해 교통은 불편한 편이다. 승용차를 이용해 서울을 빠져나가 의정부를 거쳐 포천을 지나 2시간여를 달리면 도착할 수 있다. 또는 산정 호수 인근의 업소들이 운영하는 셔틀 버스 편을 이용해도 그 정도의 시간이 소요되어 도착할 수 있다.
    하룻밤 묵고 가려면 한화 콘도를 이용해도 좋고, 인근 숙박 업소나 산장을 이용할 수도 있다.
    가다 오다 들르는 이동 갈비와 막걸리는 아름다움으로는 취할 수 없는 또 다른 맛으로 취하게 한다. 또한 이곳의 도토리묵은 막걸리 맛에 곁들일 수 있는 명품 안주이다. 그러나 뭐니 뭐니해도 이곳은 이동 갈비가 제 맛이다. 1인분을 주문하면 서울의 3인분만큼이나 되는 듬직한 양이 나오는데 이곳 특유의 고기 맛은 하루치의 행복을 몽땅 맛보게 해주는 별미이다.
 당일로 다녀오려면 평일에는 아침 일찍 떠났다 오후에 일찍 돌아올 수 있지만, 주말이나 휴일이면 서울과 인근에서 몰려드는 차로 주차장이 된다. 그 때문에 일찍 떠났다 서둘러 돌아오는 것이 편하다.

이 외에 생활문 형식의 기행문과 보고문 형식의 기행문, 그리고 논설문 형식의 기행문의 예는 생략하기로 하겠습니다.

희 곡

희곡은 무대에 올려 공연하기 위하여 쓰여진
연극의 대본을 말합니다.
즉 배우의 몸짓이나 대화를 통해
글쓴이의 생각을 전달하는 행위의 예술입니다.

희곡 쓰기

　희곡은 무대에 올려 공연하기 위하여 쓰여진 연극의 대본을 말합니다. 물론 그 중에는 무대에 올리기보다는 '읽기 위한 희곡'도 있습니다. 이것을 '레제드라마'라고 합니다. 그러나 대부분의 희곡은 무대에 올려 공연할 목적으로 쓰여집니다.
　다시 말해 희곡은 읽는 사람에게 감동을 주기 위해 쓰여진 글이 아니라는 뜻입니다. 연극은 무대라는 공간 안에서 배우가 말과 몸짓으로 보여줌으로써 보는 사람, 즉 관객에게 감동을 줍니다. 그렇기 때문에 연극의 대본인 희곡은 목적한 바를 문자로써 달성하는 문학과는 그 성질이 다릅니다. 희곡은 그 문자들이 배우를 통해 관객에게 어떻게 전달될 것인가를 먼저 생각해야 하는 것입니다.
　그 때문에 희곡은 문자로 쓰여졌다는 점에서 보면 분명히 문학이면서도 같은 문자로 쓰여진 시나 소설과는 다른 그 나름의 독특한 원리와 성격을 지니고 있습니다. 여기에서 독특한 원리와 성격은 앞에서도 말했듯이 희곡이 글보다 말과 몸짓으로 전달한다는 것입니다. 이를 좀더 구체적으로 얘기하면 다음과 같습니다.

1. 희곡의 특징

첫째, 희곡은 직접 그 대상을 그려낼 수 없습니다. 다른 문학 장르인 소설이나 시는 작자가 인물이나 사건, 배경 그리고 인물의 심리 등을 직접 설명하거나 그려낼 수 있습니다. 이에 반해 희곡은 이것이 불가능합니다. 희곡 작가는 오직 간단한 무대 지시나 해설 그리고 대사를 뺀 나머지 글들 즉, 등장 인물의 동작이나 표정, 말투 등만을 써야 합니다. 그러면서도 이 글을 통해 작품의 배경이나 분위기 그리고 인물의 심리를 전달해 내야 합니다. 즉 작가의 글에 따라 연기하는 배우를 통해 모든 것이 드러나야 한다는 것입니다.

둘째, 희곡은 정신적, 심리적인 표현을 사용하기가 어렵습니다. 다시 말해 순수한 내면의 세계나 심리 묘사 같은 것을 그리기는 어렵다는 뜻입니다. 다만 배우의 몸짓이나 대화를 통해 어느 정도 간접적인 심리 표현은 가능합니다. 그러나 시나 소설과 같이 치밀한 심리 묘사나 내면을 드러내기는 어렵습니다. 왜냐하면 희곡은 어디까지나 행동으로 보여줘야 하는 행위의 예술이기 때문입니다. 결론적으로 희곡은 무대 상연을 전제로 현재형으로 표현된, 행동과 대사의 문학이라 할 수 있습니다.

셋째, 희곡은 다른 문학과는 달리 철저한 관습에 의한 약속으로 유지됩니다. 연극에서는 이를 컨벤션이라고 하기도 합니다. 소설 속의 이야기는 실제 있었던 일이 아니라 꾸며서 만든 거짓 이야기입니다. 그러나 소설을 읽는 사람들은 그것이 거짓말인 줄 알면서도 그 이야기를 읽고 울고 웃고 합니다. 이는 사람들이 소설을 읽기 전, 이 이야기는 거짓말이라는 것을 소설의 작가와 미리 약속하고 읽기 때문에 가능한 것입니다.

　연극도 마찬가지입니다. 무대와 무대를 지켜보는 관객 사이에 이 약속을 의례적으로 지키고 있다는 것입니다. 예를 들어 여러분이 '햄릿'이라는 연극을 보러 갔다고 합시다. 그런데 무대 위에 등장한 주인공, 즉 햄릿이 근사한 영국식 옷이 아닌, 우리가 흔히 볼 수 있는 양복을 입고 등장했다고 합시다. 그럼 여러분은 그 주인공을 햄릿이 아니라고 생각하시겠습니까? 아마 그렇지는 않을 것입니다. 그가 그렇게 등장했다 해도 여러분은 그를 분명 햄릿이라 생각할 것입니다. 이는 사전에 저 사람은 햄릿이라고 여러분과 무대 사이에 말없는 약속이 이루어졌기 때문입니다. 또 주인공의 칼에 맞아 어떤 사람이 찔려 죽었다고 합시다. 이는 진짜 칼에 찔려 죽는 것이 아니지만, 관객들은 이를 진짜라고 믿습니다. 이것이 바로 컨벤션입니다. 연극은 바로 이렇게 말없이 이루어진 관습이나 약속에 의해 이루어지는 무대 예술입니다.

　이상의 세 가지가 희곡의 문학적 특성으로 지적될 수 있습니다. 이 때문에 희곡은 다른 문학 장르와는 달리 독특한 원리나 성격을 지니게 되는 것입니다. 또한 희곡은 다른 문학 장르와는 달리 여러 가지 제약을 가지고 있습니다. 왜냐하면 희곡은 사건이나 인간 심리에 대해 직접적인 설명이나 묘사를 하는 것이 아니라, 어떤 상황을 보여줌으로써 그것을 대신하기 때문입니다. 또 이런 상황은 극적인 긴장이나 갈등을 집약해서 드러내게 마련입니다. 그러므로 희곡은 다른 문학 장르와는 달리 여러 가지 제약을 가질 수밖에 없게 됩니다.

2. 희곡의 여러 가지 제약

 희곡에 제약이 많은 것은 느낌이나 생각, 체험 등으로 쓰여지는 다른 문학 장르와는 달리 배우의 몸짓이나 대화로 모든 것을 표현해야 하기 때문입니다. 그 때문에 희곡은 다른 문학 장르와 구별되며 따라서 일반적인 양식으로는 쓸 수 없습니다. 그것은 그대로 제약이 되게 마련입니다. 이를 구체적으로 살펴보도록 하겠습니다.
 첫째, 희곡은 모든 것을 배우의 몸짓이나 대화로 표현해야 합니다. 그렇기 때문에 그 대화나 행위가 간결하면서도 모든 것을 설명해 줄 수 있는 것이어야 합니다.
 둘째, 희곡은 시간과 공간 그리고 행동의 제한을 받습니다. 소설에서는 시간의 변화를 마음대로 바꿀 수 있습니다. 100년 된 이야기도 현재인 것처럼 말할 수 있으며, 현재에서 10년 전으로 훌쩍 돌아갈 수도 있습니다. 그러나 희곡은 무대 장치와 장면을 바꾸지 않는 한 불가능합니다. 그 때문에 희곡은 시간, 공간, 행위의 제약을 받을 수밖에 없게 됩니다.
 이해하기 쉽게 좀더 자세히 설명하면 다음과 같습니다.
 먼저 공간의 제약에 대해 살펴보겠습니다. 연극은 무대라는 한정된 공간 안에서 행해지는 것입니다. 그렇기 때문에 넓은 장소에서 펼쳐져야 하는 시장판이나 전쟁, 수십만이 모여드는 집회나 운동장을 사실 그대로 보여줄 수는 없습니다. 부득이하게 공간의 제약을 받게 되는 것이지요.
 다음으로 시간의 제약을 살펴보겠습니다. 소설은 과거나 현재는 물론 미래까지도 자유롭게 이동할 수 있습니다. 그러나 희곡에서는 이런 시간의 변화는 곧 무대의 변화를 가져옵니다. 즉 시간을 바꾸기 위해서는 무대 또한 바꾸어야 한다는 것입니다. 그렇기 때문에 희곡은 마음대로 시간을 활용하기가 부자유스럽습니다. 아니, 거의 불가능하다고 보아야 할 것입니다.

끝으로 행위의 제약에 대해 살펴보겠습니다. 이는 행위의 일치라고도 하는데, 가능하면 극중 사건을 한 인물이 한 가지 이야기로 제한해야 한다는 것을 말합니다. 소설 속에서는 많은 등장 인물과 많은 사건들이 얽히고 설키어 흥미를 유발합니다. 그러나 연극은 정해진 공간에서, 정해진 시간 동안, 정해진 인물을 가지고 사건을 그려내야 합니다. 그렇기 때문에 인물의 행동을 관객으로 하여금 이해하게끔 하는 데에는 많은 제약이 따릅니다.

3. 희곡의 세 요소

앞에서 희곡은 다른 글과 다른 독특한 특성을 지니고 있다고 지적한 바 있습니다. 그것은 희곡이 해설·대사·지문으로 이루어졌기 때문입니다. 여러분이 희곡을 쓰는 데 도움이 되도록 이를 좀더 구체적으로 설명하겠습니다.

1) 해 설

희곡은 먼저 사건의 배경이 되는 시간·장소·등장 인물들을 소개해야 합니다. 이를 해설이라고 합니다. 즉, 해설은 희곡의 첫머리 글로서 무대 장치를 설명하는 글이 됩니다. 이때 해설에서 소개되어야 할 것들은 다음과 같습니다.
- 시간적 배경 : 시대, 계절, 연극이 행해지는 시간적인 배경.
- 장소 : 극이 펼쳐지는 장소.
- 등장 인물 : 등장하는 사람의 이름, 나이, 신분, 용모, 성격 등.

2) 대 사

대사는 등장 인물이 무대에서 주고받는 말을 가리킵니다. 이때 대사는 관객에게 직접적으로 전달되어 극의 흐름을 파악하게 하는 것으로, 등장 인물의 성격이나 생각이 잘 드러나야 합니다. 이러한 대사는 전달 대상에 따라 세 가지로 분류해 볼 수 있습니다.

· 대화 : 두 사람 이상이 서로 주고받는 말.
· 독백 : 상대가 없이 혼자 무대 위에서 중얼거리는 말.
· 방백 : 관객에게는 들리나 무대 위의 다른 인물에게는 들리지 않는 것으로 약속된 말. 이때 무대 위에는 두 사람 이상이 있어야 합니다.

3) 지 문

지문은 대사 이외의 모든 글로서 다른 말로 바탕글이라고도 합니다. 즉, 지문은 인물의 등장과 퇴장, 감정, 표정, 말씨, 동작에서부터 무대 장치인 조명, 음향 그리고 무대 위의 분위기까지 모든 것을 표현해 내야 합니다.

4. 희곡의 짜임새

　희곡도 동화나 소설같이 작가가 만들어 꾸민 이야기입니다. 다만 동화나 소설이 읽기 위해 씌어진 글이라면, 희곡은 무대 위에 올리기 위해 씌어진 글이란 점이 다릅니다. 그 때문에 동화나 소설은 글로 모든 것을 풀어 나가고, 희곡은 글 대신 대사나 몸짓을 사용해 이야기를 풀어 나갑니다.
　희곡의 구성은 발단·전개·절정·결말의 4단계로 이루어집니다. 그러나 여기에 한 단계 더해 발단·전개·절정·위기·결말의 5단계로 구성하기도 합니다.
　희곡을 예로 들어 이 5단계를 단계별로 살펴보도록 하겠습니다.

1) 발 단

　발단은 사건의 시작, 인물의 성격, 이야기의 분위기 등을 짐작할 수 있는 부분입니다. 즉, 읽는 사람이나 연극을 관람하는 사람이 앞으로 펼쳐질 사건의 실마리를 빨리 알아챌 수 있도록 해야 합니다. 곧 앞으로 어떤 사건이 펼쳐질 것인가에 대한 암시가 있어야 한다는 뜻입니다.

눈먼 노파와 의사

때 : 옛날
곳 : 노파의 집
나오는 사람들 : 눈먼 노파, 의사

무대 한가운데 의자가 놓여 있다. 무대 뒤쪽에는 현관문이 있고, 양 옆에는 방과 주방으로 가는 문이 있다. 막이 오르면 앞을 보지 못하는 한 노파가 더듬거리며 걸어나와 의자에 앉는다. 바로 이어 현관문이 열리고 가방을 든 의사가 들어온다.

의사 : 계세요? 왕진 왔습니다.
노파 : 어서 오세요.
의사 : (가방에서 청진기를 꺼내 목에 걸며) 자, 편히 앉으세요. 눈을 검사해 보겠습니다.
노파 : (고개를 뒤로 젖히며) 그러시죠.
의사 : (눈을 들여다 본 후) 어제보다는 한결 좋아졌습니다. 약은 잘 잡수시고, 안약도 제때 넣으시죠.
노파 : 시킨 대로 하고 있어요.
의사 : 그러셔야죠. 제때 눈에 안약 넣으시고, 시간 맞춰 빠뜨리지 말고 약도 복용하셔야 합니다.
노파 : (한참을 말이 없다가) 시력이 돌아올 가능성은 있나요?
의사 : (청진기를 벗어 가방에 챙겨 넣으며) 암요. 있고 말고요. 반드시 앞을 보실 테니 믿으세요.(하면서 집안을 한번 휘둘러본다. 그러고는 꽤 비싸 보이는 도자기에 이르러 시선을 고정시킨다. 얼굴에 미소가 가득한 채 노파와 도자기를 번갈아

본다. 앞을 못 보니 훔쳐가도 모르겠지, 하는 표정으로 도자기 앞으로 다가간다.)

2) 전 개

전개는 발단을 통해 시작된 사건이 서서히 진행되어 가는 과정입니다. 그렇기 때문에 사건이나 이야기가 구체화되면서 더 재미있게 엮어져 나가야 하는 부분입니다. 등장 인물들끼리 갈등을 일으키게 하고 사건을 더 복잡하게 만들어 흥미를 유발하게 해야 합니다. 그래야만 읽는 사람이 긴장감을 느껴 계속해서 이야기의 진행에 관심을 갖게 됩니다.

앞에 제시한 글의 발단에 이어 전개 부분의 예를 살펴보도록 하겠습니다.

노파 : (혼자 의자에 앉아 누군가를 기다리는 듯 중얼거린다.) 올 시간이 됐는데 오늘은 왜 이렇게 늦는담.

현관이 열리며 의사 등장한다.

의사 : 좀 어떠세요? 오늘은 좀더 정밀히 검사를 해봅시다. 이쪽으로 오셔서 침대에 누우세요.
노파 : (지시대로 따르며 침대에 바로 눕는다.) 더 효과적인 치료 방법은 없나요?
의사 : 아, 있지요. 그래서 이렇게 정밀 검사를 하는 게 아닙니까. 곧 앞을 보실 테니 걱정 마십시오.
노파 : 제발. 어서 눈을 뜨고 싶어요.

의사 : (가방에서 의료 기구를 꺼내 이리저리 눈동자를 살펴보고 만져본 후) 이삼 일 후면 확실히 시력이 좋아지실 것입니다. 두고 보세요.
　　노파 : 제발…….
　　의사 : 그대로 한숨 주무세요. 푹 주무시며 눈을 쉬게 하는 것도 하나의 치료 방법이 될 수 있으니까요. (하며 주위를 두리번거리다가 이번에는 고급스러운 조각품에 시선이 고정된다. 그러고는 누워 있는 노파와 조각품을 미소 띤 얼굴로 번갈아 가며 쳐다본다.)
　　노파 : 그럼 살펴 가세요. 저는 한숨 자겠습니다.
　　의사 : 아아, 예. 예. 그러세요. (건성으로 대답하곤 슬금슬금 조각품 앞으로 다가가 살며시 들어 품에 안는다.)
　　노파 : 그쪽은 현관이 아닌데 거기서 뭘 하세요?
　　의사 : (깜짝 놀라 뒤돌아 노파를 보며) 아아, 예, 예. 그렇군요. 안녕히 계십시오. 내일 또 오겠습니다. (쫓기듯 현관문을 열고 나간다.)

3) 위 기

　위기는 발단 과정보다 등장 인물 사이에 갈등이 더 깊게 얽히고 복잡하게 전개됩니다. 또한 사건이 더 복잡하게 전개되는 과정으로 위기 의식을 불러일으킵니다. 그렇게 함으로써 흥미와 긴장감을 일으켜 점점 더 앞으로 일어날 일에 대해 궁금증을 갖도록 하는 것이지요. 자, 그럼 발단에 이어 위기를 살펴보도록 할까요?

노파 : (의사가 문을 열고 들어오는 소리를 듣고는) 오늘로 치료받은 지 보름짼데, 며칠이나 더 지나야 앞을 볼 수 있겠어요?
　의사 : 조금만 더 기다리시면…… (말을 제대로 끝맺지 못하고 노파에게 다가가) 어디 눈을 한번 볼까요? (그리고는 한참 뜸을 들인 후) 하, 기뻐하십시오. 내일쯤엔 빛을 보시겠는데요.
　노파 : 그렇게 말한 게 벌써 몇 번째인지 아십니까? 진짜 믿어도 되는 거예요?
　의사 : 네. 믿어도 되고 말고요. (말을 하면서도 눈은 방 안의 물건들을 보고 있다. 이번에는 오래 된 듯한 구리 그릇에 이르러 눈이 멈춘다.)
　노파 : 그렇게 된다면 얼마나 좋을까!
　의사 : (구리 그릇으로 다가가 그릇을 안고 미소를 띤 채) 그나저나 앞을 보시게 되면 치료비는 듬뿍 주셔야 합니다. (그릇을 들고 현관문 쪽으로 향한다.)
　노파 : (신경질적으로 소리치듯) 앞을 봐야 돈도 셈할 수 있는 게 아니오. 눈도 안 보이는데 치료비 타령은…….
　의사 : (깜짝 놀라며) 예, 예. 눈이 보여야 주시겠죠. 그럼요, 그럼. (도망치듯 현관으로 나간다.)

4) 절 정

　절정은 위기에 이은 다음 단계로 이 단계에 이르러 사건의 갈등이 가장 심각해집니다. 즉 이제 사건이 마무리되어야 할 때가 되었다는 것이지요. 이처럼 절정은 결말로 가기 위한 마지막 단계라 할 수 있습니다. 이제 더 이상 사건이 얽힐 수 없기 때문에 그것이 비극으로 끝나든, 희극으로 끝나든 끝이 나야 합니다. 절정은 바로 끝을 내기 위한, 결말로 가기 위한 원인을 제공해 주는 과정입니다.

앞의 위기에 이어 절정 부분을 살펴보도록 하겠습니다.

　　의사가 현관문을 열고 들어온다. 노파는 눈을 뜬 채 의자에 앉아 있다.

　노파 : (들어서는 의사를 보자마자, 기쁜 듯) 선생님 앞이 보여요, 보여! (고개 숙여 인사하며) 고맙습니다. 아직 희미하긴 하지만 정말 앞이 보여요.
　의사 : (자신 만만한 목소리로) 아, 내가 뭐라고 그랬습니까? 곧 보실 수 있을 거라 하지 않았습니까. (노파에게 다가가 손을 내밀며) 자, 이제 앞을 볼 수 있게 해주었으니 치료비를 내셔야지요.
　노파 : (갑자기 의자에서 일어나 의사의 멱살을 잡고) 뭐라고, 치료비를 달라고! 흥, 어림없는 소리. 눈이 다 나았는데 어째서 전에는 보이던 귀중품들이 이제는 하나도 안 보이는 거지? (털썩 주저앉아 바닥을 치며) 아이고, 눈이 더 나빠졌어. 전에는 잘 보이던 것들이 지금은 하나도 안 보여.
　의사 : (당황해 하며) 그럴 리가요. 방금 전에는 앞이 보인다고 하셨잖아요. 제가 치료비를 많이 내라고 할까봐 일부러 그러시는 거죠? 치료비 안 내시려고.
　노파 : 뭐라고. 치료비를 안 주려고 그런다고…….

5) 결말

결말은 갈등이 가장 심각한 곳까지 이른 사건을 해결해 주는 과정입니다. 이를 통해 이야기가 마무리지어지고, 끝을 맺게 되어 사건이 종결됩니다.

그럼 마지막으로 지금까지 살펴본 희곡의 끝이 어떻게 되었나 살펴보겠습니다.

> 의사 : (헛기침을 한번 하고는) 아, 당장 없으시면 다음에 와서…….
> 노파 : (벌떡 일어나) 이런 괘씸한……. 아 어째서 전에는 다 보이던 것들이 이제는 안 보이냔 말이야.
> 의사 : (도망치듯 현관 쪽으로 걸어가며) 그것이, 그것이……. (계속해서 "그것이, 그것이……" 하고 외치며 현관 밖으로 달아난다.)
>
> 의사의 뒤를 쫓아 노파도 뛰어나간다. 의사의 "그것이, 그것이……" 소리 계속 들린다.

5. 희곡의 종류

　예부터 희곡의 종류는 크게 비극, 희극, 희비극의 세 가지로 나누었습니다. 그러나 요즘에는 주로 비극, 희극, 멜로 드라마, 소극 등의 네 가지로 나누는 경우가 더 많습니다.
　이런 분류에도 불구하고 희곡은 종종 슬프고 파멸적인 '비극'적인 것과, 밝고 유쾌한 '희극'적인 것 두 가지로 나누기도 합니다.
　여기에서는 좀더 세분화한 네 가지 종류로 살펴보도록 하겠습니다.

1) 비 극

　비극은 주인공이 갑자기 위기에 처하거나 불행에 휩싸임으로써 겪는 고통의 시간을 다루고 있습니다. 이를 통해 무대를 지켜보는 관객이 주인공을 가엽고 불쌍하게 여기도록 만드는 것입니다. 그리고 관객이 이 주인공과 자신을 동일한 인물로 생각하게 하여 주인공이 겪는 고통의 시간에 관객도 함께 고통을 겪게 합니다. 또, 주인공이 이 고통의 시간에서 벗어나 기쁨의 시간을 맞이하게 되면, 관객도 덩달아 기쁨에 싸이게 되는 것입니다.
　관객은 무대에서 펼쳐지고 있는 슬프고 고통스런 상황을 통해 주인공에게 동정을 느낍니다. 또한 무대에서 그려진 비극적인 상황이 자기 자신의 상황이 아닌 것에 안도감을 느낍니다. 그러면서 만약 자신이 저런 슬픔에 처했을 때 어떻게 대처해 나갈지 주인공의 행동을 미루어 생각해 봅니다. 즉, 삶의 교훈을 얻기도 하는 것이지요.

그런가 하면 답답했던 속이 뻥 뚫리는 것 같은 기분을 느끼기도 합니다. 우리는 무대 위에 펼쳐진 비극적 상황을 보며 실컷 울기도 합니다. 이것은 무대 위에서 펼쳐진 슬픔이 지금까지 가슴속에 담고 있던 슬픔을 자극시켜 눈물을 흘리게 하는 것입니다. 이를 감정의 정화라고 하는데 비극이 노리는 효과가 바로 여기에 있습니다.

2) 희극

희극은 대체로 행복한 결말로 끝나는 희곡입니다. 이러한 희극은 비극의 주인공들에게서 볼 수 있는 고귀함이나 위대함이 없습니다. 희극의 주인공들은 보통 사람들보다 조금 못난 사람들을 주인공으로 내세우고 있습니다. 이것이 희극의 가장 큰 특징입니다. 그 때문에 희극에서는 비극과는 달리 행복한 결말로 끝나는 게 보통입니다. 설혹 극중에 죽음이 있다 해도, 이는 마땅히 죽임을 당해야 할 사람이 죽음으로써 관객에게 '그것 참 잘 죽었다' 하는 통쾌함을 안겨주게 됩니다.

희극의 또 하나의 특징은 그 주제를 통해 살펴볼 수 있습니다. 희극은 심각하고 고통스러운 문제를 통해 인간의 내면을 보여주는 비극과는 달리, 인간의 우스꽝스러운 일면을 보여줌으로써 인간의 잘못을 비판하고, 그들을 비아냥거리는 것을 목적으로 합니다. 그 때문에 희극은 대부분 상대를 깎아 내리거나 헐뜯고, 비꼬는 풍자를 특성으로 갖게 됩니다.

3) 멜로 드라마

멜로 드라마는 일종의 대중극이라 할 수 있습니다. 이는 보통 선을 권장하고 악을 벌하는 '권선징악'을 목적으로 하는 글의 일종입니다. 그 때문에 모든 결말이 행복하게 끝나는 감상적인 대중 문화로 알려져 있습니다.

멜로 드라마는 대부분의 경우 처음에는 남녀 주인공이 악한 사람에게 학대를 받습니다. 그러나 그 속에서도 주인공들은 선함을 잃지 않습니다. 그리고는 끝에 가서 상황이 바뀝니다. 착한 남녀 주인공은 행복한 삶을 살게 되고 악한 사람은 벌을 받게 되는 것입니다. 즉, 멜로 드라마는 주인공과 주인공에 반대되는 인물이 끊임없이 대립합니다. 처음에는 언제나 주인공이 고통을 받습니다. 그러나 주인공은 끝내 그 고통을 이겨내고 행복한 삶을 찾습니다. 하지만, 주인공에게 고통을 준 상대는 불행한 최후를 맞이하게 됩니다.

이처럼 멜로 드라마는 언제나 주인공의 편에서 주인공에게 손을 들어주는 형식을 취하고 있습니다.

4) 소 극

소극은 익살과 웃음거리를 주로 하여 관객을 웃게 하는 연극을 말합니다. 그 때문에 농담, 변태적 익살, 어릿광대 그리고 소동 등이 동원되게 마련입니다.

소극은 사회에 길들여진 사람들에게 도덕적 속박을 공격함으로써 웃음을 불러일으킵니다. 그리고 이것이 바로 소극의 목적입니다. 그러기 위해서 난폭하고 소란스러운 행동, 근거 없는 상황, 시시한 말

장난 등을 동원하기도 합니다. 반대로 아무 말 없이 행동으로만 보여 주기도 합니다.

  이 외에도 익살, 도덕적 관습에 얽매인 사람으로서는 이해하기 힘든 여과 없는 말들을 사용하기도 합니다. 즉, 이러한 장치들을 통해 사람들이 잠시나마 자유를 느낄 수 있게끔 만들어 주는 것이지요. 소극은 이런 특성으로 인해 종종 오해를 불러일으키기도 합니다.

6. 희곡의 본보기

헨리 브래그의 헌 구두

때 : 1800년대
곳 : 영국의 윌리엄 왕립 학교
나오는 사람들 : 헨리 브래그, 교감 선생님
　　　　　　　아이들 1 · 2 · 3, 아버지

　교탁과 책상이 있는 무대 위에 한 아이가 앉아 있고 그 아이를 중심으로 아이들이 세 명 서 있다. 중심에 있는 한 아이는 누더기 옷에 지저분한 얼굴과 머리를 하고 있다. 특히 발보다 커 보이는 낡은 구두가 조명을 받고 있다.
　이와 대조적으로 나머지 세 명의 아이들은 깔끔하고 고급스러운 옷을 입고 있다. 세 명의 아이들은 헌 구두를 신은 한 아이를 손가락질하며 깔깔거리면서 노래를 한다.

　노래 : 헨리 브래그를 아니?
　난 알지. 그럼, 넌?
　어떻게 모를 수가 있을까.
　대 윌리엄 왕립 학교의 명물.
　하하하, 신발 도둑이라네.

　브래그 : (벌떡 일어나며, 화난 목소리로) 아냐! 아냐! 아니라고 했잖아. 난 신발 도둑이 아니야. 이건 내 구두야! 내 구두

라고!

   아이 1 : (브래그의 어깨를 한 손으로 짚으며 비꼬는 목소리로) 이봐, 브래그. 명문학교를 다니는 학생답게 좀 솔직해질 수 없어? 훔친 게 아니라면 네가 이 구두를 직접 샀다는 얘긴데, 어떤 바보가 자신의 발보다 두 배는 큰 구두를 돈을 내고 사지?
   아이 2 : (놀라는 척하며) 아니, 그럼, 브래그가 바보?

   세 명의 아이들, 배를 움켜잡고 웃는다.

   아이 3 : (무대 중앙으로 나오며) 잠깐! 브래그가 바보라는 건 웃고 넘어갈 말이 아니군.
   아이 1 : 왜지?
   아이 3 (차렷자세를 하고 목소리에 힘을 주며) 대영제국의 명문 윌리엄 왕립 학교에 브래그 같은 바보가 있다는 것은 윌리엄 왕립 학교, 나아가 대영제국의 모독이잖아.
   아이 2 : (고개를 저으며) 정말 그렇네. (브래그의 머리를 쥐어박으며) 야, 브래그. 어쩔 수 없다. 네가 대 윌리엄 왕립 학교를 떠나는 수밖에.
   브래그 : 아냐! 난 도둑도 아니고 바보도 아니야! 이건 내 신발이고 난 왕립 학교의 떳떳한 학생이야.

   잔잔한 음악 흐르며 조명이 브래그에게만 맞추어진다.

   브래그 : 아버지, 전 도둑도 바보도 아닌 정직한 소년이라는 걸 어떻게 증명해야 하죠? 아버지, 이렇게 계속 참아야 하나요? (무릎을 꿇고 흐느껴 운다.)

어두워졌다가 다시 밝아진 무대 위에는 교감실이 나타난다. 딱딱한 나무 책상 옆에 노년의 교감 선생님이 초조하게 서성거린다.

브래그가 노크를 하고 들어온다.

브래그 : (정중하게 인사하며) 선생님, 브래그입니다.
교감 선생님 : (화난 목소리를 억누르며) 브래그 학생 왔군. 그런데 내가 왜 자네를 불렀는지는 알고 온 건가?
브래그 : 짐작은 갑니다.
교감 선생님 : (화난 목소리로) 짐작만 하면 무슨 소용이야? 반성을 해야지, 반성을! 브래그, 잘못을 시인하고 반성하고 있기는 하는 건가?
브래그 : (침착한 목소리를 유지하며) 교감 선생님, 선생님께서 요즘 학내에 떠도는 소문 때문에 저에게 화가 나신 걸 저도 잘 알고 있습니다. 하지만 교감 선생님, 전 맹세코 도둑질한 적이 없습니다.
교감 선생님 : (더욱 화를 내며) 아니 그럼, 그 많은 학생들과 교사들이 하는 말은 어디서 나온 건가? 그리고 학생의 신발은 돈을 내고 샀다고 하기엔 지나치게 크지 않나? 용서를 빌고 반성을 해도 모자라는 판에 변명을 늘어놓다니!
브래그 : (주머니에서 꼬깃꼬깃 때가 묻은 편지를 꺼내 내밀며) 교감 선생님 이거…….
교감 선생님 : (거칠게 받으며) 이게 뭐야? (하면서 편지를 펼친다.)

교감 선생님은 편지를 잠깐 읽고 당황하지만 계속 편지를 읽어나간다. 교감 선생님에게만 조명이 맞추어지며 무대 뒤쪽에서 브래그 아버지가 편지를 읽어나간다.

   브래그 아버지의 목소리 : 브래그야, 잘 있었느냐? 어려운 가정 살림에도 꿋꿋이 공부해 나가는 널 생각하면 아버지는 오늘 하루도 마냥 기쁠 뿐이란다. 남들처럼 뒷바라지도 해주지 못해 미안할 따름이다. 특히 헌 구두 때문에 오해를 받고 있다니 안타깝기 그지없구나. 하지만 이제 1, 2년만 더 지나면 아버지의 그 헌 구두는 네 발에 꼭 맞을 것이다. 다른 아이들처럼 좋은 옷, 좋은 신발을 신기고 싶은 마음은 굴뚝 같다만 가난한 형편이 그걸 용납하지 않는구나. 브래그야, 네가 이런 어려운 환경에서도 용기를 잃지 않고 열심히 노력하고 있는 모습이 이 아버지는 너무도 자랑스럽단다. 그리고 먼훗날 우리 아들은 분명 훌륭한 사람이 될 것이라고 믿는다. 왜냐하면 지금의 어려운 환경이 너에게 좋은 약이 될 것이라고 믿기 때문이란다.

   교감 선생님의 표정이 어느새 밝아진다. 브래그 옆에 다가가 브래그의 두 손을 꼭 잡아 준다.

   교감 선생님 : 브래그야, 미안하구나.
   브래그 : (말없이 눈물을 뚝뚝 흘린다.)
   교감 선생님 : (어깨를 토닥거려 주며) 괜찮다. 앞으로 네가 성공하면 네 아버지 말씀대로 기쁨이 더욱 커질 것이다. 정말 미안하구나.

   브래그는 교감 선생님 품에 안겨 감격의 눈물을 흘린다. 잔잔한 음악 흐르고 무대는 점점 어두워진다. 막이 내린다.